913—1916

LOOKING FOR

TIANSHAN MOUNTAINS

ANCIENT SITE

主编：巫新华

西域游历丛书
13

寻访天山
古遗址

SIR AUREL STEIN

[英]奥雷尔·斯坦因 著

巫新华 秦立彦 译

GUANGXI NORMAL UNIVERSITY PRESS
广西师范大学出版社
·桂林·

寻访天山古遗址
XUNFANG TIANSHAN GUYIZHI

图书在版编目（CIP）数据

寻访天山古遗址 /（英）奥雷尔·斯坦因著；巫新
华，秦立彦译. —桂林：广西师范大学出版社，2020.6
（西域游历丛书）
ISBN 978-7-5495-7947-1

Ⅰ. ①寻… Ⅱ. ①奥…②巫…③秦… Ⅲ. ①天山—
文化遗址—考察 Ⅳ. ①K878.04

中国版本图书馆 CIP 数据核字（2020）第 076322 号

广西师范大学出版社出版发行

（广西桂林市五里店路 9 号　邮政编码：541004）
（网址：http://www.bbtpress.com）
出版人：黄轩庄
全国新华书店经销
广西广大印务有限责任公司印刷
（桂林市临桂区秧塘工业园西城大道北侧广西师范大学出版社
集团有限公司创意产业园内　邮政编码：541199）
开本：787 mm × 1 092 mm　1/32
印张：10.125　字数：210 千
2020 年 6 月第 1 版　2020 年 6 月第 1 次印刷
印数：0 001~8 000 册　定价：56.00 元

如发现印装质量问题，影响阅读，请与出版社发行部门联系调换。

出版说明

    1900—1901年、1906—1908年、1913—1916年，英籍匈牙利人奥雷尔·斯坦因先后到我国新疆及河西地区进行探险考古，并先后出版了这三次探险考古报告：《古代和田——中国新疆考古发掘的详细报告》《西域考古图记》《亚洲腹地考古图记》。这三部著作是斯坦因的代表作，较全面地记述了我国新疆汉唐时期的遗迹和遗物，以及敦煌石窟宝藏与千佛洞佛教艺术，揭开了该地区古代文明面貌和中西文明交流融合的神秘面纱。此外，斯坦因还详细描述了深居亚洲腹地的中国新疆和河西地区的自然环境，以及山川、大漠、戈壁、雅丹、盐壳等地貌的种种奇妙景观。斯坦因的著作为人们打开了此前"未知世界"的大门，当时在国际上引起了巨大轰动，西方列强的学者们对此垂涎欲滴，纷至沓来，形形色色的探险家也紧随其后，蜂拥而至。

    斯坦因的这三次探险考古活动，足迹遍布塔里木盆地、吐鲁番盆地和天山以北东部地区，几乎盗掘了我国汉唐时期所有重要的古遗址和遗迹，对遗址和遗迹造成了严重破坏，所出文物也几乎被席卷一空，并运往英属印度和英国本土。此外，斯坦因在河西敦煌以及内蒙古额济纳旗黑城等地也进行了大肆的盗掘和劫掠，其中尤以对敦煌石窟宝藏的劫掠最为臭名昭著。可以说，在20世纪30年代之前，斯坦因是我国西部地区古遗址最大的盗掘者和破坏者，是劫掠中国古代文物的第一大盗。斯坦因的上述著作是西方列强侵犯我国主权的铁证，同时也为那段令国人屈辱的历史留下了真实的记录。因此，我们在阅读斯坦因上述著作时，一定要牢记惨痛历史，勿忘国耻。

斯坦因上述三次考古报告都是综合性的学术性专著。为了方便一般读者更多地了解斯坦因在我国塔里木盆地、吐鲁番盆地和天山以北东部以及河西敦煌等地区的发掘工作和搜集文物的情况，我们对上述三次考古报告原著做了一些技术性处理：根据原著各章内容的关联性进行分册，删除一些专业性特别强的内容，将插图进行适当调整并重新编序等。

本册出自《亚洲腹地考古图记》：1914年10月，斯坦因探察高昌古国遗址，发掘吐峪沟遗址、木头沟遗址和阿斯塔那古墓葬。多彩的丝路文化，尤其是中原风格的随葬品反映了天山广大地区汉唐以来与中原文明的血脉关系。

目 录

第一章　到古城并翻越天山

　　第一节　从巴里坤到古城 1

　　第二节　北庭遗址和车师后国王庭 14

　　第三节　翻越天山到吐鲁番 24

第二章　吐鲁番的地理和历史

　　第一节　吐鲁番的地理位置和早期历史 40

　　第二节　从东汉到唐代的吐鲁番 49

　　第三节　回鹘统治下的吐鲁番 62

第三章　吐鲁番的遗址

　　第一节　古代高昌国的遗址 73

　　第二节　在吐峪沟遗址考察 93

　　第三节　在木头沟遗址的考古工作 123

第四章　阿斯塔那古墓地

第一节　阿斯塔那 i 组唐代墓葬 139

第二节　阿斯塔那 ii~v 组墓出土物 160

第三节　阿斯塔那未被盗掘的墓葬 186

第四节　阿斯塔那墓葬及出土纺织品综述 214

第五节　阿斯塔那古墓中出土的纺织艺术品 223

第六节　在吐鲁番工作的总结 239

第五章　在库鲁克塔格中探险

第一节　从吐鲁番到辛格尔 260

第二节　到破城子和兴地去 272

第三节　到库鲁克河边的墓地去 288

第四节　阿弗拉兹·古尔的补充考察 306

第一章

到古城并翻越天山

第一节　从巴里坤到古城

　　人畜在长期艰苦的跋涉后急需休息，我在风餐露宿中患了风湿病也需要静养，因此，10月4—7日我只好在巴里坤休整。我得到了有学者风度的地方长官李树荣先生（图1）以及中国守军年迈的镇台极为热情的款待。我们住宿的那座庙十分舒适，记载裴岑公元137年战功的石碑就立在那里（图2）。冬天的脚步已经悄然而至，晚上下了第一场雪，因此有这样一个住所就更显得重要了。上述情况都使我们的休整十分愉快。我的助手曾到巴里坤湖滨以及巴里坤城南谷地边的山上做过几次考察。此外，我们还利用这个机会搜集了很多有用的信息，它们不仅和此地的状况有关，还与我们将要走的天山北麓的地貌状况有关。李大老爷本是古城人，

图1 巴里坤的
地方长官李树荣
先生

曾在古城做过教书先生，只是由于革命后情况发生了变化才做起官来。但是，他十分关注学术问题，对有历史价值和文物价值的东西有强烈的兴趣。旧式的读书人（像我在和田和阿克苏的保护人潘大人以及在敦煌帮了我不少忙的朋友王大老爷）一般都有这个特点。

图2　巴里坤城外的寺院，还能望到巴里坤塔格

　　通过李大老爷，我才知道古城以远的古代金满（或北庭）遗址，以及向南直接穿过天山到吐鲁番去的道路。他还委婉地告诉我，为什么中国现在一直不让游牧部落靠近巴里坤牧场，并鼓励汉人定居到谷地中可耕种的地方来，同时又严格地把东干人排除在外。从巴里坤向北是到科布多去的要道，向东北则是去乌里雅苏台的

要道。巴里坤城不大，人口也不多，驻军人数却很多。在我看来，同塔里木盆地的驻军相比，巴里坤的驻军武器装备要好些，军容也比较严整。据说巴里坤城的历史可以上溯到清乾隆年间设在此地的一个军屯点，如今城里有约 2 000 户人家。除了一些来自喀什噶尔的回族商人，所有居民都是汉人。但很多房子看起来似乎没人居住。城东那座带围墙的城堡本是清朝驻军的所在地，自从当地发生叛乱后就完全成了废墟。

辽阔的准噶尔沙漠把巴里坤盆地以及它东西两侧连着的天山山坡同阿尔泰地区的蒙古牧场隔开了。在过去三年里，有大批的哈萨克人和喀尔哈蒙古人（指住在阿尔泰地区的蒙古人——译者）向南迁移，寻找居住地。他们信伊斯兰教，讲突厥语，是突厥人的后裔。中国的行政管理机构无法不让他们进入乌鲁木齐和巴里坤之间的天山牧场。但天山俯瞰着与中国本土联系的几条重要交通线，在这段天山上出现了这些游牧部落，使他们感到十分不安。因此，他们在乌鲁木齐以东竭力控制哈萨克人的数量，并禁止哈萨克人进入巴里坤湖以东的牧场。我们后来在巴里坤西边和大石头之间的路上穿越了一些小山，我们听说那里只有两个哈萨克人聚居区，分别有 700 和 800 顶帐篷。

我认为很有意思的是，巴里坤那些和善的中国朋友看到这些不受欢迎的游牧部落从北边迁移过来，本能地感到担心。他们还采取了一些行政措施，确保这些游牧部落在划给他们的土地上"定居"下来。显然，出于中国历史上几百年的经验，中国人一直害怕这些游牧的"蛮子"一旦受到附近民族的进攻开始迁徙，就不会满足划给他们的地区，而很快去寻找更合他们口味的牧场，或者开始劫掠。当然，如果不使用武力，他们是没法从已经占据了这些牧场的部落手里将牧场夺下来的。这样就会引发一连串的民族迁徙，其规模将像滚雪球一样越来越大。像过去席卷了中亚的大规模迁移一样，不论在中国还是在西方，这样的迁徙都会摇撼文明地区的和平与秩序。

为了让这些新来者充分意识到中国的权威，官方采取了一项行政措施，要求哈萨克人为来往于巴里坤道上的官员、信使等提供马匹。如果是地方官征用马匹，自然都是免费的。那个和善的巴里坤地方官就强让我使用这样的马匹。我很乐意在去古城的途中利用这些马匹，因为我的某些受过严峻考验的牲畜特别需要呵护。当然，为此我给了那些哈萨克养马人丰厚的报酬。正是因为用了这些马，我们既快又轻松地到了古城，连续9天走了200多英里。同时，我还有机会观察这些刚迁来的哈萨克人。他们最近的迁移隐约反映了以前的民族大迁徙。从大月氏（即后来的印欧—锡西厄人）时期甚至比大月氏更早的时候起，就有很多迁徙的民族经过了准噶尔这条通道。

我们相继在途中的几处哈萨克帐篷得到了马匹。哈萨克人男子一律都是挺拔俊秀的，看起来很勇敢（图3）。他们的五官没有蒙古人特征。就这一点来说，他们和我在天山西段和帕米尔见到的吉尔吉斯人，以及在黑河和开都河上遇到的蒙古人都很不同。

我们走得太快了，没有时间收集足够的人体测量学资料。但我认为，哈萨克人种中有很多高加索成分，大概起源于阿尔卑斯人（高加索人种的一支，其特征为头宽而圆，身高中等，皮肤浅黑，头发、眼睛呈棕色——译者）。中亚阿尔卑斯人的最典型代表就是帕米尔附近谷地中的加尔查人。在塔里木盆地的居民中，阿尔卑斯

图3　巴里坤以西路上的哈萨克牧民

人占很大比重。同样使我感到惊讶的是，负责看管租来的马的那些哈萨克人服饰很华丽，有很多衣料来自遥远的欧洲或中国内地。

这些人既不是酋长，也不是头人，但是他们的服饰充分说明游牧部落的生活是富足而舒适的。对此，西方的历史学者们常常估计不足（在民族大迁徙时期，就是亚洲游牧部落进犯了欧洲）。我们在路上遇到了一大队强壮的哈萨克人，他们赶着近60只骆驼及60头骡子，都是聘礼。那位待聘的姑娘也是哈萨克人，住在乌鲁木齐附近的小山区里。这幅画面仿佛出自遥远的从前。一些哈萨克人对我说，他们很不满意这里划给他们的牧场，特别希望夺回阿尔泰的旧牧场。当然，他们要想夺回旧牧场就得战斗，但即使取得了旧牧场，地位也不会稳固。那些牧场的水、牧草和猎物比这里要丰富得多。从他们的言谈中可以看出，我在巴里坤的那些汉人朋友对迁到当地的哈萨克人表示担心是不无道理的。这些游牧部落仍秉承了古代好战的精神。

我们从巴里坤到古城的路线是欧洲旅行者常走的路线，所以我就不必详述所经过的地面状况了。但我可以简单说一下几段路的主要自然特点，大概对读者有所帮助，因为这会有助于澄清一些古代地形问题。第一段路是到巴里坤盆地的西端，从巴里坤湖边的宽阔草地开始，止于西边那条不太分明的分水岭（分水岭把流向苃苃台子的那条小溪所在的谷地与巴里坤盆地隔开了）。这段地面上有很多眼泉水。不仅湖边有很好的牧场，而且湖西边较高的开阔草原上，以及从高原状的分水岭延伸下来的那些小谷地底部（小谷地将分水岭切割开来）牧草也很丰茂。植被之所以比较丰茂，是因为南边的天山虽然低于终年积雪线，但仍是很高的，能挡住很多水分，冬天尤其如此。因为这样，这一段天山的北坡有一条大致连续的森林带，位于海拔约8 000英尺的山坡上。有时，天山向北伸出来小分支，分支的东坡上林带的位置还要低。沿途不时地看到泉水，大概天山北坡上的泉水也很多。

在路边小站骆驼泉子和五墩水之间，我们越过了分水岭。分水岭是几条低矮崎岖的山脉，海拔约7 400英尺。过了分水岭，植被明显变得稀疏，天山主脉的北坡上也看不到树。但在叫带水崖子的休息地的南边，天山仍高达9 000英尺。我们在带水崖子经过了一条小溪，山上常年都有足够的水源补给这条小溪。小溪流进了北边那条主要谷地，车道就是下到谷地中的茇茇台子去的（我们没有走车道）。谷地中大概有泉水，因为在茇茇台子这个令人愉悦的小站，我们发现了一条活泼的小溪，还有几块农田。小站还有一个士兵驻守。小溪流了4英里后，折向正南，在一条谷地中穿过了一条豁口。在喀尔力克山到乌鲁木齐东南的博格达山之间的整条天山山脉上，这个豁口大概是最低的地方。小溪灌溉着一片叫噶顺沟的小绿洲，小绿洲坐落在肥沃的河谷中。根据空盒气压表的读数，它的海拔不足5 000英尺。从这里，一条开阔的谷地似乎朝着七角井所在的洼地缓缓下降（七角井位于哈密—吐鲁番道上）。然后路朝着西南升到了高原般的地面上。它与来自七角井的大道相遇后，在天山一个海拔约5 600英尺的鞍部穿过了分水

图4 在大石头站上方的天山鞍部

岭。朝西北延伸到大石头的谷地中（图4），几眼泉水汇成了一条小溪。由于小溪的存在，2英里的距离内都有农田。可以说，到了这里，第二段地面就算到头了，因为过了这里之后，天山北麓有长30多英里都是干旱的石漠，几乎没有什么植被。

在说到《后汉书》和《魏略》关于天山北麓的地形资料时，我曾让读者注意《魏略》中关于东且弥国的文字。那段文字说，北新道从东南方的沙漠中出来后，到达的第一个（也是最东边的一个）天山北麓地区就是东且弥国。地理状况明确而不可更改，所以我们可以肯定，当时从玉门关到天山北麓那些地区的北新道，必定在大石头上方的鞍部穿越了天山（现在的大道也是如此）。我认为第二段地面就属于东且弥，很可能我们经过的第一段地面也属于东且弥的领土。

《后汉书》只提到东且弥，没有提到西且弥。而《魏略》中说，东且弥西边紧挨着的就是西且弥。考虑到这一点，《后汉书》的评论者徐松认为，东汉时期，西且弥被东且弥吞并了。有一段记载支持他的这一假设。《后汉书》中说，东且弥人过游牧生活，住在小屋和帐篷里，只有很少的农业。但文中记载东且弥国共有3 000户，而移支国（移支就是巴里坤谷地）则只有1 000户。如果当时东且弥的国土包括巴里坤以西的谷地和高原，以及木垒河和古城南边的天山，就可以解释为什么东且弥的人口这么多了。木垒河和古城南边的天山又变高了，山坡上水分很多，天山分支和地势较高的谷地上都有不少森林，往下则有很多地方适合农耕。

10月13日，我们穿过了大石头和荒凉的路边小站三口泉之间一座干旱荒凉的石高原，总共走了27英里，一路顶着恼人的暴风。这座高原充分地代表了天山较低处北麓的地貌，它就是第三段地面。可以说它还朝西又延伸了14英里。这14英里都是土质很干的草原，只有很稀疏的灌木。除了某些地段高达1万英尺的山谷，整个第三段几乎都没有牧草。

　　我们在木垒河村遇到了第一处农田。那里的乡村景观与前面极为不同。木垒河村看起来是汉族风格，居民多为汉人。但我们在村民中还发现了一个叫依布拉音阿洪的富裕的叶尔羌商人，他自称是英属印度人，还热情地给我们提供了住处。他是最近随哈萨克人的迁移来到这里的。以前他住在科布多、乌里雅苏台等地，与哈萨克人做生意，那时哈萨克人还在他们的阿尔泰山区的旧地。他告诉我们，他的哈萨克"主顾们"占据了南边天山山坡上的牧场。这个消息是很有价值的，因为自从我们在大石头遇上暴风后，空气中就飞满了尘沙，根本看不见远处。依布拉音阿洪告诉我们，天山的一些分支和谷地朝木垒河及西边的其他绿洲伸下来，山上和谷地中都有肥沃的牧场。这里的天山又变得很高，他说的很可能是真的。但让我吃惊的是，这里的人们在有利的气候帮助下，改变了这些牧场的用途。

　　这一段山坡的林带以下，可以不用灌溉从事农耕。这充分表明，此地的气候条件与前面相比发生了显著变化。再往下在去古城的路穿过的绿洲中，就必须用水渠引水，来补足雨雪的水量了。依布拉音阿洪告诉我们，不用灌溉的农田其最北端离大路约有30里（约6英里）远。后来我在从吉木萨到泉子街途中观察到的情况，与他说的完全一致。耕种这些农田的都是汉人。由于不断有新的住户从中国内地迁移过来，所以人口一直在增加。据说，每年夏天都有成千的吐鲁番人穿过天山来到这里，受农田主雇佣从事收割或其他劳作，他们得到的报酬比塔里木盆地绿洲中常见的报酬要高很多。从中我们可以看出这些农田的范围有多大，价值有多高。尽管中间隔着天山，但在古代，车师前国和车师后国（即现在的吐鲁番和古城地区）之间就存在着密切联系。而我们一到天山北麓的这串绿洲，就得知现在这两个地区之间在农耕时期也发生了联系。山坡上的农田不断扩展，导致了现有牧场的缩小。我们发现了哈萨克人的1 500座帐篷，他们是最近从北面迁到古城地区的。据说，他们已经开始抱怨划给他们的牧场太小，不够放牧牛羊，并迫切地想回到阿尔泰山区去。

在木垒河，我就觉得我们已经进入了从巴里坤算起的第四段路。后来，我们又走了两天，于10月16日到了古城。途中看到的情景和我的判断完全相符。从木垒河起，路就是朝下去的，远离了山区。在木垒河以西穿过的不是农田就是草地。从原来的奇台县东边开始，有很大一片连续不断的农田，而且主要靠雨水维持，水渠很少而且很浅。这里的农业居民也都是汉人。但大多数农田看起来是荒废的，这说明要么还没有那么多农业劳动力开垦所有这些田地，要么是有些人迁到了南边，因为那里的雨水更足，庄稼收成会更好。过了奇台县境后，路顺着一块宽阔的冲积扇朝下延伸。冲积扇上覆盖着丰富的植被，但没有被开垦过。北边远处可以望见高大的沙丘，那是准噶尔沙漠的最外缘。准噶尔沙漠将天山山麓与阿尔泰山脉的最南端隔开了。

有一个地方长满了草和灌木却没有多少农田，古城子（突厥语称之为古城）就坐落在那里。它人口众多，集市很大，城墙又厚又高，看起来完全是一座真正的中国城市。它位于博格达山脚下一片肥沃绿洲的最东端，是几条重要商道的起点，有的商道通向蒙古或西北方的西伯利亚，还有的通向中国本土最西端。同时，从古城出发，经过现在的新疆首府乌鲁木齐，很容易就能到达西边的伊犁大谷地，也很容易通过吐鲁番盆地，走到那条把塔里木盆地的绿洲连接起来的大路上去。由于没有汉文资料，我不知道"古城子"这个地名是怎样起源的。李大老爷曾告诉我，古城以北有一座大概是唐代的废城遗址。但遗憾的是，我既不能去那里，也没有从当地人那里打听到关于废城遗址的信息。

在古城两天的停留期间，我注意到很多事实表明古城是一个商业中心。由于马继业先生的推荐，我住在一个富有的喀什噶尔商人的家里，并受到他的热情款待。我观察到，有很多不容置疑的迹象表明俄国的贸易已经渗透到了准噶尔西部城镇。这种贸易主要是从塞米巴拉金斯克经西伯利亚大铁路进行的。古城的衙门还有成队的蒙古人。这表明，自古以来由于地理原因，阿尔泰地区的蒙古游牧部落和天山南北的绿洲之间就有联系，如今这种联系也并未中断。

更使我感兴趣的是古城与吐鲁番盆地之间的密切联系，从手头的所有历史资料中都可以看出这种联系。在古城的集市上可以看到很多吐鲁番人，他们大多数是民工，夏天在天山以北干完活后，正准备返乡。他们也有一些是商人，主要贩卖棉花和水果。吐鲁番温暖的气候很适合这些农作物生长，而在天山以北较冷的地区，这些东西则比较缺乏。吐鲁番商人带回去面粉、羊、毡子等，这些物产有的来自古城地区当地，有的来自附近的游牧民。古城集市上的吐鲁番水果十分丰富。这些事实足以说明，尽管南边的天山又高又崎岖，山顶还有积雪，但并没有对古城和吐鲁番地区（即古代的车师前、后国）之间的联系造成障碍。

第二节　北庭遗址和车师后国王庭

　　尽管积雪的天山北麓在地理上有很多值得注意的地方，但出于两个重要原因，我不能在天山北麓停留太久，必须尽快到南边的吐鲁番去。吐鲁番盆地将是我们秋冬考古工作的基地。我计划派拉尔·辛格在库鲁克山的沙漠地区进行广泛考察。考虑到那一地区的自然条件，大范围的考察活动只能在咸水泉已经冻结、可以携带冰的几个月里进行。因此我必须及时在吐鲁番做好安排，使拉尔·辛格可以尽快起程。对此拉尔·辛格也早已跃跃欲试了。我想直着向正南走到吐鲁番去，这样就能穿过天山主脉上迄今为止还没人考察过的一部分。

　　在和巴里坤的李大老爷讨论文物问题时，他告诉我，古城和吐鲁番之间有一条人们经常走的经过巴诺帕（即今后窑子达坂——译者）的山道，即是《唐书》中所说的那条道，《唐书》中的那条道是从吐鲁番的故都交河（即现在的雅尔和屯）到北庭的。本来我就是打算顺着这条直道走的，得知这个消息后，我的这个愿望就更强烈了。北庭也就是汉朝的金满，是唐朝一个重要都护府的驻地。中国文物学者、《西域水道记》的作者徐松，正确地断定北庭就是吉木萨城以北的一个遗址。因此，我似乎可以先去访问一下北庭，之后朝正南的巴诺帕山口走。

但李大老爷没有忘记告诉我，秋天的时候大雪容易封住巴诺帕山口。而且，我受伤的腿骑马是很难受的，哪怕步行一点路都十分困难。所以我们应该尽快翻过山去，以免不必要的风险。这条路上只能走骡子、马和驴，我决定将骆驼和所有不必要的行李通过苦泉山口送到吐鲁番去。那条路靠东，经过三个泉到达辟展，是驮运物资的骆驼在东边能过山的最近的一条路。我让拉尔·辛格负责押运工作，这样他也有机会考察一下那段山脉。我们在古城停留期间，10月12—13日的暴风过后不断有尘沙，因此我们根本望不见那段天山。

10月19日，我和阿弗拉兹·古尔从古城出发，沿着通往乌鲁木齐的大道走。我们走了19英里，穿过了一块大草地。草地上有几条溪流，还点缀着几处农田。之后，我们来到了一块连续的大垦殖区的东面。这块垦殖区属于孚远县。孚远县城很小，人们一般用它那个非汉文的名称"吉木萨"来称呼它。我第二天从这座小城出发，访问了古代的北庭遗址。据我所知，迄今为止还没有一个欧洲考古学家描述过这个遗址。但在记录我在遗址观察到的情况之前，我先简单说一下为什么徐松认定这就是北庭故址。

徐松之所以作出这个重要判断，主要是因为在那里发现了唐代的汉文碑铭（即唐金满县残碑——译者），说明那里曾是金满县。成书于公元925—950年的《旧唐书》记载："东汉时的金满是车师后王的王城。"高昌国（即吐鲁番）自公元640年归顺唐朝后，在金满设立了庭州。公元702年，庭州被改为北庭都护府。唐朝将在西域的疆域分成了四个行政管辖单位，北庭都护府就是其中之一。《旧唐书》还说，"车师后王"的王城共有五座城，"因此被泛称作'五城之国'"。徐松和他之前的某些古物学家很正确地意识到，"北庭"在中世纪有个广为人知的突厥语名称"别失八里"（意为五座城），只是极遥远的那个古代名称的意译罢了。徐松还推断出，北庭也就是西突厥统治下的那个叫可汗浮图的城。唐代时也是用"可汗浮图"来称呼它。

　　唐代众多的文献中曾出现过这个重要地名，它们都可以用来支持徐松的结论。沙畹《西突厥史料》使得不懂汉学的学者也能看到这些资料。在不同的时期，五座城到底包括哪五座城，也不尽相同。

　　10月20日，我从吉木萨出发到护堡子去，据说北庭遗址就位于护堡子村的北边。最初5英里我穿过的是农田，农田中有一些水渠和深沟，沟中的泉水汇集成了小溪（昆仑山脚下的突厥人把这种小溪叫作喀拉苏）。下游的田地就是由喀拉苏灌溉的。而上游吉木萨附近的农田则靠从山中流出来的溪水灌溉。田边上有不少榆树和其他树木，说明这里的土壤很肥沃。但有迹象表明，这一地区的农业生产仍没有从当地发生的叛乱中恢复过来。护堡子完全是一个汉人村庄，周围有一圈破败的土墙，大多数房子都成了废墟。过了后堡子后我们又走了2英里，经过田地和小树林来到了一片开阔的地方。那里有一条宽阔的沼泽一般的沟，一条小溪从沟里朝北流。北庭遗址那厚实的土残墙就矗立在沟的西边。

从图5中可以看出，外层城墙原来围成一个大致为正方形的区域，但城墙的东北面已经完全消失了，这显然是溪流的侵蚀作用造成的，溪水在城的东北方折向了西北。外层城墙和形状不规则的内层城墙的其他部分也都严重毁坏了。有一些地方，只有在进行平面定向的时候，才能断定那些独立的土丘般的残墙之间的联系。外层城墙的西北角保存得最好。从那里看，城墙底部似乎厚30英尺，墙高20多英尺，墙角的棱堡仍然很结实。东墙里面的内层城墙似乎也这么结实，但遭到了严重损坏。外层的土城墙里挖了些洞一般的屋子，屋子里有烟灰，说明它们曾是有人居住的地方。城墙棱堡里面开凿的那些屋子似乎最近曾有人搜寻过（图6）。我让人当场清理了一些屋子的地面，但没有发现任何东西。

墙毁坏得很严重，有的地方几乎完全消失，我认为这说明了两点：其一，遗址被弃的时间很长；其二，空气和土壤中的水分比较多。城里面的情况也与这些结论吻合。地面上到处是附近村民挖出的蜂窝状的坑，他们长期以来已经习惯于从这里挖土做肥料。在印度北部，也是因为这个原因，所有的古代村庄和城址都被挖过，以便获取旁遮普省语言中所说的考拉（指土肥料——译

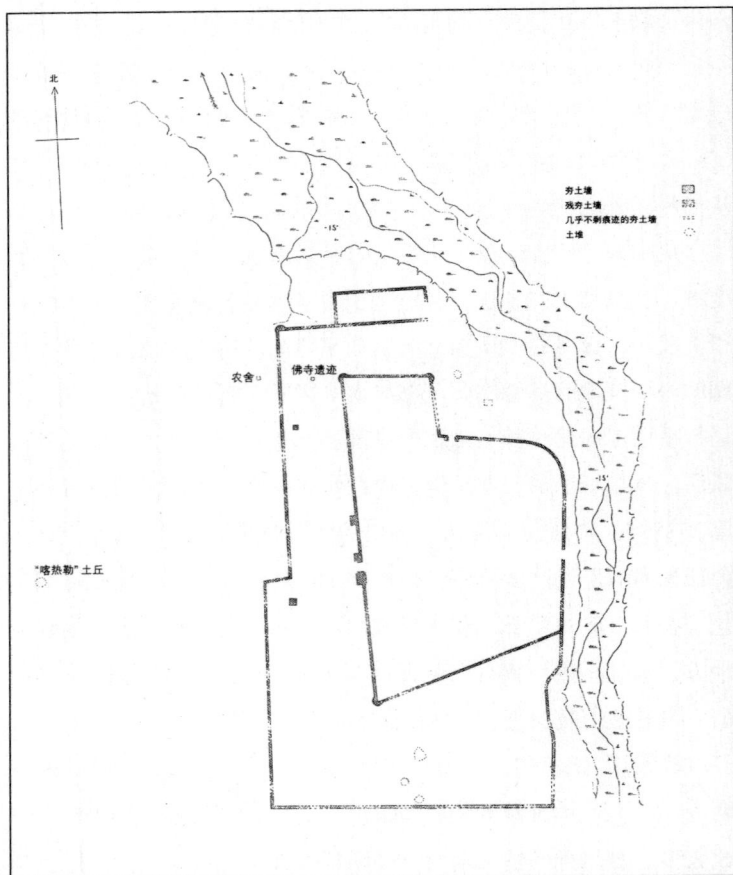

图5 护堡子附近北庭遗址平面图

图6　古代北庭（别失八里）遗址外围墙的西北角

者）。城里也辨认不出什么建筑遗存，这可能一定程度上是因为
它们都是木建筑（从山区的森林里可以很容易取得木料）。只在几
个地方我分辨出了不大的土丘，大概是比较重要的建筑物的位置。
所有土丘都被挖过，以获取肥料。

　　在外层城墙西北角的东南方约250码的地方，我遇到了一个遗址，是一座中国式的庙宇。庙的残墙高6英尺，用垂直放置的土坯筑成，墙里面全是瓦砾和碎石。从这个遗址的状况看，我第一眼就觉得它比城里的其他建筑物延续的时间要长。大概在城被放弃后的一段时间，当地人仍到这座庙来朝拜。有几个吐鲁番民工在古城加入了我们的队伍，指望将来我在吐鲁番工作时能雇用他们。在他们的帮助下，我们做了一点清理工作，结果证实了我的判断。沿北墙我们挖出了一个放雕像的平台，一直挖到离地面高约3英尺的地方。在烧毁的木头和土坯碎片中，我们发现一些泥浮雕残件，已变硬并变了色，说明曾被偶然烧过。这些文物中特别值得一提的有：两个造型很好的小头像；一个做工很好的浮雕，上面是两只斗架的羊。值得注意的是，浮雕用铁丝来做内核。一个陶檐口饰的末端，上面有一个怪物的头。两块坚硬的花砖。浮雕和花砖都不能提供明确的年代线索。但从它们的做工和图案上看，这座庙很可能在明代或者更晚的时候仍有人。在庙附近拾到了一枚很残破的中国小铜钱，但无法辨认出它的年代。

徐松曾在这里看到过一块碑（指金满县唐残碑——译者），还把碑铭内容记了下来。而我无论是在这里还是在吉木萨都没有打听到关于题识的任何消息，但据说有几个俄国人带走了从这个遗址发现的石雕或刻了字的石头。在大略察看了一下这座古城后，我得到的整体印象是，这个被严重毁坏的遗址是唐代的北庭。当这一地区和吐鲁番地区都归入回鹘人的统治之下时，大概这个地方仍是有人的。城被废弃后，就一直有人挖取它的土壤。从附近洼地中的泉水来看，离地面不足15英尺深的地方就有地下水。后人的挖掘，再加上地下水，这两点就是当地文物不多的原因。我在护堡子打听，结果只找到了3枚有"开元"年号的唐代钱币，每枚要二两银子的高价，这也说明文物是多么的少。

西墙外约1 100码的地方有一座大丘，遗憾的是我没能仔细考察它。它似乎曾一度被当作烽燧用，因此当地那几个突厥人称之为喀热勒。先前曾说过，这座城还有一个名称叫可汗浮图，因为这里有一位西突厥首领的佛塔。有可能这座大丘就是那座佛塔的位置。

10月21日，我们从吉木萨出发，打算穿越南边的天山。开始的3英里走的是到古城去的那条大道，然后我们折上了那块长满了灌木和草的冲积扇，吉木萨地区的大多数溪流就是从这个冲积扇上流下去的。东边可以看到宽阔的一块垦殖区。我们过了韭菜园村后，看到路两侧的小山都被开垦成了梯田，田地只靠雨水灌溉。我们从一条窄峡谷穿过一条外围小山脉，来到了一座宽阔的高原上。高原上到处是农田，缓缓朝覆盖着雪的天山山麓抬升。高原的海拔4 500~6 000英尺。田地里没有任何灌溉用的水渠，说明只靠降雨或降雪就可以成功地从事农耕。一些中国拓荒者被吸引到这片肥沃的土地上来，他们的小村落相隔很远，散布在高原上。我们到了泉子街，当晚就住在那里。那条长街上有很多店铺和酒馆（图7）。只是到了泉子街后，我们才体会到这一地区范围有多大，又是多么富庶。从泉子街的房屋、庙宇等都可以看得出，这是一个最近才兴起的城镇，而且在迅速扩展。它的建筑几乎一律是木结构。自从清朝收复新疆以来，这里就成了山麓广大垦殖区的贸易中心。我们发现，它的店铺里挤满了汉族农民、东干人和吐鲁番商人。

有趣的是，在这形形色色的人群中，我还发现了俊美强壮的哈萨克人，他们是本地区的最新居民。他们在朝这座高原延伸的更高的山谷中放牧牛羊，山谷之间是覆盖着森林的山坡，从泉子街就能望见那些山坡。我又一次注意到，这个讲突厥语的游牧部落人身上常表现出秀美的高加索人的特征，如灰蓝色或灰色的眼睛、高鼻梁或鹰钩鼻。他们的外貌特征使我自然想到了古代讲库车语的人。库车语属于印欧语系，大部分保存在吐鲁番的文献中（文献中称这种语言为吐火罗）。汉代时，吐鲁番盆地和车师后国（我现在就是在穿过车师后国的领土朝吐鲁番走）的居民就是讲库车语的。我们无法知道，在天山北麓先后出没并暂时控制了这块肥沃的山麓地区的突厥部落，如匈奴、阿瓦尔人、西突厥、回鹘人等，通过和这些讲库车语的人通婚，被注入了不少所谓的雅利安血液。但这种混血的情况必定曾出现过。因为，恰恰是天山北麓有优良牧场的地方，而南边绿洲中的居民就是讲库车语（即吐火罗语）的。

遗憾的是，由于前面说到的现实上的考虑，我没有时间考察这条肥沃的山麓地带。从我听到的消息判断，这条地带一直延伸到泉子街西北和东南的山脚。《汉书》和《后汉书》中都说，车师

图7　泉子街，可以望到天山

后王的王庭在"务涂谷"。我认为，"务涂谷"应该就在这座山麓的地区之内。《魏略》中说，"车师后王"的都城在"于赖城"。但沙畹先生指出，"于赖城"很可能就坐落在"务涂谷"中。公元982年，中国使节王延德从高昌的"车师前王庭"（即吐鲁番）来到了"车师后王庭"，他走的路显然经过了巴诺帕山口，并经过了泉子街。如果当时以及那之前的"车师后王庭"就在这条路从山中出来的地方附近，那么我们就应该在泉子街附近寻找这个王庭。这个地点是十分适合作一个半游牧部落的君主的夏季住所的。但由于没有直接线索，以上这些都只是猜测而已。

第三节　翻越天山到吐鲁番

　　10月22日我们在真正的山区景色中走得十分愉快，从泉子街向上深入到了巴诺帕谷地中。开始5英里我们沿一块肥沃的冲积扇朝上走。冲积扇上田畴平整，点缀着一些小村庄，有很多树和灌木。一条小溪从巴诺帕谷地中流出。自从路接近了小溪的溪床后，就可以看到谷地两侧山的北坡和西坡上覆盖着茂密的针叶林。有趣的是，这里森林的分布与巴里坤谷地两侧的森林很不同，那里的山上西坡是光秃秃的，东坡上则有森林。这大概是两地气候不同的缘故。在离泉子街7英里的地方，我们来到了第一条覆盖着云杉的山脉（图8）。

　　从这里再往上就不能通车了。路沿着陡峭的山坡忽上忽下，山坡上都是繁盛的草原或森林。奔流的山溪两岸往上都是树木，从骆驼堡子来的路好几次穿过了这条溪。山中的景色使我想起了克什米尔（图9）。我们在海拔约7 000英尺的地方翻过了一个叫巴诺查的大谷地的谷口，谷地从南边一座醒目的雪峰延伸而下。雪峰上一直到海拔9 000英尺的地方都是茂密的森林，似乎从来没有被人砍伐过。路继续顺着溪的左岸向长着草的山坡延伸。又走了1英里后，我们来到了巴诺帕的几间小木屋。这里海拔约7 500英尺，是人们在山口北侧歇脚的地方。在那歇脚的一晚，我有机会见到了四个携带精良武器的逃犯。他们来自喀拉霍加。我在吉木

图8　泉子街上方覆盖着森林的天山北坡

图9 在天山的骆驼
堡子上方攀登到巴诺
帕谷地

萨的时候，就已有人提前警告我会遇到他们。我可以简述一下事
情的经过，大概有助于人们了解这些地区的行政管理状况。他们
本来是一大群顽固的喀拉霍加农民，曾因某块田地而与邻近的阿
斯塔那人发生了长期争执。后来他们觉得自己被错判了，于是在
大约6个月以前杀死了吉撒（即当地税官），因为他们认为是古撒

让他们的正当要求没有得到满足。就这样以自己的方式对错误的判决进行了报复之后，他们躲进了山里。他们的头叫阿合买提·木拉，是个帕万（即猎人），对山区很熟悉。他们都配备着毛瑟枪。自从1911—1912年的革命以来，很容易就能从吐鲁番的驻军手里买到武器弹药，而且价格对富裕的村民来说是完全出得起的。

他们在天山南麓停留的时候，在尧干铁热克附近遭到了官军的袭击，损失了两个伙伴，但仍逃到了官军到不了的地方。自从远离吐鲁番所管辖的地区后，几乎再没人管这四个逃犯了。他们现在靠同情他们的人们施舍的东西，或靠敲诈其他过路人过活，日子过得非常舒服。

据说，已从古城派了一支军队来抓这一伙人。他们聪明的头领阿合买提和我闲聊了很长时间。他告诉我，他自信可以在山区抵抗住任何武装的敌人。他希望能和官方达成谅解，并希望不久就能回家过安宁日子。第二天早晨，我们友好地交换了礼物后就分手了。他送给我的礼物是一块布，上面有吉祥的阿拉伯经文。我则给了他一点银子。

阿合买提希望冬天的时候在吐鲁番能再次见到我。但是，我们相见的方式却出乎他的意料。1月初，我从乌鲁木齐回来的时候，在吐鲁番的英吉沙城大门外一根高高的木杆顶上，看到了他已经皱缩的黑色头颅。由于反间计，阿合买提和他手下那几个人出现了不信任和争吵。他想说服那几个伙伴，就先把他们赶到了一个洞里，然后在洞前点燃了一堆火。这时，他的同伴为了自卫，朝他开了枪。当他的尸体被运回喀拉霍加下葬时，官方称他们对尸体有处置权。当时，据说剩下的那三个逃犯正在和官方谈判。无疑，谈判的结果早晚会以类似的方式满足官方的要求。

第二天我们走了很长的路，穿过了天山分水岭，并沿着朝吐鲁番盆地去的谷地往下走了很远。起初，在离巴诺帕不远的地方，我们穿过了一条小溪，小溪从西边海拔约13 400英尺的雪峰流下来，然后沿主要谷地极窄的底部朝上走，方向是西南。小溪上有两座桥，都很坚固，这说明中国官方对这条路很重视。在海拔约9 000英尺的地方，我们来到了一座侧山长着草的山坡。侧山从一段壁立的天山延伸而下。这段天山常年积雪，海拔接近14 000英尺。图10就是这座侧山的照片。就在拍照片处上边不远的地方，我们在谷地西侧看到了最后的云杉林。在离巴诺帕约4英里的地方，我们蹚过了一条小溪（水源来自冰雪融水），这之后路朝南—南西方向的山口伸过去。山口在另一条溪上方，当时那条溪已经全部结冰了。

从海拔约10 000英尺的地方开始，我们先是顺着一条宽阔但很陡的石坡往上走。石坡上是分解的板岩，岩石上结了一层薄冰壳，这是最近刚下的雪被前几天的阳光融化后形成的。然后我们就能望见山口所在的那道扁平的岭了。在光秃秃的碎石坡上，路呈之字形朝山口延伸。我们终于到了山口，在这之前的4个小时共走了7英里路。从空盒气压表的读数看，山口的海拔12 280英尺。正午有太阳时，温度为30华氏度。从南边刮来凛冽的风。

图10　在天山上的巴诺帕山口上方约3英里的地方，顺着谷地望到的景象

山口西边是一座嶙峋的锯齿状的山峰（图11），比山口至少高出
1 000英尺。山峰的谷地中，一直到比山口只高一点的地方，都是
常年积雪。从山口朝南望到的景象很有限，向北也是如此，看不
到任何先前走过的地方。

　　我们从山口向南—南东方向下山，最初经过的是很陡的碎石

图11 从天山上的巴诺帕山口朝南望到的景象

坡。在离山口约1英里的地方我们进入了一条窄谷，不得不走过一系列陡峭的石崖（先过右边的，再过左边的）。石崖使我想起了在阿斯托尔和吉尔吉特之间的印度河河谷两侧谷地中的帕里斯。这条窄谷是一条小溪冲出来的，溪上好几处地方几乎涉不过去。最后一座石崖比狭窄的谷底要高出约100英尺。在这座石崖上，

图12　在天山上的巴诺帕山口以南约2英里的地方，顺着谷地望到的景象

路边用大石头和粗糙的石板筑了一道墙。要是不借助这道墙，驮东西的牲畜几乎过不了这段路，甚至马不驮东西也过不去。路旁的这段墙看起来十分古老。如果没有这道墙，这段路除了走人几乎就没有别的用途。过了这段难走的峡谷后，两侧仍是悬崖，但山谷敞开了一些（图12）。然后，从西北过来的一条谷地和这条谷

地连在了一起。这之后，蜿蜒的河谷就比较好走，一直走到一间用碎石砌成的小屋，这就是路边小站石窑子。三岔口离这里还有10英里，在到达那里之前，石窑子是最后一个能找到水的地方。但由于石窑子既没有草，也没有秸秆，我们只好顺着谷地继续往下走。

朝下走了2英里，就是阿特奥伊那克吉勒伽和这条谷地会合的地方。从那里开始谷地几乎折向正南，谷底又直又宽，很引人注意。但给人留下更深印象的是，谷地两侧的山坡上寸草不生，谷底布满砾石的河床上也是光秃秃的。这和我们在天山北麓遇到的优美的草地和森林形成了鲜明对比。准噶尔地区与干旱的吐鲁番盆地在气候上有显著差别。再没有像我们穿过天山分水岭那样，能更深地体会到这种差别了。整个谷地底部几乎都是干涸的河床，在河床上即使耐旱的灌木都很少见。但跟随我们的吐鲁番人告诉我们，在冰雪消融的地方，或是夏天山区降雨的地方，山谷中的洪流水量都很大。河床的宽度证实了他们的说法。据说，只有在那些从分水岭的雪峰朝南延伸的谷地头部才有牧场。夏天吐鲁番人的牛羊就被赶到那里去放牧。

有一个地方两侧的低山突出来，形成了一条峡谷。在峡谷的入口处，我们经过了三岔口那几间零星的小屋。三岔口位于两条分别来自东北和东边的窄侧谷交会的地方。从东边来的那条侧谷中本来有泉水，但后来由于泉水干涸，三岔口一度有过的不大的农田前几年也被废弃了。另一条来自东北的侧谷又被叫作卡尔里克或喀让古吉勒伽。从地图上可以看出，它是从天山的一座大雪峰伸下来的，雪峰很可能属于博格达山以东的天山上最高的一段。这条山谷中有一条不小的溪流，但溪水却不能用于灌溉，因为溪水流到这条大谷中的地方以及下游几英里，凡是平地上都布满了大石头和砾石，只有柳树和胡杨树能生长。在苍茫的暮色中，我们在这样的地面上摸索着前进，从三岔口又往前走了近4英里。这时，谷地又变宽了。从这里往下，谷底不间断地长着柳树。为了避开柳树丛，我们的路都是贴近峡谷东边的砾岩山崖脚下的。等我们到达尧干铁热克的时候，天已经完全黑了下来。尧干铁热克有几家路边小旅馆，周围有几块农田和草地，海拔约6 400英尺。这一天我们总共走了30英里。

　　第二天早晨，阳光很明朗，一幅色彩绚丽的图画展现在我们眼前。在一条大谷地底部，柳树和杨树丛是一片耀眼的秋色，谷地两侧的砾石山崖比那条活泼的小溪高约300英尺。尽管已近深秋，早晨8点的小溪的水流量为300多立方英尺／秒，而且两小时之后溪水还涨了不少。据尧干铁热克的人说，在夏初冰雪融化或是山区降雨的时候，整条砾石河床中都是溪水，小溪将宽达200码。他们说的很可能是真的。但再往下不到12英里，溪水就全部消失了。在那里，谷地连着一块干旱的砾石萨依。萨依呈一个光秃秃的巨大的半圆，绕在吐鲁番盆地北部。根据我在谷口得到的信息，流到这里的水叫达尔奇，水后来消失在萨依里，但从地下流到了雅尔和屯以西，补给着那里的雅尔。一部分水还从地下流到了现在吐鲁番城西南的坎儿井。

10月24日，我们先顺着溪左岸朝下走了6英里。后来，我们离开溪岸，朝一条低矮好走的分水岭走（这条分水岭叫伊沙克达坂）。这时，我可以清楚地看到谷地对面的河岸有四层结构，各层之间分界很清晰。这表明在以前的几个时期，河水流量越来越小，水蚀作用也越来越弱，直到河道变成了今天这条比较窄的山谷。这几个收缩时期和气候的变化有关，无疑是气候变化引起了多水期和枯水期。

伊沙克达坂的鞍部海拔约5 200英尺。我们从那里顺着一片洼地状的浅谷朝下走。浅谷中几乎没有任何植被，两侧的山崖是横向分层的红土，红土上有一层碎石。从鞍部走了大约7英里，我们第一次遇到了一块长着红柳和芦苇的地方，说明这里有地下水。又走了1英里，我们经过了一块小土台地，上面是伊斯兰墓葬。然后我们又下到一条谷中，迷人的小绿洲夏普吐勒鲁克就坐落在那里。它海拔约3 000英尺，一眼活泼的泉水灌溉着茂密的果园和草地，泉水是在比绿洲高约200码的地方冒出地面的。自从我们穿过天山后，满眼看到的都是光秃秃的景象，现在目睹了这里依旧葱绿的果树，真是心神为之一爽。无怪乎在那处作为生命之源的泉水旁矗立着一座清真寺，也是一座圣墓（伊斯兰教徒崇拜的某些圣徒、先贤的坟墓——译者）。这表明当地的宗教活动可以上溯到很久以前。

第二天，我们轻松地走了19英里，来到吐鲁番的主要绿洲的北边。我们一路都是沿着一块不断下降的萨依往下走，萨依上布满了砾石，十分单调。但有时路会绕过一部分浅洼地，洼地中就是来自夏普吐勒鲁克的水。水从夏普吐勒鲁克开始，在地下流了约3英里又冒出地面，形成了一条小河，先后灌溉着三块被称为克其克的小农田。当天，走了9英里后，我们越过了一条宽阔的干河床，河床从外围山脉延伸过来。再往下还有几片较小的洼地与它会合在一起。有时，洼地中也有水，水流到雅尔和屯遗址以东深深的雅尔河床中。

从这条大砾石缓坡朝下走的时候，我们的视野既开阔又清晰。我们能望见天山分水岭的雪峰、颜色较深的吐鲁番垦殖区，一直望到那条结着盐壳的地带，那就是吐鲁番盆地的最低部分。远方可以隐约看到沙漠山脉却勒塔格的轮廓线，它构成了吐鲁番盆地的南界。地势下降得十分均匀，这使我们很难意识到视野中最低的那个地方比我们在夏普吐勒鲁克的出发点要低近4 000英尺。我们还遇到了第一组坎儿井，它们是吐鲁番农业的典型特征。过了坎儿井2英里后就到了垦殖区边上。这里的垦殖区边缘和吐鲁番周围的所有垦殖区一样，轮廓十分清楚。我们又走了2英里，经过了明渠和似乎刚开垦的田地，来到了小村雅尔玛哈拉。在好客的伊拉尔汗家里，我们受到了热情款待。他是一个诺该，有一台压棉花机，是刚从俄国迁来的阿克萨喀勒（字面意思是白胡子，引申为头领——译者）。

现在，把我们从吉木萨以北的北庭遗址到吐鲁番所走的实际路线，同《唐书》记载的从交河（雅尔和屯）到北庭的那条道比较一下。按照沙畹先生的译文，那段记载写道："从交河县出发，向北走80里就是龙泉客栈，再往北进入了一条山谷，穿过柳谷再走130里就是金沙岭。经中国前哨石会，再走160里就到了北庭。"

交河城是吐鲁番的故都，字面意思是"两条河之间的城"，它无疑就是坐落在雅尔之间的雅尔和屯遗址。从那里沿现在到吉木萨和古城去的道路，向北—北西方向走上约18英里就到了夏普吐勒鲁克。有一条谷地可以最直接地到天山分水岭去。一个旅客如果穿过天山光秃秃的砾石缓坡向北，想要到那条谷地去，夏普吐勒鲁克这个兰干（驿站——译者）无疑是歇脚的最好地方，因为那里有一眼很好的泉水。因此，我们大概可以说，龙泉馆就是夏普吐勒鲁克。把"龙泉"作为石漠中那眼生命之泉的名称，十分合适。中国人总是喜欢把醒目的自然特征同天上的怪物联系起来，正如印度人总是从当地自生的信仰中看到湿婆一样。通过比较《旧唐书》中位置已确定的其他地点我们可以知道，在新疆4里约合1英里。所以，说龙泉馆有80里远是没错的。

按照《旧唐书》中的路线表，过了"龙泉馆"后就来到一条山谷，然后再穿过"柳谷"，越过"金沙岭"。看一下我们走的实际路线读者就可以知道，这里提到的山谷，就是现在来自夏普吐勒鲁克的那条道路在到达尧干铁热克之前所进入的山谷。同样，"柳谷"指的是从尧干铁热克到三山口的那段谷地，谷地中有柳树丛。"金沙岭"只能是指天山分水岭，过"金沙岭"的地方就是石窑子和巴诺帕之间的山口。

　　从南边来的旅客在第二天过山口之前，习惯在石窑子过夜，这也是他们在过山之前能找到水和燃料的最后一个地方。如果《旧唐书》说的130里指的是从夏普吐勒鲁克到石窑子之间的距离，这个估计非常准确，因为两点间的实际距离大约是35英里。唐朝的路线表和其他古典文献一样，是为了实际指导旅客用的。所以路线表中的距离指的是歇脚点之间的距离，而不是地貌间的距离。因为在古代，不论是对东方还是对西方的旅客来说，知道下一个歇脚点有多远，远比知道山脉的分水岭有多远更重要，他们巴不得立即穿过分水岭后就把它彻底忘记。我不知道为什么把吐鲁番和古城之间的这段天山叫作金沙岭。但《后汉书》中有一段文字中无疑用了一个类似的名称。在班勇传中我们读到，公元126年，北匈奴的单于率1万骑兵进犯了车师后国，到达了"金且"谷。后来班勇派一支军队打退了他们。

　　"柳谷"这个地名可以追溯得更远。早在《汉书·西域传》就提到了"车师柳谷"。书中说，在车师前国和车师后国周围有一些小国，其中一个叫"狐胡国"位于"车师柳谷"中。国中人口很少，只有55户人家264人。这个小部落应该包括尧干铁热克河谷，大概还包括天山南麓的其他几块相邻谷地。怀利先生对这段文字做了笔记。他指出，在中国使节王延德记载的路线中，也提到了"柳谷"。公元982年，王延德过了"交河"(吐鲁番)之后，"穿过柳谷，越过金岭，到达了回鹘人的都城"。"金岭"即是"金沙岭"的简称。

而且，我们有确凿的证据表明，在回鹘人统治时期，连接着吐鲁番和北庭的直道也是从尧干铁热克上游的谷地中过的，并穿过了巴诺帕山口。

显然，《唐书》中记载的从"金沙岭"到"北庭都护府"那段路的长度也是正确的。的确，我们仍无法断定"石会"前哨在哪里，但出于地形上的考虑，它有可能在泉子街或巴诺帕谷口附近。路线表中说"金沙岭"和"北庭"之间的距离是160里。假设这指的是沿直道——我指的是现在想到北庭遗址去的人所能走的最近的道路。他应该先从巴诺帕和泉子街下来，来到古城—乌鲁木齐大道上，然后不到吉木萨去，而是直接去护堡子。如果从石窑子以下经泉子街到后堡子附近的北庭遗址，160里的距离和我们实际测得的45英里是非常吻合的。

唐朝的这个路线表中，交河（雅尔和屯）到北庭之间的总距离是370里。这间接表明，经过尧干铁热克和巴诺帕的这条路，很可能早在汉代就已成为车师前、后国之间的联络线了。《后汉书》中说："从高昌壁向北走500里就到了车师后国的金满城。这两个地方是西域的大门。"我们知道，"高昌壁"就是现在的喀拉霍加。从地图上看，高昌壁和雅尔和屯（交河）之间的距离有26英里，如果沿路上走大约有30英里。交河（雅尔和屯）离那条把喀拉霍加同夏普吐勒鲁克、尧干铁热克等地联系起来的道很近。从中国西域地区的路线表看，很可能《后汉书》中记载的那个距离，是先算好从高昌到位于雅尔和屯的车师前国都城的距离，然后再加上从雅尔和屯到金满的距离。人们已经证明，金满也就是北庭。按照4里约合1英里的换算法，30英里是120里。而交河与北庭之间是370里。370里加120里是490里，这和《后汉书》中所说的高昌和金满之间大致有500里几乎完全吻合。

第二章

吐鲁番的地理和历史

第一节　吐鲁番的地理位置和早期历史

1914年10月25日，我来到了吐鲁番城附近。我计划对吐鲁番盆地进行长期的考古学和地理学考察，如今，我的考察算是开始了。无论对考古学者还是地理学者来说，这个广大地区都有很多吸引之处。我计划在这里待三个多月的时间。如果想系统地考察它的全部遗址和特色地貌，这么短的时间是完全不够用的。但无论是提前还是延后，我都没有时间也没有必要进行这么大的一个工程。

1897年，克列门茨博士在俄国科学院的主持下，对吐鲁番盆地的古代遗址进行了一次勘察。他的勘察表明，这里伊斯兰时期之前的遗址不仅数量众多，而且都很容易到达。自那之后的很多年，人们就在这些遗址中大规模地寻找古物。1902—1907年，有四个带着全副装备的德国探险队来到吐鲁番盆地，探险队的负责人是格伦威德尔、冯·勒柯克。他们在吐鲁番遗址待的时间加起来，几乎是我这次的十倍。他们进行了大规模的考察，并获得了丰硕的成果。又因为在乌鲁木齐附近很容易将文物卖出去，况且吐鲁番位于一条大商道上，这些都导致当地人对遗址进行了无情的破坏。在过去的很长时间里，人们不断地在古都雅尔和屯和喀拉霍加的遗址里挖土做肥料，已经造成了不少破坏。现在，随着这两个遗址周围的农田面积越来越大，破坏愈发加剧了。1910年和1911年，日本旅行家橘瑞超也曾为了考古学上的目的，在吐鲁番地区待了几个月。因此我一开始就清楚，要想工作取得成效，就必须首先通过勘察来确定哪些遗址相对而言去的人较少，或者哪些遗址中的文物（如壁画）应该小心地带走，以免它们将来遭到损坏。

这次勘测也将使我熟悉吐鲁番盆地的典型地貌，这样我就能更仔细地指导和检验对吐鲁番地形的详细考察。凭借前一个冬天的经验，我还拿不准中国官方对我们的考察持何种态度。再加上库鲁克塔格地区自身又全然没有任何物资，这都使我自己有必要在前半段时间一直待在吐鲁番地区，以确保大本营的安全。我计划让拉尔·辛格1月末回到吐鲁番，重新装备物资。2月到3月，我自己或阿弗拉兹·古尔将到罗布沙漠和库鲁克塔格西段进行考察。我还希望在拉尔·辛格回来的时候，协调好这两个考察分队的工作。

这里我有必要概述一下关于吐鲁番地区的明确的重要历史资料。这些资料都是汉文资料，说的是汉朝和唐朝时吐鲁番政治上受中原王朝控制的那几段时期。无疑，它们对解释吐鲁番地区的所有考古发现都是不可缺少的。而描述这些文献时，还必须同时考虑到吐鲁番地区的地理状况。据我所知，我那些通过考古工作熟悉了吐鲁番地区的学者同行，好像还没有人按照这样的方法概述过吐鲁番的历史。因此，我就先说吐鲁番的历史，然后再描述我们在前面说的勘察中观察到的考古学现象，以及在几个特殊的地点（如吐峪沟、木头沟、阿斯塔那）的挖掘成果。

《汉书》中有一段说的是被泛称为车师的那几个地区。遗憾的是，这段文字没有说明"车师"的地理界线和地理特点。但至少有一点是清楚的，在西汉时期，"车师前国"占据了吐鲁番盆地的大部分（甚至全部）。这段文字中的历史资料比较多，从中我们可以看出两个要点：其一，车师各国无论位于天山南面还是北面，相互之间联系都很紧密；其二，在西汉时期，它们一直受到在北边游牧的匈奴人的强烈影响。这两个因素在"车师"的后期历史中也都有体现。之所以如此，我们可以在明确的地理因素上找到根本原因。下面我就说这些地理因素。

由于天山南北气候上的明显差异，它们在物产方面必然互相补充，这就造成这些地区之间密切的互相依赖关系。天山把车师前国和车师后国隔开。我们前面已说过，天山北麓水分充足，无须灌溉，谷物产量大，而且还有很多牧场。山区谷地里是夏季牧场，接近山脚的山坡和北边的平原上是冬季牧场。因此，那里的基本食物（谷物和牲畜）就有不少剩余，可以提供给南边绿洲中的人们。南边的绿洲面积虽然不大，但土地极为肥沃，那里的气候与北麓截然不同。由于吐鲁番盆地可耕种的地区大部分比海平面低不少，所以，尽管那里位于北纬43°附近，还靠近高高的雪山，一年中却有八九个月的时间都十分温暖，肥沃的土地一年可以种两季庄稼。这里出产的棉花和各种水果不仅产量大，而且质量好。但在整个吐鲁番盆地，灌溉都是必要条件。因此，吐鲁番盆地只能吸引那些长期习惯于用水渠进行深耕细作的人。另一方面，气候条件再加上缺少合适的牧场，都使这里根本不能进行放牧。

如果这样耕种，吐鲁番地区是极为肥沃的。有一个事实可以证明这一点：在中国新疆，只有吐鲁番有大量的坎儿井（即地下水渠）。坎儿井所需的金钱和人力，在新疆其他任何一片绿洲都是难以想象的，这就告诉我们吐鲁番多么容易出口棉花，而这种农产品利润有多大。吐鲁番地区发展起坎儿井灌溉体系时间还不长，不会早于18世纪。[1]但从吐鲁番地区古代遗址的数量、大小、多样性，以及有文字可查的历史来看，在出现坎儿井之前很早的时

---

[1] 中国关于吐鲁番的历史文献中却没有一次提到坎儿井这样一个引人注目的特征。由此我们判断，大概到唐代以后，这种农业方法在吐鲁番还没出现。《唐书》详细而准确地描述了高昌地区，还提到那里庄稼一年两熟，并且种植棉花。如果坎儿井当时已经出现，《唐书》大概不会不提。

期，吐鲁番的人口就已经很稠密，人们生活很富裕，经济地位也十分重要。吐鲁番地区的农业自古以来就离不开灌溉。因此我们只能得出这样的结论：古代时，从山区流下来的溪水的水量比现在要大。现在则必须用坎儿井截取地下水以补充地表的溪水，坎儿井水的比例大概占全部水源的一半。这清楚地表明水源减少了。这个问题虽然有考古学上的价值，但在这里只是顺便提一下罢了。

吐鲁番和古城这两个地区在气候和物产上极为不同。但假如它们之间高峻的天山没有提供从一地到另一地的通道，现在的吐鲁番绿洲和古城之间就不会依然存在着密切的经济联系，而古代的车师前、后国（高昌和北庭）之间也不会存在政治联系了（我们的文献都证明了这种联系）。前面我已描述了连接两地主要地点的最直接的道路。东边的天山上还有两个山口，即萨尔达克（可能是萨尔勒克——译者）和喀拉达坂山口。据说它们不适合驮东西的牲畜走，但骑马的人全年都能通过它们快速来往于天山南北。再往东，在苦泉那个鞍部附近，天山特别低，两块垦殖区的最东段之间不必绕得太远，就可以用骆驼或车进行联系。最后，朝西边可以在达坂城附近那个更好走的鞍部绕过博格达山（去乌鲁木齐的大道就是在海拔只有 3 500 英尺的地方穿过那个鞍部的），大概走上 11 天就能到达吉木萨。

如果说这几条交通线极大便利了雪山南北这两个地区的经济联系和民族通婚，它们也使两地容易受到不论来自南边还是北边的军事进犯和政治控制。就是这个原因，在中国文献提供了确切历史资料的那几段时期，车师前、后国的政治命运都紧密联系在一起，在战争中一起沉浮。《汉书》告诉我们，西汉灭亡之前大约125年时间里，车师前国以及跨越天山的整个车师夹在北边的匈奴和南边的中国之间，扮演了怎样的角色。从中我们可以生动地看出车师前、后国的共同命运。

我先说一下《汉书》是怎样记述车师前国的。这段文字不长，却确定了国都的位置：

车师前国，王治交河城。河水分流绕城下，故号交河。去长安八千一百五十里。户七百，口六千五十，胜兵千八百六十五人。

接着又是列举一大堆当地高官的官衔，然后又提到国都离中国都护治所（乌垒，在现在的阳霞或策大雅）和焉耆的距离分别是1 810里和835里。我们就不必劳神于后一段记载了，因为中国和西方的学者都早已意识到，根据国都的位置，交河就是吐鲁番古城西北5英里处的雅尔和屯遗址。我们也不必费心研究那个人口数字。但值得注意的是，这个人口数字和车师后国很接近，但比《汉书》记载的塔里木盆地其他几片大绿洲——如龟兹国（库车）、莎车、于阗（和田）——的人口要少很多[1]。

在《汉书》和司马迁《史记》中，都提到了车师。从中我们

1　《汉书·西域传》提到吐鲁番分为两个小部分："车师都尉国"与"车师后城长国"。我们无法知道这两个地方在哪里，因为书中没有记录方向和距离。

即可看出，当汉朝向塔里木盆地扩张从而与匈奴发生冲突时，吐鲁番扮演了什么角色。《汉书》说，自从汉武帝和西域各国开始正常交往后，汉朝使节就反复遭到楼兰和姑师国人的袭击和劫掠，姑师人"数为匈奴耳目，令其兵遮汉使"。可以肯定的是，"姑师"只不过是"车师"的别名。于是，汉朝在公元前108年派了一支远征军，将军赵破奴率七百轻骑，"虏楼兰王，遂破姑师"。这段文字表明，在穿过楼兰到塔里木盆地去的那条中国道新开通时，吐鲁番是匈奴人劫掠这条道的一个据点。它还表明，汉朝军队是从南边越过库鲁克塔格对姑师进行反击的。

公元前99年，在楼兰军队的协助下，汉朝派兵远征姑师，却没有取胜。这说明，即便在公元前108年的失败后，匈奴仍然控制着姑师。汉朝这次出兵，是为了支持同一年对匈奴采取的一次同样不成功的行动。后一次进攻从酒泉（肃州）发动，进攻方向是天山东段[1]。公元前89年的那次行动也是这样安排的。汉朝率楼兰、危须（库尔勒）、尉犁（孔雀—铁干里克）等属国的军队（斯坦因所说危须、尉犁的方位误——译者），攻打车师。这是为了分散车师的兵力，以便从肃州方向攻打天山的匈奴。车师国王被围困，投降了，但这并没有保证车师永远归顺汉朝。汉昭帝（公元前86—

---

1 汉朝反复攻打车师，同时向天山最东段派兵，这说明，汉朝一开始就想把经哈密、吐鲁番、古城到西域诸国去的道夺过来。这样，汉朝同塔里木盆地联系起来就会比较容易，比穿过罗布沙漠的那条道要强。直到一个多世纪后开了北新道，这个目的才算实现，但实现得并不彻底。

前74年在位）末年，车师又和匈奴联合在了一起，匈奴派了一支骑兵屯在车师。公元前73年汉朝准备攻打车师时，这支匈奴军撤走了。但车师的首领和北边那个危险的邻居之间的关系仍继续保持了很多年。这个联盟有可能会切断汉朝及其盟友天山以北的乌孙大国之间的联系。公元前68年汉朝军队从塔里木河上新建立的军事基地渠犁出发，在塔里木盆地各属国的协助下发动猛烈攻势，当年就攻下了交河城（雅尔和屯），公元前67年车师国王投降。为对付匈奴方面的新威胁，汉朝还派出了援军。最后，匈奴支持的车师国王带着一部分国民向东撤退。汉朝在车师国里建立了一个军屯点。这些胜利都要归功于汉军统帅郑吉的精力和能力。公元前60年他完成了巩固工作，被任命为第一个西域都护，并负责车师以西的北道。

从设立了汉朝驻军以便永久性地控制车师起，一直到公元后第一个世纪的前10年，汉朝对吐鲁番地区的控制似乎没有中断过。大概就是汉朝军队持续控制吐鲁番的这70年间，吐鲁番第一次接受了中原文明的强烈渗透。后来在吐鲁番政治上附属于中原王朝的那些时期，这种渗透更得到了加强。这种渗透使吐鲁番地区的居民直到今天都与塔里木盆地西部绿洲中的人明显不同。汉朝当时是很看重车师的，把它当作戍卫塔里木盆地不受东北匈奴进犯的堡垒。公元前48年，汉朝在那里设置了一个特殊的军职戊己校尉。戊己校尉的驻地是车师前国的高昌壁，即现在的喀拉霍加。

元始年间（公元1—5年），戊己校尉徐普欲（实际是徐普——

译者）开通了"北新道"。前面我们反复提过北新道，它大大缩短了从敦煌长城上的玉门关到车师后国的路程。显然，这条通道的目的是从汉朝大本营更容易到车师后国，从而使车师后国更加依附中原王朝。由此发生了《汉书》中详细描述的那些事件。"车师后王姑句以道当为拄置，心不便也。地又颇与匈奴南将军地接。"他不愿意接受戊己校尉关于边界的安排，就带着自己的国民投奔了匈奴，最终导致了他的毁灭。这一行动表明，当时古城—吉木萨地区至少有一部分居民是靠放牧为生的。从《汉书》记载的公元10年的一次叛乱中也可以得出这样的结论。那一年，车师后国首领须置离密谋叛汉，归顺匈奴，结果被西域都护斩首。于是他的兄弟"将须置离众二千余人，驱畜产，举国亡降匈奴"。

匈奴的最高首领单于认为王莽于公元9年篡位登基的举动侮辱了他，就和王莽新朝决裂。单于的军队进攻车师，两名中国统帅被杀。接着，高昌的中国驻军发生叛乱，导致戊己校尉被杀，叛乱首领带着2 000名中国军官和士兵投降了匈奴。王莽和单于后来勉强达成了妥协，但公元16年和平局面又被打破了。匈奴"大击北边"，同时"西域亦瓦解"。当年，中国派了一支军队进入塔里木盆地，削弱了几个反叛的王国，其中是否包括车师我们不得而知。但在公元23年王莽死去的时候，"西域都护"的权威已经分毫不剩了。此后整整半个世纪的时间里，中国在西域地区的势力完全丧失了。

第二节　从东汉到唐代的吐鲁番

《后汉书》告诉我们，在东汉的前两个皇帝统治时期，车师和塔里木盆地的所有地区一样都受匈奴人控制。由于不堪匈奴人的压榨，早在公元45年车师后国国王就与鄯善及焉耆的首领对汉光武帝表示臣服。但东汉帝国正忙于巩固内部，无暇对他们提供保护。匈奴势力的衰弱使得西域诸国内部开始争斗起来。据说，在争斗过程中，车师吞并了天山北麓的几个小国。公元73年汉明帝统治时期，汉军占领了伊吾（即哈密），汉朝的势力再次向中亚扩张。这一次，车师又像西汉时一样成了戊己校尉的驻地。从甘肃经哈密的直道开通后，对中国人而言，吐鲁番的地位注定要比以前更重要。但在公元75年汉明帝驾崩那一年，第一次扩张以失败告终。都护及其军队被焉耆和龟兹击败，戊己校尉则被匈奴和车师围困。公元76年从肃州（酒泉）派出的一支增援部队在交河（雅尔和屯）附近的确打了个大胜仗。但后来戊己校尉被召回，吐鲁番地区又落在匈奴手里。

公元89年，匈奴在东边遭到惨败。再加上名将班超在塔里木盆地西部长期进行的一系列成功活动，吐鲁番和附近地区才再次被纳入了东汉的控制范围。公元90年汉军收复了伊吾（哈密），车师前国和车师后国都向东汉朝廷纳贡。公元91年班超被任命为西域都护，朝廷还重新设立了戊己校尉（他率500名士兵驻高昌壁），并设立戊部侯来负责车师后部。《后汉书》对后来车师情况的记载表明，车师后部是最让西域的中国行政管理部门头疼的。之所以会这样，一是因为车师后部离准噶尔东北的匈奴很近，二是因为天山北麓的自然特点使那里的居民仍可以过着半游牧的生活。我们已经看到，车师前、后国之间的地理差异对这两个紧邻地区的历史产生了影响。从吐鲁番的考古学和文献遗物中，我们获知了一些民族问题上的情况，它们很可能也是因不同的地理特点造成的。

我们读到，公元96年戊己校尉威胁车师后国的国王涿鞮说要让他退位，涿鞮就进攻了车师前国的国王，因为是这位国王出卖了他。第二年中国不得不组织了一次远征，一直把涿鞮追击到了北匈奴的领地，最终涿鞮兵败被杀。公元102年班超退休，不再任西域的职务，这之后西域的局面一片混乱，到处是叛乱。到公元107年，东汉只好放弃西域诸国，这样车师又依附了匈奴。的确，公元119年东汉收复伊吾（哈密）后，车师前国（吐鲁番）的国王臣服了东汉王朝。但东汉驻军当年就被匈奴在车师后国的协助下消灭了，车师前国的首领也逃走了。之后几年中，车师国人在匈奴的胁迫下，不断地参与匈奴袭扰河西地区（从敦煌到甘州以东）的事件。

汉安帝似乎看到，从吐鲁番来的匈奴人如果占领了敦煌和鄯善，就会与南山和南边昆仑山的羌族人联合起来。这迫使他采取行动。公元123年班勇被任命为西域长史（班勇是班超的儿子，几乎和他父亲一样有名），皇帝还命他在柳中驻扎一支驻军（柳中就是现在吐鲁番盆地东部的主要绿洲鲁克沁）。由于伊吾（哈密）直到公元131年才被汉军攻占，我们只能作出这样的假设：班勇是从楼兰这个方向穿过库鲁克塔格占领吐鲁番的，并把吐鲁番作为重新征服西域的基地。到公元125年他大败车师后国王军就，军就被杀。第二年，在车师后国两位首领的协助下，他打败了当时大概占据着巴里坤谷地的匈奴呼衍王。

公元134年，负责管理车师后国的东汉朝廷官员在车师后国人的协助下，发动了一次大攻势，深入到了北匈奴领地很远的地方。由此可以看出，当时车师后国很好战。但第二年匈奴的呼衍王就进行了报复，进犯车师后国。东汉王朝派了一支远征军去援救"车师六国"，目的是保卫西域，但没能完成自己的使命。实际上，那时候东汉在西域的势力就已经开始衰落了。

我们在说到巴里坤地区时，曾提到匈奴的呼衍王。后来中国虽然从哈密方面出击过几次，但都没能消除呼衍王对东汉王朝那条主要交通线的威胁。公元153年车师后国的国王阿罗多进攻且固（那里是东汉王朝的一个军屯点）。在一部分车师后国人的帮助下，东汉王朝迫使这位反叛领袖逃往北匈奴，并立卑君为王。但阿罗多很快回来了，并获得了国民的支持，推翻了卑君。面对这个困境，东汉王朝采取了一个政治上的权宜之计，《后汉书》关于车师的最后一段记载说的就是这件事。这个权宜之计很有意思，表明了车师后国居民的半游牧性质。阿罗多再次登上王位后，东汉王朝让卑君带着三百帐篷的车师后国人迁到了敦煌，这些人将来要专门受卑君管辖，以便他能有固定的贡赋收入。

从名义上讲，东汉对西域的控制又延续了一段时间，但我手头翻译过来的文献中却没有再提到吐鲁番。上面说的那些资料足以证实，经哈密并沿天山东段延伸的那条道开通后，对中国人来说吐鲁番地区变得越来越重要。《后汉书》在对那条进入塔里木盆地的北道进行总结时，说的那段话就很能说明这一重要性。"这些地点（高昌和金满）是西域的门户。因此，历任戊己校尉都驻在这里……土地都很肥沃。正因如此，汉朝才一直与匈奴争夺车师和伊吾，以便控制西域。"

东汉于公元220年灭亡，唐朝于公元618年建立。在这两个时间点之间，中国的文献似乎很少提到吐鲁番，也很少提到西域。但我从沙畹先生和弗兰克教授翻译过来的资料中也找到了几处提到吐鲁番的地方。它们似乎表明，在这400年间吐鲁番和它西边的塔里木盆地地区由于汉朝的统治而继续与中原保持政治联系，并继续受到中原文明的影响。当然，这种联系和影响可能程度减弱了，并且时有中断。

《晋书》有直接证据表明，在晋朝（公元265—419年）统治的后期，张氏家族曾多次对西域采取大规模的行动（张氏家族几百年来建立了一个地方小独立王国，在凉州统治着甘肃）。公元345年，张骏派兵从东边征服了焉耆，这说明吐鲁番是先归顺了他。公元383年张骏的儿子张重华派吕光大举远征，征服了整个吐鲁番盆地。文献中明确告诉我们，给吕光引路的，是车师前国国王弥寀和鄯善（或罗布地区）王休密驮。在尼雅和楼兰的 L.A 遗址发现的汉文文书可以说明，至少在晋朝的某些时期，塔里木盆地东部和南部即便政治上不受中原王朝的直接控制，却也受到了中原文化的很深影响。考虑到吐鲁番的位置，很难相信中原王朝的影响没有同时延伸到这里来。

公元5世纪，中国历史文献（尤其是《北史》）中有几次关于吐鲁番的有趣记载。弗兰克教授在他的重要论文《吐鲁番亦都护城的汉文庙柱文》中仔细讨论了这些资料。蒙逊于公元412年在甘肃建立了一个独立王国，自封为河西王。他是古代沮渠家族的后裔，属于匈奴血统。到公元421年他的势力已经远达敦煌，还使新疆的一些地区（其中包括高昌）归附了他。他的儿子茂虔于公元433年即位，无力抵御北魏太武帝，于是在公元439年归顺北魏。这之后，同样出自沮渠家族的酒泉（肃州）长官无讳想使自己独立，却没能成功。于是他在公元442年带一小支军队退到了鄯善，想给自己在西边再找一块新领地。一个中国军官阚爽自立为高昌的小头领。阚爽有一次向无讳求助，无讳帮了忙后，却凭阴谋诡计使自己成了高昌城和高昌地区的主人，而阚爽则只得托身在北边强大的芮芮（Juan-juan，按芮芮、蠕蠕、茹茹，皆柔然之别称——译者）那里。

公元444年无讳死后，由他的兄弟安周继位。安周先统治高昌，从公元450年开始又统治整个吐鲁番，一直到公元460年。公元459年，他在芮芮的帮助下，把小国交河也纳入了自己的领地（交河本是车师前国的都城，公元433—450年受伊洛控制）。公元460年，安周本人在高昌遭到了芮芮人的进攻被杀，芮芮人把阚爽的后人阚伯周扶上了王位。有证据表明，这个傀儡国王和他的儿子一直统治到公元491年。格伦威德尔教授曾在高昌的一座佛寺遗址中获得了一份汉文碑铭，纪年是公元469年，是当年献给弥勒的，碑铭中提到了对安周的怀念。弗兰克教授在上面的那篇论文中校订并讨论了这份碑铭。公元491年之后，吐鲁番陷入了长期的混乱状态。在这当中，邻近的回鹘部落的一支铁勒强烈地影响了吐鲁番。但整个公元5世纪，在吐鲁番以及天山东段的所有地区，最有支配力量的无疑是芮芮人。直到公元6世纪中叶，芮芮人才被突厥人征服。

《北史》中有一段文字（沙畹先生将它摘录了下来），说的是公元507年后，高昌的王位由麴氏家族占据。这个家族本是汉人血统，原来住在兰州府附近。麴氏王朝的创立者是麴嘉，之后他的儿子麴坚和孙子麴伯雅相继即位。《北史》中说，麴伯雅的祖母是突厥可汗的女儿。有很多这样的证据说明，吐鲁番地区的统治者和北边的突厥族邻居之间存在着密切的关系。

公元608年隋朝政权再次向甘肃以西扩张。这时，麴伯雅和伊吾（哈密）的突厥族首领是第一批向隋朝表示臣服的。第二年，吐鲁番王麴伯雅亲自到隋朝的宫廷来表示敬意，并与一个中国公主结成婚姻。他于公元612年回国后，下了一道命令，要求他的臣民一律穿汉人的服装。由于他摈弃了"野蛮"的习惯，隋朝皇帝向他致谢并赐给了他很多封号。但值得注意的是，麹伯雅却不敢同铁勒人绝交。自从铁勒人打败了西突厥的处罗可汗后，麹伯雅就受制于铁勒人，他向过境的所有客商征的税都要交给铁勒人。这件事表明，吐鲁番很容易就会依附于天山北麓的那个邻居。后者是过游牧生活的，因而更善战，动辄就对南边绿洲中来往的客商进行敲诈勒索。后来，当唐朝的控制结束后，吐鲁番这块肥沃的土地为回鹘人（这是铁勒人最有名的一支）所征服，那时的情况大概和麹伯雅时代差不多。

　　成书于公元7世纪的《北史》详细地描述了高昌地区。弗兰克教授在前面说的那篇论文中，把这段有趣的记载都翻译了过来并进行了讨论。所以，在这里我只提一下和考古学有直接关系的几个要点。公元4—5世纪，据说高昌有8座城，每座城的居民中都有汉人。《北史》中提到高昌的气候是如何温暖，土壤是如何肥沃，谷物一年能熟好几次，还特别提到了田地的灌溉、养蚕业以及瓜果和酒是如何丰富。据说那里的人崇拜"天神"（大概指的是摩尼教），但同时又信仰佛教教义。《北史》还说，羊和马都被放养在遥远的罕为人知的地方。我认为之所以这样，大概是因为，在天山南麓，只有在某些最高的侧谷中才有牧场，而且人们很难到达那里。《北史》另一部分说的是唐朝以前的北周和隋朝（公元557—618年），提到高昌有16座城，后来又增加到18座城，并详细描述了高昌按照汉人模式建立起来的行政管理体系。"男子着胡服，妇女的服装和发型则遵循汉人风格。"高昌的文字和中国一样，但"胡人"的文字也在被应用。法律、风俗习惯、礼仪等基本上与中国一样。

值得注意的是，《北史》关于高昌的记载快结束的时候，提到了高昌和敦煌之间的那片大沙漠："无路可通，商旅只能循着人畜的骸骨走。路上你会听到歌声或哭泣声，如果你循着这些声音去，就会丧命。所以客商一般都走伊吾（哈密）道。"我想，从这段记载中大概可以得出这样的结论：有一条从吐鲁番直通敦煌的道路，它大概经过了库鲁克塔格最东段的泉水（1915年1月，拉尔·辛格考察了这些泉水），再到拜什托格拉克谷地；公元7世纪的时候，一些敢于冒险的行人仍不时走这条道。

《唐书》关于高昌的记载恰好和《北史》衔接上了，说到麴伯雅死去，他的儿子麴文泰继位。这件事发生在公元619年，那时唐朝建立还不到一年。从对麴文泰统治的描述中我们可以看出，一旦中国计划着再次向中亚扩张，吐鲁番将处于什么样的地位。公元619—620年，高昌王的使节来朝。在公元624年和公元627年高昌王献给唐朝宫廷的礼物中，提到了两只会跳舞的狗，据说它们产自拂菻，即现在的叙利亚（按，拂菻的地点说法不一，尚无定论——译者）。这说明吐鲁番和遥远的拜占庭帝国之间存在着商业往来，在吐鲁番发现的这一时期的文物也证实了这一点。公元630年麴文泰亲自来朝见唐太宗。但他回国后一段时间，就帮着西突厥的可汗劫掠到唐帝国宫廷去的使节，还进攻哈密（哈密于公元630年被唐朝控制）。皇帝劝说他，却没有成效。皇帝要他本人到长安去，他却没有从命。先前，皇帝还叫麴文泰的总司令到长安去解释一下为什么进攻哈密，这位总司令也没有去。总司令姓阿史那。沙畹先生指出，这个姓表明他是突厥人，这本身就足以说明突厥人在吐鲁番的行政管理中势力多么大。

于是，唐朝组织了一支大军远征吐鲁番，为中国确立在西域的最高统治地位打开通道。麴文泰似乎以为难以穿越的沙漠可以保护他。公元640年唐朝军队真的穿过了沙漠，麴文泰受惊吓而死。我们前面提到了这一年在巴里坤山口立的一块碑（即姜行本碑——译者），碑文记载了唐朝统帅为了保证远征胜利，都做了什么精心准备。唐朝军队以突袭的方式，很快拿下了田地城（很可能是高昌，即喀拉霍加）（按，田地城为唐之柳中县——译者）。继承王位的麴智盛被围困在都城中，围城的唐朝军队用攻城的机械向城里发射雨一般的石头，城里一片恐慌，麴智盛只好投降。

整个吐鲁番都被唐朝军队占领，改称西州，并在总部设安西都护府。公元648年唐朝第一次征服库车后，曾在不长的一段时间里把安西都护府迁到库车（龟兹——译者）。但唐高宗即位后政策发生了变化，安西都护府又在公元650年迁回吐鲁番，后来设在了高昌。而新成立的中国西州的州府似乎放在吐鲁番的都城（误——译者）交河（即现在的雅尔和屯）。后来，唐朝军队彻底打败了西突厥，唐朝势力扩张到整个塔里木盆地和盆地以北的地区，这才在公元658年将安西都护府正式迁到库车。

据说，占领了交河并俘虏了高昌国王后，唐朝军队获得的地区有三郡五县二十二城，有 8 000 户居民、37 700 人口、4 000 匹马。这里的人口数字是否准确，我们不得而知。书中还说，只在田地（高昌）一城，就有 7 000 多人被俘，这一定是把数字低估了。书中说，麹文泰曾声称，如果穿过沙漠的唐朝军队不足 30 000 人，他的军队就能对付。这显然也是低估了的数字。不论如何，可以肯定的是，那些准备实行唐太宗的西域扩张政策的人，一开始就充分意识到了吐鲁番极为重要的战略地位。有一个事实能说明中国是何等看重并占据了这个立足点。唐朝皇帝决定把这个地区完全纳入帝国的行政管理体系，而不是让它仍受一个臣服的首领控制。《唐书》连篇累牍地记载了大臣的建议，他们都建议皇帝采取后一种方案。后来在塔里木盆地征服的其他小国也都是采取后一种方案的。

征服吐鲁番盆地的同时，唐朝军队还占领了相邻的天山北麓地区。麹文泰依赖的是西突厥的支持，他和西突厥最高首领之间曾订立过盟约。而且，西突厥的一个叶护就设在可汗浮图城（即后来的北庭）。但这位叶护被挺进的唐朝军队吓破了胆，放弃了自己的地盘，于是那里变成了庭州。唐朝军队势力就这样横跨了天山南北，稳稳地占据了一个基地。有了这个基地，唐朝军队不仅能沿天山南北的道路继续进军，还能为将士们提供物资。

以上概述了《唐书》关于吐鲁番的记载。最后让我们引用一下《唐书》对高昌的描述（由沙畹先生翻译）：

乌鸦从长安往西飞，要飞四千里才到高昌。高昌东西长八百里，南北宽五百里，有二十一城。王都在交河城，即汉朝时的车师前王的都城。田地城是戊己校尉的驻所。土地肥沃，稻谷一年两熟。出产一种叫白叠的植物，摘下花来可以纺成布。国民习惯于把头发编成辫子垂在脑后。

这里说的高昌国东西和南北的长度，大概是指沿大路顺着东西、南北方向走过的距离（一般古代文献中的距离指的都是这个）。如此看来，数字是十分准确的。东边大路是从七克台第一次延伸到吐鲁番盆地有人居住的地区的，大路最终在西南方的马南丘斯达坂离开吐鲁番。现在这两个地点之间一般需要走八天。同样，如果从石窑子（人们最常走的路就是从那里穿过天山分水岭下来的），到吐鲁番盆地最南端的库鲁克塔格的最外围山脉，大概要走五天。

若不是由于吐鲁番被纳入了中原王朝的行政管理体系，玄奘的《大唐西域记》会对它加以描述的。这位伟大的朝圣者从哈密往西，于公元630年到了吐鲁番，受到了麴文泰的隆重接待。实际上，麴文泰本想让玄奘永远留在吐鲁番，后来玄奘答应回来的时候在高昌待三年，麴文泰这才同意放他走。但当玄奘在公元644—645年回国时，高昌已经不再是一个王国了，他可以不受限制地从和田和罗布走。虽然玄奘在《大唐西域记》中没有详细描述高昌，但他至少告诉我们，当时高昌的首领和西突厥之间存在着密切联系。他说，麹文泰的一个妹妹就嫁给了西突厥最高可汗东叶护的长子。而且，由于高昌王向可汗推荐玄奘，他在经过可汗的广大领土时一路上都得到大力支持。

公元658年安西都护府迁到了库车，表明唐朝在塔里木盆地的政治活动有了一个新据点。因此，沙畹先生凭卓越的研究工作，从《唐书》中收集了大量关于唐朝这段时期在中亚扩张情况的准确、可靠的资料，这些资料却很少提到吐鲁番的情况。公元640—670年间，唐朝对这个地区的占领大概一直没受过什么动摇。但这种情况是否持续到了此后的20年就很值得怀疑了。我们知道，公元670年之后，安西都护府下属的安西四镇（即于阗、疏勒、龟兹、焉耆——译者）遭到吐蕃人的袭扰，公元670年吐蕃人在谷谷诺尔以北大败唐朝军队。尽管唐朝将军在公元673年、公元677—679年打了胜仗，但唐朝在这一地区的最高统治权一直到公元692年才恢复。我认为，势力变得极为强大的吐蕃人如果不控制（哪怕是暂时控制）从敦煌到吐鲁番的那些绿洲，是无法征服塔里木盆地，甚至影响到天山以北地区的[1]，因为到吐鲁番盆地去最容易走的路就是从那些绿洲中通过的。

1　有一个史实大概与此有关。公元677年，唐朝将领裴行俭率一小支唐军攻打一个和吐蕃人联合起来的突厥首领。突厥首领手下的人在西州（雅尔和屯）城外迎战他。

《唐书》记载，公元679年后不久，安西都护王方翼被调往庭州（即后来的北庭）。

公元692年唐朝收复安西四镇后，开始在今新疆地区巩固自己的势力。这段时期有半个多世纪，在此期间，吐鲁番更加繁荣了。公元751年阿拉伯人在塔什干（现乌兹别克首都——译者）大败高仙芝（高仙芝是挺进帕米尔和兴都库什山那次著名进军的领袖，当时负责着安西四镇）。即便如此，吐鲁番在唐朝统治下又度过了40年。公元766年左右，吐蕃人征服了甘肃及其最西部地区（包括敦煌），切断了高昌和北庭与中原王朝的联系。如果说吐鲁番已经不属于唐朝，高昌北庭的都护府是无法维持下去的。沙畹先生从《唐书》中收集的关于唐朝在这些偏远地区最后治理时期的文书清楚地把西州（吐鲁番）、伊州（哈密）、北庭作为李元忠（他在公元781年被封为北庭节度使）的管辖地区。他和安西留后郭昕，遣使假道回鹘到长安奏事。

南边吐蕃人的压力越来越大，边远地区的军队无疑在乞求朝廷的帮助。但软弱的朝廷只能给这些中亚领土最后的强大地方官员以空称号、名誉性的提升等。公元783—784年，有人提议把西州、伊州和北庭拱手让给吐蕃人。皇帝已经严肃考虑了这个提议，但最终还是将其否决了。公元789年末北庭有新的报告到达朝廷，说明北庭和吐鲁番的唐朝军队处境已经十分艰难。带回这些报告的官员假道回鹘。佛教朝圣者悟空在西域和印度待了将近40年后回国途中就是和这队官员一路走的。据说，吐蕃人在卡尔鲁克人和其他突厥部落的帮助下，进攻了北庭，而回鹘军给唐朝军队增援。

斗争的最后一幕已经迫在眉睫了。回鹘人在公元790年试图派兵增援，但没有成功。北庭的居民不堪回鹘人的苛政，和沙陀部落一起归顺了吐蕃（沙陀是突厥族处月的一支，早在唐朝第一次向哈密和吐鲁番扩张的时候，这个部落似乎就占据着古城地区，过着半游牧的生活）。北庭的唐朝官员杨袭古率两千人马被迫撤退到西州（吐鲁番）。公元790年末为了夺回北庭，回鹘人最后发动了一次攻势，但却遭到惨败。杨袭古也参与了此事，带着几百残兵败将打算到吐鲁番去。但阴险的回鹘人将他滞留下来，最终处死了他，以免给自己将来带来麻烦。从那以后，安西都护府（库车）完全与本土隔绝，没人知道它到底怎么样了。但西州（吐鲁番）为了效忠唐朝，一直英勇战斗。

第三节　回鹘统治下的吐鲁番

公元9世纪初吐蕃似乎完全控制了塔里木盆地，这就是为什么这一时期的汉文文献中没有提到吐鲁番。但公元9世纪中叶以后吐蕃在那一地区以及甘肃最西部的统治地位被回鹘人打破了。由于吉尔吉斯人的进攻和内部纷争，回鹘人被迫从原来蒙古的地盘向南边和西南边迁移。《宋史》记载了这一系列事件，说它们导致了公元847年回鹘国的建立。这段记载与《唐书》中的内容是基本吻合的。《宋史》在回鹘国的领地中专门提到了西州（吐鲁番）

以及甘州、沙州（敦煌）。

在这片新领土的西段，回鹘人在很长一段历史时期内都发挥了重要作用，研究中亚文明、文学和人种学的学者对这种作用是非常感兴趣的。公元1031年回鹘可汗在甘州和甘肃其他地方的势力被西夏人（唐古特人）驱逐了出去。但回鹘人在西边却建立了一个强大的王国，在几个世纪里，王国的领土一直延伸到天山东段很远的地方。即便有时它分成了几个属国，一直到了元朝之后，回鹘统治者的种族和传统仍保持着鲜明特色。回鹘人保护自己国土内的绿洲，对新疆的文化产生了深远的影响。一方面，它帮助这些绿洲保留了自己在前面的一千年间从印度、近东、中国得来的信仰和文学、艺术传统。而在塔里木盆地西段势力不断扩大的伊斯兰教则是倾向于压制这些信仰和文学、艺术传统的，统治着喀什噶尔的八拉沙衮喀喇汗突厥王朝在公元10世纪中叶就信奉了伊斯兰教。另一方面，塔里木盆地的居民种族、语言都很多样，后来却一律使用突厥语，这种语言一直保留到今天。在这个过程中，回鹘人的统治起了很大作用，甚至是最大的作用，而回鹘书面文字的发展又必然会促进突厥语的传播。在吐鲁番遗址出土的大量文物就证实了回鹘统治的这两方面影响。

在吐鲁番的最后几次突厥族统治时期，由于其特殊的地理位置，统治者和绿洲上的古老民族在文化和语言上特别容易融合。我在前面已说过，先后被分别称作车师前国和车师后国、高昌和北庭、吐鲁番和古城的这些地区，经济上的联系十分紧密，因此它们的历史也紧紧联系在一起。如果将这些地区合在一起看，特别适合作为本是游牧部落又急于采纳文明生活方式的统治者的基地。在天山北麓，这些统治者和他们的臣民可以保持自己愉快的传统生活方式，同时又能从南边肥沃绿洲中的居民区获得物质资源和文化资源。这样不仅能增强统治者的实力，还可以让他们更多地体会到做统治者的好处。

正因为如此，在回鹘人统治时期，当时控制唐朝安西四镇大部分领土的那个政权就把吐鲁番作为大本营。幸运的是，有一份中国文献被保留了下来，从中可以看出当时天山南北的条件是多么优越。这份文献是公元982年被中国皇帝派到回鹘王阿厮兰汗那里去的使节王延德留的。

从哈密开始，我们能清楚地看出王延德走的路线。从哈密（就是他说的伊吾、伊州）起，他来到了哈密以西的纳职，即现在的四堡村。

然后他穿过石漠，走的路在现在哈密和七克台之间的路的南边。他走的这条道由于大部分路段缺水，所以现在只有在冬天才有人赶骆驼或驴子经过。罗布罗夫斯基曾考察过那里，发现那里是东边的哈密和西北的吐鲁番地区有人居住的地点之间最近的一条道。

王延德提到，路的沿线没有牧草。由于刮着猛烈的大风，旅行者在穿过路的西段（当时叫鬼口时）是很危险的。

他从纳职走了8天后，来到了泽田寺。泽田大概就是七克台，因为在从四堡到吐鲁番的路上，七克台是人们能遇到的第一块农田。这个皇家使节必定有很多辎重，所以8天走这么远也不算过分。在泽田，回鹘的官员迎接了他。然后他继续向前走，经过"宝庄"（今辟展县）、"六钟"（今鲁克沁，即《后汉书》中的"六种"），到了高昌，又名西州，即现在的吐鲁番。

王延德的描述使我们能确定这个都城的位置："从金岭（即天山，在唐朝从交河到北庭的路线表上被称作金沙岭）上流下来一条河，河道分岔，围住都城，灌溉着田地、果园，推动着水磨。"这条河就是现在从胜金谷流出来的那条小溪，从溪上引出的水渠灌溉着整个喀拉霍加绿洲。

王延德说，高昌人热爱音乐，在散步或出去游玩的时候从来不忘了带上乐器。他还详细说到了中国日历、按季节献祭的风俗、大量的中国书籍、佛教典籍等，还说到有一个档案室，专门存放国王下过的命令。这些都表明，由于长期受中原王朝的控制，中原文明对吐鲁番人造成了深远的影响。王延德还说，在高昌由官方出钱来养活为数不多的一些穷人，居民寿命都很长。这些都表明，在回鹘人的统治下高昌是何等富庶。

可以肯定的是，王延德在到阿厮兰汗的北庭去时走的是经过巴诺帕的那条道，但很难断定他说的那几站都是什么地方。作为皇家使节，他自然走得不急。他用了6天才穿过交河地区（雅尔和屯），到了过金岭的那条窄道的入口。他所说的这个"入口"，大概就是人们歇脚的夏普吐勒鲁克（龙泉）。

此后两天，他来到了"汉家砦"（在《宋史》中，这个字不是

"家"，而是"冢"——吉列斯博士），大概就是尧干铁热克。他用了5天时间才翻过了天山。对这么显赫的一个要人而言，这段时间也算不上长，因为从他下山的地方算起只用了一天就到了北庭。

王延德是在公元982年的农历四月（公历5月）到高昌的。农历七月（公历8月）时，他在北庭准备回国。如果是这样，他应于公历6月或7月翻过天山。但他发现山上有厚厚的积雪，在过山时还遭到了夹杂着雨雪及暴风的袭击。我不知道山口上的"龙堂"在哪里，它显然是一个洞。王延德说，龙堂那里有一块石碑，上面镌着山口的名称"小雪山"。

王延德说，北庭川长宽都有几千里。这表明，当时回鹘人控制的地区从天山北麓延伸了很远。国王在都城附近的一个湖边举办音乐会来款待客人。这个湖就是俄国边境地图在古城西北标的那个叫乌兰诺尔的沼泽湖。我现在感到很遗憾，当时没能到那里看看。王延德称，用3码长的绢就能买到一匹不太好的马来吃马肉。这说明在回鹘人统治时期，别失八里地区的马是很多的。在此我只请读者注意几个基本事实，它们有助于我们了解吐鲁番的典型特征，而当时它仍存在的大部分"遗址"都还没有被弃。

王延德明确地说，回鹘王控制下的地区特别大，向南一直到于阗（和田），向西到达唐朝的安西（库车）。他还准确记述了吐鲁番极为干旱的气候，那里夏天特别热，居民不得不在地下的屋子里避暑（自古以来，吐鲁番的人家都有一个地窖般的凯莫斯）。他还表现了当地人是如何喜欢舒适的生活、各种娱乐和音乐，如今的吐鲁番人仍保留着这种风气（当然，由于时代不同，娱乐的内容也有所变化）。王延德还提到，有王族血统的人爱吃马肉，而普通百姓则吃羊肉和飞禽。由此可以看出，吐鲁番的统治阶层仍保留着游牧民族的口味。

王延德在吐鲁番看到了50座佛寺，佛寺大门上是唐朝皇帝赐的寺名。他还特别提到，其中一座佛寺收藏了很多汉文佛经。我们在吐鲁番发现了大量佛经寺院遗址和汉文手稿，证明王延德的话是不错的。他还提到有一座寺院叫摩尼寺，住在那里的是波斯僧侣，他们认真遵守自己的各项规章，声称佛经典籍是异端。格伦威德尔教授和勒柯克教授在喀拉霍加发现了摩尼教的教堂，在喀拉霍加和其他地方还出土了用伊朗文和突厥文书写的摩尼教经文。这些发现都表明王延德的记录是准确的。

王延德到达高昌时是公元982年5月。当时，高昌王已经到北庭避暑去了。这位高昌王的突厥语名字是"阿厮兰汗"，王延德准确地将其翻译为"狮王"。自古以来，所有突厥血统的君主都有夏季避暑的习惯。印度河地区的贵霜和突厥族君主、德里的莫卧儿君主等，后来都放弃了以前游牧部落到高山牧场去避暑的习惯，而是建造了夏季的都城。王延德说，这个皇室养了很多马，专门放牧在北庭附近的一片大谷地中，这也表明高昌的统治者仍保留着古代游牧部落的传统。天山北麓自然条件特别优越，水分和牧草都很丰茂，十分利于放牧。我们前面已经说过了王延德从高昌到北庭走的那条道。他说北庭只有三座佛寺，其中两座建于公元

637年。这和那座"多庭台、塔和花园"的夏季都城很不相称。这表明，北庭的佛教遗址没有吐鲁番那么多，我在后堡子以北的北庭遗址看到的就是这样的情况。

最后值得注意的是，王延德在描绘北庭的时候，说回鹘人不仅正直诚实，而且聪明能干，精于各种金属活计。现在，人们根据从西伯利亚到欧洲的那些民族大迁徙而受到影响的地区中发现的东西，做了考古学研究，发现中亚的古代游牧部落似乎自古就擅长金属活计，而以前人们对此估计得太不足了。但从这位中国使节对山北的回鹘人的赞扬中，我们也可以看出，这支突厥血统的部落在和南边绿洲中的古老文明发生长期联系的过程中，已经受到了很深的影响。

我就不再往下追寻回鹘人在吐鲁番地区统治的历史了，而是只说一下与现存遗址有直接关系的几个资料。布雷特施奈德博士在他的论文《中世纪研究》中，搜集了一些从宋代和明代的中国史书中的资料。这些资料表明，尽管在公元11世纪初回鹘统治者的都城似乎是迁到了库车，但一直到蒙古帝国的建立，回鹘人控制吐鲁番的状况都没有发生太大变化。史书中多次提到回鹘人派使节到宋朝都城来，这表明虽然唐古特王朝已经在甘肃建立，但回鹘人同中国的往来并没有中断。公元12世纪回鹘人以及新疆东部的其他部落和小国都臣服于西辽，西辽还灭了喀喇契丹国（又称黑汗王朝，是新疆第一个信奉伊斯兰教的突厥回鹘人王朝，被西辽灭——译者）。公元1209年成吉思汗向西大举远征时，回鹘人的亦都护（意为欢乐之王）名叫"巴而术阿而忒的斤"，他和成吉思汗这位伟大的征服者联合在一起，后来都对蒙古军队予以积极配合。成吉思汗于是允许他和他的家族保留他们的领地。成吉思汗后来把那个庞大的帝国划给几个儿子分别治理，别失八里和吐鲁番都被划在察哈台汗国中。就是在那时，欧洲人第一次听说了回鹘人。公元1253—1255年间托钵修会修士约翰·德·卢布鲁克因某项使命，到哈喇和林附近拜见了大汗蒙哥。这位修士说，回鹘人中有各种信仰。他虽然把回鹘人列在亚洲偶像崇拜者（即佛教徒）的第一位，但他注意到回鹘人中还有一些景教徒和伊斯兰教徒。他还意识到，宗教在书面的突厥语中占重要地位。吐鲁番出土的大量回鹘文手稿就证明了这一点。普拉诺·加尔比尼修士在公元1245—1246年间去了哈喇和林。他已经注意到，蒙古人的文字是从回鹘文转变而来的。他大概知道回鹘文本身来自叙利亚基督徒的福音文字（古叙利亚文字的一种初期形式——译者）。是不是就因为这个，他错误地把回鹘人归入景教信徒之中呢？

蒙古人对宗教问题比较宽容。在蒙古的统治下，中亚和中国长期都能很容易地进行往来。我不知道这是不是在一定程度上使得伊斯兰教在回鹘地区的传播比较缓慢。但可以肯定的是，在新疆东部说突厥语的人中，回鹘地区的佛教和道教坚持的时间最长。成吉思汗曾征召道教的长春真人丘处机。长春真人在回忆录中提到，他于公元1221年穿过别失八里以及到玛纳斯途中的某个城镇时，都有佛教僧侣和道士来拜访他。但他说，那座城以西地区已不信奉佛教也不信奉道教了，回鹘人只崇拜西方（即朝向麦加的方向）。

《明史》（公元1375年以后）中提到的吐鲁番和别失八里的首领及其使节都是伊斯兰教名字。但在公元1408年，一个和尚带着他的弟子从吐鲁番来到了明朝的都城。《明史》中有一段记载，说的是公元15世纪上半叶，火州［自从元代起，高昌（喀拉霍加）就被称为火州］的佛寺比民居还多。我们可以肯定地说，在这些佛寺中包括一座古城的遗址，就是古代高昌国的都城。这座遗址现在一般被称作亦都护城或达吉亚努斯沙西。《明史》说这座遗址在东边。从沙鲁克王使节的叙述中我们可以断定，公元1420年的时候佛教仍是吐鲁番地区占统治地位的宗教。这段叙述是这样说的："他们发现，那个国家的大多数居民都是多神教者（即佛教徒），有放置大偶像的屋子，屋子的大厅里放着一尊高大的偶像。"在哈密，他们也看到在一座清真寺旁矗立着一座华美的佛寺。

这说明吐鲁番地区全部皈依伊斯兰教比塔里木盆地要晚得多。这个事实是特别值得注意的，因为从考古学的角度看，吐鲁番地区很好地保存下来了很多古迹与此有极大关系。它使得在伊斯兰教之前的文明，包括崇拜物、文献、艺术等，都很好地保存了下来，一直到离现在四五百年的年代。而且这片土地一直都有人定居。这也可以解释为什么有很多古迹年代比较晚。也正因如此，凭现在的有限知识，我们很难确定文物的大体年代，尤其是因为这些文物不是被系统地挖掘出来的，而是那些不负责任的农民或其他人挖掘出来的。

此外，还有两个原因使我们更难判断吐鲁番文物的年代，一个是历史原因，一个是地理原因。吐鲁番地区先是长期受中原王朝控制，后来又一直受回鹘人统治，长期以来都受到保护。因此，就我们看来，这里不曾发生过那类大灾难，未导致重要地点完全毁灭并连同它们的崇拜场所等一起废弃的结果。实际上，吐鲁番盆地所有伊斯兰教之前的遗址都在如今的垦殖区之内，或是紧挨着依然有人居住的城镇或村庄。显然，这样就很难断定文物的"下限"了。不像塔里木盆地南部的那些遗址，它们自从被抛弃给沙漠以来，就再没人住过。

由于地理位置和气候上的特殊性，吐鲁番地区的任何遗址都没有在历史上因干旱化（即灌溉水源持续减少）而变得不能居住。从手头的资料和考古学证据来看，吐鲁番地区的气候自古就是极为干旱的。但它北边离高峻的天山比较近，天山上终年有积雪。而且，由于天山北麓的气候要湿润得多，天山上的降雨量也就相当大。这样，就有许多径流注入了吐鲁番盆地，有的是地表径流，有的是地下径流。吐鲁番盆地北边有一条不高却十分嶙峋的小山脉，那是一条地理断裂带，从东边的辟展一直延伸到西边的雅尔和屯以西。由于这条断裂带的存在，被山脚的砾石缓坡吸收的水大部分又冒出了地面，成为很多眼泉水。那条小山脉脚下的大多数肥沃地区就是依靠这些泉水灌溉的。

这样，鲁克沁、喀拉霍加、吐鲁番等主要绿洲的灌溉水源就有了保证。绿洲中比较偏远的部分大约在历史上的确曾因地表水渠中的水量不足而遭受过困难，但由于使用了坎儿井，这些地方也被挽救了，没有被废弃。绿洲带以下，朝盆地最深部分延伸的那块地方全都低于海平面，那里的农业生产自古以来就很有限，甚至可能根本无法从事农业。我们发现，盆地中间的艾丁湖（现已大部分干涸）周围都是结着盐壳的荒野，因此在那里我们也没发现什么遗址。尼雅河尾闾的遗址和楼兰遗址情况就与此完全不同。这两个遗址是在某个时期被放弃的，交付给了沙漠，自那以后就再没人居住过，甚至极少有人去。因此，它们相当完整地为我们保存下来了日常生活的遗物，其年代可以限定在不太长的一段时期里。而吐鲁番的遗址由于上述原因几乎都在活人的世界里。好在考古学家可以打开死者的坟墓。我们在下文中可以看到，坟墓比地上的那些遗址更能反映古人过的究竟是怎样的生活。

第三章

吐鲁番的遗址

第一节　古代高昌国的遗址

　　到达吐鲁番城之后的6天中，我一直忙于许多实际事务。我拜访了当地的中国官员并接待他们的回访（他们的支持对我是很重要的）。同时，我还要处理在吐鲁番积压了3个月的来信。这几天里，我到雅尔和屯做了一次先期勘察，还粗略查看了一下古城西边那条雅尔丹以远的一块墓地。据说，橘瑞超先生曾打开过那里的六七座中国古墓。我查看的几座墓葬中只有朽坏得很厉害的尸骨，裹在粗糙的纺织品里，此外没什么特别有考古学价值的东西。但这些小墓穴是挖在萨依的硬土中的，还连着窄窄的通道，这些都为我将来在别处开展工作提供了有益的启示。

　　我到了吐鲁番没多久，分别了两个月的奈克·夏姆苏丁和李师爷就与我会合了（我们是在毛眉分手的），这使我十分高兴。与他们同来的还有忠诚的依布拉音伯克，他把我半年前存放在安西的所有文物都安全地押运到了这里。我在吐鲁番附近停留的最后几天，拉尔·辛格也来到了。在押运骆驼从苦泉子那条道翻越天山时，天气比较晴朗，他因而得以考察了那一段天山（我们先前在去古城的路上由于天气不佳，是看不见天山的）。这样，除了测量员穆罕默德·亚库卜，我的几个小分队都会合了。于是我在11月1日把营地移到了喀拉霍加。喀拉霍加位置居中，从那里到好几个重要遗址去都很方便。冬天在吐鲁番盆地和盆地周围工作时，把喀拉霍加当作大本营是最合适不过的。当地头人尼萨阿里的家不仅能让我们安全地存放文物箱子和多余的行李，还给我们提供了舒适的住所。

我在喀拉霍加一直待到11月14日，主要是忙于为考古学和地形学考察做好一系列的准备工作。为了让拉尔·辛格能在严峻的自然条件下、有限的时间里，完成我交给他的在库鲁克塔格沙漠地区进行地形学考察的任务，我必须极其仔细地为他安排好牲畜、物资、向导等。他将沿一条新道到辛格尔（辛格尔是那片广大而荒凉的山区和高原上唯一的居民点）。把辛格尔作为三角测量的基地后，他将朝东南进行三角测量，一直到阿勒提米什布拉克，如果有必要还要深入罗布沙漠，目的是将三角测量点同他前一年在昆仑山上通过三角测量确定下来的某一点连接起来。我知道这位兢兢业业的测量员将遇到什么困难。辛格尔以东的咸水泉在12月之后很久才会冻结，这样他就面临缺水的困难。同时，罗布地区的天气又极为恶劣，大风常刮得尘沙满天，他大概一个星期才能有一次机会望见罗布泊干涸湖床南边远处的山脉。而且，他将三角测量点连接好之后，我需要更认真、更详细地安排他下一步的工作。我希望他能尽可能多地勘察一下库鲁克塔格还没被人考察过的那段山脉（在阿勒提米什布拉克和哈密下方的尾闾盆地之间）。在这片条件恶劣的沙漠地区进行考察，要冒很大的风险。尽管我这位老伙伴有永不枯竭的精力，而且阿布都热依木和他勇敢的骆驼会帮他的忙，我却仍不敢保证没有风险。

对吐鲁番盆地进行仔细考察则用不着面对自然条件上的困难，我的第二个测量员在冬天就将从事这项工作。但我同样要为他做好周密部署。我必须一开始就从盆地北部那条外围山脉（指火焰山——译者）上选出一些点来，以便将来用倾斜仪测出它们的高度。同时我还要采取适当措施，避免中国官方对此进行阻挠，因为这项考察将在人口密集的地区进行，而且不能归入考古学的名下的。我在吐鲁番的最后一段时间，真的有人来阻挠我了。但奇怪的是，他们阻挠的是我的考古学活动，而不是地形学考察。

11月5日，测量员穆罕默德·亚库卜与我会合。他离开哈密后，圆满地完成了我交给他的测量任务。俄国边境地图上标了一条从当地人那里听说的道路，是从疏纳诺尔到鲁克沁去的。但他在哈密却没有找到任何一个熟悉这条道路的向导。后来拉尔·辛格在迪坎尔听说，以前，从哈密来追捕野骆驼的猎人常走这条道路。现在，由于某些咸水泉已干涸，已经有整整一代人不走这条道路了。根据我事先的指示，亚库卜先到了偏远的绿洲五堡，然后经过从北边延伸过来的干涸洼地，来到了哈密流域的终端疏纳诺尔。他发现疏纳诺尔与它连着的阔什拱拜孜诺尔和克其克诺尔几乎都是干涸的。从地图上可以看出，在这个地区，萨依的末端伸得很远，萨依之间的洼地里布满了台地。这些都是古代湖泊的典型特征。在疏勒河尾闾以及大得多的古代罗布泊湖床上，这些特征都屡见不鲜。此后，他穿过寸草不生的石头或砾石地面，朝正西的辟展（即今鄯善——译者）走，在七克台东南的一个泉子那里第一次遇到了水和植被。那时还没有结冰。这一小队人（包括一个哈密猎人）仅凭着我那两个铁皮桶中的水足足走了 10 天，这真可谓是个壮举。同时，这也证明，虽然科兹洛夫上校作为罗布罗夫斯基探险队的一员曾走过这条道的某一段，但它从来都不是什么大道。

除上述工作外，我在喀拉霍加第一次停留期间主要进行了勘察活动。我想借此知道，在前几个探险队来过之后，在哪些遗址还能进行有效的考古工作。从喀拉霍加这个便利的基地，我先后到喀拉霍加附近的墓地、喀拉霍加的姊妹村阿斯塔那、吐峪沟的石窟、胜金艾格孜、其坎果勒、柏孜克里克、木头沟等地进行了先期勘察。当然，最初主要吸引着我的，是那座大废城里面或周围的遗址。这座废城一般被称为达吉亚努斯协尔，又名亦都护城，即亦都护（意为神圣的陛下——译者）或回鹘王之城。后一个名字更贴切。这个面积很大的遗址遭受了严重破坏，但有些地方仍很壮观。7年前，在我第一次穿过吐鲁番地区时，就曾仓促地到那里看了看。我当时的感觉是，凭我的时间、人手、工具等，还远不足以对占地这么大的数量众多的建筑遗存进行考察。1902—1903年，格伦威德尔教授第一个对这个遗址进行了系统挖掘。从他的描述文字中可以看出，他当时也有同我一样的感觉。

当时，由于村民到这里来挖肥料或古物，加上一些不知保护文物的人的挖掘，这个遗址已经在迅速地毁坏。村民意识到，把文物和手稿卖给考古队能够获利，于是破坏的过程加剧了。离这里很近的乌鲁木齐成了一个便利的文物市场，而有了西伯利亚大铁路，文物贩子甚至可以同欧洲的贸易中心直接进行交易。

我大略看了一下这个遗址就发现，我上次来过之后，整个复杂的遗址遭受了十分严重的破坏。格伦威德尔教授的平面图上标了几个特别的建筑，我还清楚地记得上次见过，但现在它们已经踪影全无了。其余的较大的遗存上次来时仍能看出是什么建筑，这次则成了形状不规则的土丘。庄稼地扩展了很多，那里没有任何遗存保留下来。庄稼地需要大量的水来灌溉，所以邻近庄稼地的建筑遗存中的遗物越来越多地受到水汽的损坏。我不得不作出这样的结论：除非我有时间和人手对那些大废丘（它们本是重要的寺庙群或僧院）进行彻底的系统清理，否则，单凭误打误撞，很难撞上前人没有清理过的遗存并找到有价值的文物。但由于无法找到足够的民工，我当时无法进行大范围的清理。村民当时都忙于收割，而为下一年的播种做准备的工作（如施肥、清理水渠等)也同样需要人手。吐鲁番盆地的气候和农业条件和我在塔里木盆地的绿洲遇到的截然不同。冬天,在塔里木盆地的沙漠遗址,只要带上足够的水,我想雇多少人就能雇到多少人。

除这些因素外,我还希望能节省时间以便在吐鲁番的其他遗址开展工作。于是,我只好凭着手下这几个人在亦都护城试掘了几下。我想通过试掘知道村民们一般是怎样获得他们后来出卖的文物的。为了进行试掘,我让穆罕默德·亚库卜和阿弗拉兹·古尔对这个遗址进行了平面测量,其平面图就是在他们的测量基础上绘制的(图13)。他们的目标主要是比较准确地描绘出这座带围墙的废城的形状、大小,并在图上的相应地点标出城里那些曾被挖掘过的建筑遗存的位置。我还希望他们能标出其他仍能分辨出来的建筑遗存的位置。但在我们去的时候,许多建筑已完全成了土丘。而我由于腿受过伤,只能亲自指导手下人对其中很少几个建筑进行了测量。因此,平面图上单个建筑的大小只是大概情况罢了。但我认为,把当时我见到的这座城大略地画下来将是很有用的,因为,格伦威德尔教授发表的那张草图上没有标明比例尺,而且他声称那张图只是供他个人定向用的。[1]

---

[1] 在此我要说一下,亦都护城的现存围墙以及围墙里面一圈更古老的城墙残迹,大多是用夯土筑成的。有的夯土层很薄,像中国式的城墙一样。有的则用大夯土块堆成,新疆现在的建筑都采用这种做法。

格伦威德尔教授说,城墙用了很多晒干的土坯。实际上,土坯用得并不多。而且,据我判断,主要是后来修过的地方使用了土坯。

　　第一个试掘的地点选在一个大建筑群的东南角。建筑群就是
平面图标 I 的那个地方（图13），它大部分已经坍毁了。建筑是围
绕着中央一个院子布置的。院子西边似乎是一座已完全坍毁的庙

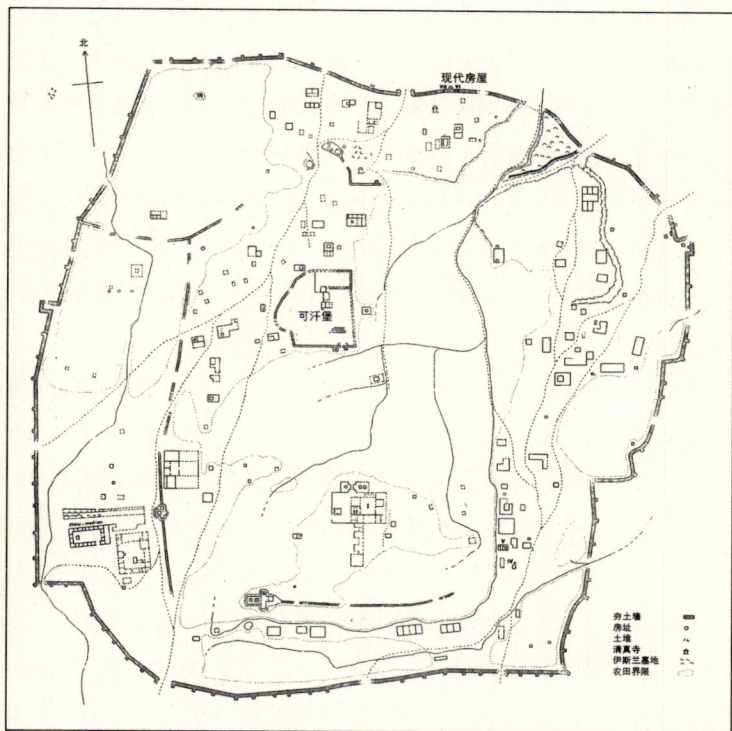

图13　哈喇霍加高昌古城平面图

的高地基，说明那座庙似乎比较重要。我曾购得几张摩尼教手稿，其中一张手稿残片上是突厥如尼文，上面还残留着一幅小画。据说，这些手稿是在标着 i 的那间大屋子里发现的。在这间屋子里挖掘后，我们只发现了一小张粟特字体的文书（似乎是摩尼教内容）、几片汉文手稿、一小块刺绣（上面是严重变色的植物图案）。

Kao.I.ii 似乎是一间大厅，也开向中间那个院子。大厅的西墙朽坏得特别厉害。在西墙脚下，我们发现了大量布局精美的蛋彩画残片，它们本是西墙上的壁画，后来掉了下来。西墙上还残留着一点褪色严重的壁画，可以看到一个立姿大菩萨的衣纹，还有一尊较小的坐姿菩萨的衣纹。壁画残片上的植物图案特别多。在这里发现的其他东西有：粗糙的织锦；一把木梳子；小片的回鹘文、汉文、粟特文手稿；5枚中国唐朝的铜钱，上面都是"开元"年号。

第二个试掘点离东墙的一个突出部分比较近。格伦威德尔教授就是在那个突出部分里，挖掘了他标作 V 的佛寺。在这个佛寺西北120英尺远的地方，由于当地农民的挖掘，一座带穹顶的屋子（或过道）露了出来。这就是 Kao.II，依东墙而建，也只有东墙保存完好。屋子的东墙上有壁画的残迹，壁画底下则堆积6~7英尺高的瓦砾。我们把瓦砾清理掉后，发现东墙有11英尺长，高达12英尺。在壁画残迹底下，墙上的灰泥都已剥落，灰泥上原来可能是有壁画的。但在离屋子地面约3英尺高的地方，我们发现了一部分精美的壁画，并把它剥了下来。西墙已经完全被毁，看不出这个屋子（或过道）有多大。在清理时发现的唯一的遗物是一块写有汉文题记的烧过的泥板，共有6行题记，最长一行仍有8个汉字。迄今为止，还没有人释读一下这些字。屋子北边连着一间小屋，残墙上有少量壁画的残迹。

我们清理的其他地点是一组带穹顶的小屋子，它们是住房，很像当代吐鲁番民居里的凯莫斯。其中两间屋子（Kao.IV、V）位

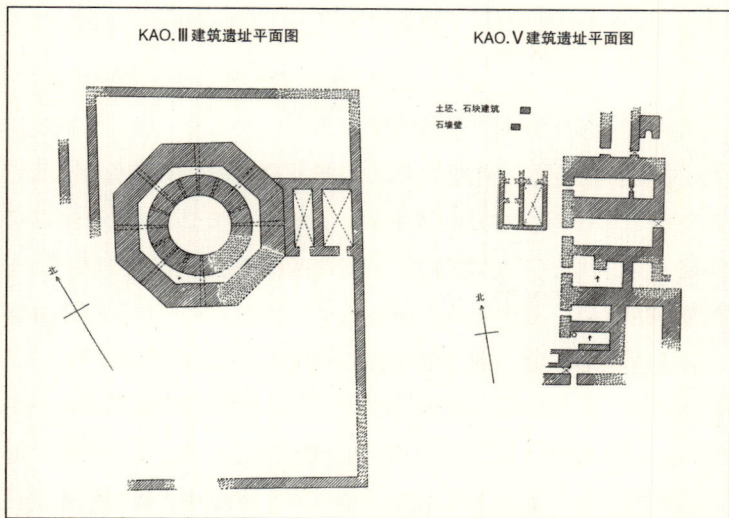

图14　哈喇霍加 KAO.Ⅲ、KAO.V 建筑遗址平面图

图15　花绸残片

于城的东南部分（图13），靠近某座毁坏很严重的大庙，大概是僧人或香客住的地方。清理了 Kao.IV 最北边的那个凯莫斯后，我们只发现了一枚保存完好的铁箭头。Kao.V 位于 IV 北边约50码远的地方（图14），我们清理了三间塞满瓦砾的屋子。我们发现了8颗较小的木钉，其中两枚上面有几个回鹘文。它们很像格伦威德尔教授提到的木钉，现在喇嘛教的献祭中仍有这种东西。我们还发现了梳子残件以及大小不一的纺织品。纺织品中特别值得一提的有：一块花绸（图15），上面有旋涡饰图案；一块羊毛织锦，上面是模式化的叶子和茎的图案。最后，在清理城北墙两个地点朽坏的小屋时，我们发现了几小张回鹘文手稿以及几张汉文大手稿。

图16　哈喇和卓的阔什拜拜孜南边的墓葬群

城墙外最醒目的遗址是两个坟墓群，坐落在大路南边。大路从亦
都护城东北角外经过，朝吐峪沟、鲁克沁延伸而去。这两个墓群
一般被称作阔什拜拜孜。格伦威德尔教授画了这两个墓群的草图，
并描述了它们佛塔般的空心圆顶的建筑细节（圆顶是墓群十分醒
目的特征）。从图16中可以看出，墓群表面看起来似乎没有城里

毁坏得那么严重，但里面的装饰早已被毁，东西也被洗劫一空。它们附近那些墓葬也遭受了同样的命运，到墓葬去的通道都被掘开了，说明人们曾在那里挖土用。

北边那个墓群面积较大，其中一座朽坏的佛塔引起了我的注意（图17）。这座佛塔很大，呈八边形，周围有一圈围墙，坐落在墓群西南角。我简单看了一下，在一道圆墙的顶部附近发现了壁画残片（圆墙原来支撑着圆顶），于是我决定仔细清理一下环绕在井一般的建筑内部的瓦砾堆。我们很快发现，这座佛塔的建筑格局和其他佛塔很不同。围住墓穴、支撑着圆顶的那圈圆墙有5.5英尺厚，圆墙外是一圈窄通道，通道外则是一圈约6英尺厚的外墙。外墙和底座一样也是八边形。外墙比圆屋子地面上的瓦砾仍高出12英尺，但我们无法看出外墙上原来支撑着什么。可以肯定的是，外墙支撑的东西是圆的，有窗子，因为只有这样内层圆墙外的过道才能采光。我的这个假设得到了证实。内层圆墙上有8扇带拱顶的小窗户，比过道地面高约1英尺，朝里开，每扇窗户都对着八边形外墙的一角。和阔什拱拜孜的其他佛塔一样，这座佛塔的内层也有两层顶，因为整个底座上都开了8扇窗子，穿透了底座14英尺厚的墙，通向内层墓穴。这些窗子离地面有3.5英尺高，比过道地面大约低3.5英尺。这些窗子从外面看有2英尺3英寸宽，加上带尖的拱顶有3英尺高。离它们靠里的末端大约1.5英尺远的地方，窗子被用土坯堵上了。

在清理过道的时候，我们发现了大量精美的壁画残件，高处

图17 哈喇和卓的阔什拱拜孜北边那群墓葬的中央部分

曾有一条彩绘的楣。残件都是发现于离过道地面5~6英尺以上的地方，说明这个高度以下的过道墙壁上没有壁画。有的壁画残件堆叠在一起，似乎是滑落在一块的。如果过道有入口，入口就一定在南面。但那里的八边形外墙和里边的圆墙上都有一条大豁口，这显然是那些在这座坟墓已成为遗址后来搜寻的人造成的。靠着底座东南方那一面附加了一个小建筑，原来有两层，底层有两间屋子，每间长15英尺。离坟墓较近的那间屋子只有5英尺宽，大概里面本是通向顶层的楼梯，但这只是猜想。这个附加建筑另一端依着外围墙。外围墙围成一个长方形院子，附加建筑那一侧的外围墙离主建筑有18英尺远，而另一侧的外围墙离主建筑则只有4英尺远。这似乎说明，附加建筑和主建筑是同时建的。如果是那样，它可能是举行葬礼或存放和葬礼有关的东西的地方。

在过道的西段底部，我们发现了一层厚厚的秸秆和灌木。由此看来，这座坟墓后来很可能被当作了住所或储藏室。在那里我们发现的文物有：一张撕破了的大纸，上面有汉字，似乎是一份商业文书；写有回鹘文和婆罗米文的纸片；几块小木片，其中一块上写有回鹘文。在东侧的过道上还发现了一张写有回鹘文的纸片、几张回鹘文小纸片，以及纺织品残件，其中包括几块印花绸和丝绸织锦。在这里发现的东西还有一块小幡的木重垂板，以及一只涂了黑漆的墨水瓶。

在东北侧过道的地面上出土了大量金属器具，和上面那些文物性质明显不同。但在说这个大宝藏之前，让我先简单说一下过道上原来残留的壁画。最大的两块壁画残片可以看到男供养人跪在香案（或底座）前面，香案（或底座）上放着圣物。残片上还有回鹘文题记。供养人长着胡须，可以看到五官和头饰的有趣细节，这大概有助于我们推断它们的大致年代。在较小的残片中，有些画面仍能分别出来，比如看守着大锅的鬼怪（大锅在飘飞的火焰之中）、一条带点的龙、植物旋涡饰等。

我前面说过，在过道东北侧贴近外墙的地方发现了大量极为有趣的金属器具，发现地比过道地面要高出约5英尺。这表明，当它们从前被放到那里时，过道里从穹顶和墙上掉下来的瓦砾已经堆到5英尺高了。这个宝藏中有一大堆残破的铁制和青铜制的器皿、用具等，再考虑到文物的性质，我们可以断定，当初把这些东西藏在瓦砾底下的人是个金属匠。宝藏中的文物有：四个套在一起的青铜锅；烧饭用的青铜锅，里面装了一堆铜钱、青铜制或银制的小物件等，上面盖着一个铁盔；两面青铜镜；青铜碗、铁碟子、矛头和刀等，还有一大堆各种小金属物件和残件，这些正是金属匠铺里能匆匆收集到的东西（这些东西是人们拿到那里去修、卖或当废铁处理掉的）。以上这些东西放在一起。离它们稍微远一点但仍在同一个层面上，发现了一双用纺织品做成的精美拖鞋，还有一双用各种布料做成的精致的木底鞋。

金属藏品中有很多日常用具。而且，由于同时发现了大量钱币，藏品的年代可以大致确定。这都使这些藏品具有了特别的文物学价值。关于其中的日常用具我要说的是，在像吐鲁番绿洲这样一直都有人居住的地方的遗址中，家庭用具等物并不太多见，在宗教性建筑里就更是少见（吐鲁番大部分遗址都是宗教性建筑）。因此这些文物就更加珍贵了。同样，钱币所提供的年代证据也有很大价值。我们共发现了61枚中国铜钱，很多保存得很好。其中有39枚属唐代钱币，其余钱币则镌着从淳化到崇宁的宋代年号。

宋代钱币中有一半以上都镌着"崇宁"年号，而且看起来磨损得不严重。钱币学上的证据表明，这些东西是在公元12世纪的前25年间埋藏的。

在这里我就只说一下那些比较有趣的文物：四个青铜锅，直径从8.5英寸到约13英寸不等。它们虽然大体保存完好，但有的有洞，有的缺柄，这告诉我们它们为什么会到了金属匠（或旧货贩子）手里。和它们情况类似的有：青铜碗；烧饭锅；青铜铸成的铃铛；大量钢刀刃。有两面青铜镜则更引人注意：一面带装饰的背面磨损了不少，发现时，镜子正面有一个起保护作用的圆形铜盖子；另一面的背面装饰着突起的中国风格的图案，是一个行吟歌手在一群跳舞的男孩子面前演奏，背景是乡村，很有生气。青铜圆盘用珐琅装饰，正面的图案也是中国风格，可以看到一个三头神，面对着两个跪拜的鬼怪。用薄金属制成的浅碟，边缘做成了扇贝状等。还有一把完整的挂锁（图18），这种样式的挂锁在日本奈良正仓院有实物，而且日本至今仍用这种锁。

军事器械有铁盔，上面有孔，可以连上帘幕状的索子甲（吐鲁番墓葬中的小泥塑像上就有这种甲），顶部有个半球形的东西，以便纳入盔尖或盔顶。用钢或锻铁做的矛头，仍保留着插杆的长孔。此外还有小枪头、铠甲残片、马具等。其他为数众多的青铜环、铁环、凸饰等大概也是马具上的部件。

这些藏品中还有私人使用的银制小物件。图19是一个放护身符的银盒，两面都装饰着浮雕植物图案，还保留着一条十分精致

图19 银盒

图20 小银像

图18 挂锁

图22 绣花女鞋

图21 印戳

图23 鞋

的链子。链子一部分是银的，一部分是铁丝。图20是裸体的男子小银像，也是佩戴在身上的。图21是两枚铜质印戳，上面镌着汉字。最后，在金属器具附近发现的那两双鞋子也特别值得注意。图22是一只绣花女鞋，工艺十分精致，用织锦做成，织锦纹理特别结实，仍保留着鲜艳的颜色，上面绣着复杂的植物图案。另一只鞋（图23）从形状来看，用途和木屐一样，也用几层织物做成，镶嵌着带子，带子上是用银线和卷成条的丝绸镶成的图案。

我还要简单说一下，我在前后几次到喀拉霍加来的时候，从当地农民手里和小商贩手里购得了一些东西（小商贩的文物是从当地农民手里收集来的）。这些东西大多数是回鹘人统治时期的物件。它们大部分无疑像卖主说的，是他们在亦都护城挖肥料或挖宝的时候发现的。它们的性质也支持这种判断。但有几件文物有可能是从阿斯塔那面积广大的最近被洗劫的墓葬中得来的。卖的东西数量不多，这大概是因为在我们离开吐鲁番的时候，挖肥料的最佳季节才刚刚开始。但也可能有些为欧洲买主搜集文物的商人曾先于我来到这里。

我购得的大部分文物都是写着汉文、婆罗米文、回鹘文的纸手稿残件。它们以及一些粟特文、突厥如尼文手稿（可能是摩尼教内容）残件的目录收在其他书中。下面这些是特别值得注意的。图24是带插图的摩尼教羊皮手稿，图25是印在纸上的精美的彩色雕版印刷品。这两件文物在绘画艺术上很有价值。前一件不幸已经被撕破了，并磨损了一些，上面有成行的男女信徒，跪在两个

图24 羊皮手稿

图25 雕版印刷品

区域里，服装色彩艳丽。这块残片的特殊价值在于摩尼教文书是很少用皮子的，勒柯克教授还告诉我，摩尼教徒的心目中是很厌恶皮子的。他认为这块残片大概出自一件来自西方的手稿，因为西方没有纸。他的判断得到了证实。根据兰茨博士的翻译和解读，这件手稿是粟特文的西南方变体。

那幅雕版印刷品是手工上的色，上面有两个杂耍的中国人，穿复杂的服饰，正在一张板凳上表演。画面完全是中国风格，有较高的艺术价值。人物动作十分生动，表现得很洒脱，所有细节部分的线条都自由舒展。画面上没有什么明确的年代线索，但从它的外部状况来看，它可能是在一座墓葬里发现的。在喀拉霍加有一个经久不衰的传说，认为从西北俯瞰着绿洲的那条崎岖的外围山脉中，有迄今还没有被考察过的古代遗址。

在喀拉霍加的第一段停留期间，我找机会证实了这个传说。1907年我就听说过这些"遗址"，那时人们说它们位于木头沟西南的荒山中。而且，当我经过巴诺帕的时候，那个运气不佳的叛乱分子阿玛德对我说，他有一次在库鲁克艾格孜山谷附近的山中打猎时，曾见过那些遗址。他还说，他一旦和官方达成妥协，就带我去那里。喀拉霍加有几个人急于在新的地方寻找宝物或文物，就自告奋勇地充当我们去库鲁克艾格孜的向导。于是我让阿弗拉兹·古尔带着足够的水向那条山谷进发，以备在那个被侵蚀过的荒凉山区进行长期查找。他发现那条谷地向北连着萨依兰干——萨依兰干是从吐鲁番城到胜金艾格孜路上一个歇脚的地方。谷地高处则是很多迷宫一般又深又窄的峡谷。但他们在谷中仔细查找了两天，一直到了俯瞰着木头沟的分水岭，却没有发现任何曾有人住过的迹象。

在塔克拉玛干沙漠北部边缘的某些小绿洲中，人们总是想象沙漠中有传说中的"古城"。后来根据得到的信息，我们发现库鲁克艾格孜"遗址"也不过是这种想象的产物。据说一旦有勇敢的猎人见到这些"古城"，人们就别想再找到它们了，因为邪恶的精灵施了魔法，把它们藏起来了。1908年1月，为了寻找"阔台克协亥尔"，库尔勒的木萨哈吉把我引到了英其开河以北的沙漠中。正如他一样，给我们提供"遗址"消息的喀拉霍加人希望我的欧洲魔法能战胜当地鬼怪的魔法，从而向他们揭示一个物品丰富的新遗址，以供他们利用。

第二节　在吐峪沟遗址考察

11月15日，我把两个测量员送上了各自的征途后，才能够离开喀拉霍加一段时间，到吐鲁番盆地东北部去考察。我的主要目的是熟悉一下俯瞰着吐鲁番盆地的那条外围山脉（指火焰山——译者）北脚下的地形情况，迄今为止我还没能亲自看看那块地面。我还想确认，在那个方向还有哪些遗址仍可以进行有效的发掘。此外，我还要匆匆拜访一下辟展地区的地方长官（在地形考察中，我需要得到他的支持）。我穿过吐峪沟峡谷，经过了苏巴什、连木沁、汗都绿洲，到了辟展。一路上我观察到很多有益的地理现象，尤其是坎儿井灌溉系统（由于这个系统，上述那几片绿洲的面积最近都拓展了）。我将在别的地方述及这些现象。

1907年我曾到过辟展。从那时到现在，辟展的坎儿井灌溉地区似乎拓展了不少。现在辟展的官方名称叫"鄯善"。这个名称足以告诫人们，不要太相信中国人所说的"西域"古代地名。18世纪清朝重新收复新疆后，许多古代地名被重新起用。将辟展命名为鄯善，显然是因为人们错误地理解了关于四堡的中国文献（四堡位于哈密以西）。伯希和先生已经正确指出，公元6世纪的时候，从鄯善国（即罗布地区）来的移民居住在四堡，而四堡和古鄯善国从来没有任何行政管理或其他方面的直接联系，它们之间远隔着几百英里长的无法通行的沙漠。

在从辟展回来的路上，我抓住机会在吐峪沟进行了有效的考古工作。但在描述吐峪沟这个有趣的遗址之前，让我先简单说一下我在这次短途旅行中拜访的古代遗址。从二塘艾格孜流下来一条溪，溪的下游灌溉着鲁克沁绿洲。这条溪的溪床很宽，但溪床中大部分地方都没有水。在溪水流过那条外围山脉之前的地方，山脉北脚下和溪两岸就是小绿洲连木沁。它约有400户人家，属于鄯善县的一部分。它的头人被称为商爷，头人的房子坐落在到辟展去的那条大道穿过河床的地方附近。11月18日我从那个房子出发，探访了东南方的一组古代遗址群。遗址群位于一条小支流岸上。这条支流是由与连木沁绿洲毗邻的汗都绿洲中的泉水补给的，在大路以南约3英里远的地方与连木沁的那条溪汇合在一起。据说一个当地的文物贩子伊里亚斯曾在遗址群挖掘过几次，几个墓葬还曾在一个辟展按办的主持下打开过。但除此之外，这些遗址可能还没人考察过。

我们往东南走了2英里，来到了主要垦殖区的边上，然后穿过一座光秃秃的砾石高原，下降到了一块窄条田地中。田地坐落在从汗都流来的那条溪的深陷的河床边上，是10多户丫头沟人耕种的。溪左岸附近有一块陡峭的砾石高地，高达80英尺。被称为叶提克孜霍加木（意为七圣女）的麻扎就坐落在高地顶上，人们把那里当作圣地来朝拜。庙宇附近有七座圆顶小坟墓、一座清真寺，还有几间为香客建的粗陋的住房。悬崖边上则延伸着一块伊斯兰教墓地。我没能打听到任何关于七圣女的传说，但据虔诚的人们说，七圣女就是南边那条崎岖的山脉上七座因侵蚀而变得十分嶙峋的石峰，那条山脉比小溪约高600英尺。这说明，这个地方之所以成了一处圣地，是出于当地人自身的信仰，这种信仰可以追溯到伊斯兰时期之前。

我们为此找到了证据。在庙和那七座坟墓底下东边的悬崖边上，我们发现了残墙和穹顶。另外的证据就是三个无疑是伊斯兰时期以前的墓地。正如这幅草图（图26）所示，它们位于东边一个小皱谷以外的连绵的沿岸阶地。墓地四周土丘是用卵石堆成的，围成长方形。而一堆堆粗糙的石头和砾石则标示着地下墓穴的位置。这些特征和我在阿斯塔那附近的大墓地看到的属于同一类型。在丫头沟最大的那块墓地中有六座墓葬，我们发现其中一座打开过。受到这个墓葬结构的启发，我们很快找到了离它最近的那座墓葬的窄通道。这条通道有2英尺宽，在地下12英尺的地方连上了一条也是2英尺宽的小通道，小通道末端用土坯堵住了。从那堵土坯墙的状况来看，墓室还没有人进去过。但是墓室中却没有任何文物。墓室底部覆盖着湿土，那一定是从墓室顶上掉下来的。

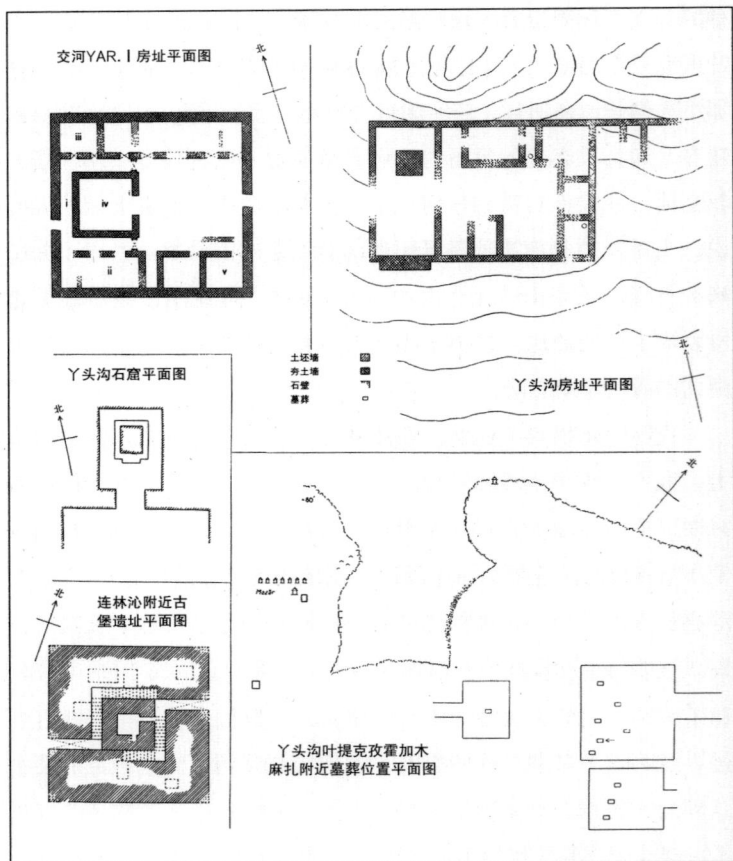

交河YAR.I房址平面图

丫头沟石窟平面图

连林沁附近古
堡遗址平面图

土坯墙
夯土墙
石墙
墓葬

丫头沟房址平面图

丫头沟叶提克孜霍加木
麻扎附近墓葬位置平面图

图26 吐峪沟遗址平面图

由于水汽的作用，墓室中曾有的东西全部腐烂了。但在南边离此最近的那座墓葬的通道外端，我们发现了一根粗粗削过的约2英尺长的木棍，木棍平的那一面上有一行汉字，显然是墓志铭。吉列斯博士告诉我，这行字中有"赵金香之墓"几个字，所署日期相当于公元671年。

这次试掘表明，这里的土壤状况很不利于文物保存，因此我们也就没必要在这个遗址的其他墓葬进行发掘。再往东200码远的台地边上有一座小建筑遗存，系一座佛寺。对它进行清理后也没有得到什么遗物。据说伊里亚斯曾在那里挖过，挖出了一些小泥塑。佛寺的墙用土坯砌成，残墙只比地面高几英尺。我在去辟展的途中曾派奈克·夏姆苏丁在那里发掘。据他的报告，这座佛寺曾有个小内厅，绕着内厅有一条过道，过道围成的长方形长34英尺，宽27英尺。佛寺的建筑方式和现在的伊斯兰教麻扎那里的清真寺的一部分围墙一样，说明那座清真寺有可能是建在一座佛教遗址上的。这表明，当地的拜神传统延续了下来。在其他地点我也曾多次发现这种情况。

当地人说，矗立在麻扎上方的那条寸草不生的砂岩陡岭上，曾发现过古代的墙。这促使我派阿弗拉兹·古尔到那个地方去看看。我自己由于腿伤仍行动不便，即便在平地上也走不了几百码远。阿弗拉兹·古尔爬了一段陡坡，到达了岭的顶部（比麻扎高约1 500英尺）。他在那里发现了三间独立的小屋排成一行，粗糙而低矮的石头墙围着它们。小屋的垃圾中主要是秸秆和马粪。在那里他发现了陶器碎片和粗糙的纺织品碎片。陶器碎片和一件镟制而成的木腿残片看起来很古老，在最东边那间屋子里发现的汉文文书残片也是如此（吉列斯博士说，其中一件文书上的纪年相当于公元743年）。那里远离交通和水源，那么这些粗陋的房屋是做什么用的呢？这真是个令人疑惑的问题。我猜那里也许是一处哨卡吧。

往下游走约1.5英里，在汗都河的右岸矗立着一个损坏很严重的遗址。那里曾是座佛寺，还连着僧房。这个遗址最引人注目的地方就是整个建筑（图26）的外层北墙（有些地方的北墙仍高达25英尺），和外层院落里那个像塔一般的雕像底座。除此之外，建筑都朽坏得很厉害。雕像底座有13英尺见方，佛龛中原来有4尊大雕像，如今已完全坍毁。底座高达18英尺。底座的下半部分以及所有的墙都是从土台地上挖出来，底座上半部分则用夯土筑成。在一个中央庭院周围有几间屋子，里面空空如也。由于遗址坐落在一条比较陡的坡上，建筑腐蚀得比较快。但有两间屋子的地面上还残存着圆洞，那里原来有存放谷物等的大罐。

再沿着河谷往下游走约0.5英里，河右岸有一组小石窟。由于石窟开凿在疏松的砾岩上，再加上人为的破坏，石窟已严重损坏。在一块窄条农田上方约30英尺高的地方，一块小台地上开凿有两个石窟。涂着灰泥的墙上满是烟灰和划痕，所以无法判断原来是否有壁画。再往上约20英尺高的地方，在破碎的石壁上有一排小石窟（共6个）。最西边那两个是长方形，仍可以看到壁画的痕迹，但壁画的内容已无法分辨。在这个小窟里面，从石头上凿出了一根长方形柱子。这根柱子无疑和千佛洞石窟中的一样，是作为雕像的背景用的。柱子周围环绕着一圈过道。石窟墙上原来有壁画，但只有墙裙上的一部分内容能够分辨出来。从墙裙上，我们分辨出了倒挂的三角形，三角形之间由流苏隔开，这使我想起了尼雅遗址 N.III 的大厅中的壁画。再往东那两个石窟是彼此相通的，也有壁画的残迹。最后，在这一排的最东边有一个朝南伸出来的石窟，窟顶如今已经不存。在其他石窟仍有人朝拜的时候，这个石窟就当作僧房使用。

　　再要说的遗址是两座看起来很古老的大望塔。它们矗立在苏巴什和辟展之间的大道附近，形成了醒目的路标。这两座塔比例相同，使用的土坯也是一样的尺寸，由此判断，它们的建筑年代大概相隔不远。其中保存较好的那座塔依旧高达30英尺，矗立在一块高地上，位于大路穿过连木沁河的那一点西边约2.5英里远的地方。从阿弗拉兹·古尔所画的平面图（图26）可以看出，它原来是一座19英尺见方的塔，塔顶上有一间8英尺见方的小屋。原来大概用木制的地板把塔分成了几层。后来塔被扩大了，四面都添加了20英尺厚的土坯。这层土坯和原来那座塔之间留有两截4英尺宽的楼梯，楼梯环绕着原来的那座塔，一直通到塔顶上。东边和西边后来加的墙上开了拱形通道，沿通道可以走到楼梯去。后添的土坯里面开了很多拱形小凹洞，有的开口对着楼梯，有的开口似乎在塔顶上。无疑，这些凹洞和当代吐鲁番民居中的凯莫斯一样，是为了让人在酷暑中有比较凉爽的住处。

　　另一座塔有一个很贴切的名称，叫尧干吐拉（意为大塔，见图27）。汗都农田东边有很多覆盖着砾石的小陡山，它就坐落在其中一座山上。由于"寻宝人"的乱挖，塔遭受了很多破坏，尤其是东南角。土坯四面有严重地方都被挖过，但我们没有找到拱形通道或楼梯的迹象。这座塔也是以一座古塔为核心扩展而成的，外面那层土坯上，有不少地方露出中间涂了灰泥的墙面，说明中间是一座约16英尺见方的古塔。从这里向北边和东边光秃秃的萨依以及西边的垦殖区，都可以眺望出去很远。

　　我回到吐峪沟时走的路是顺着一条风景如画的谷地延伸的。谷地逐渐变窄，成了一条峡谷，连木沁河就从这条峡谷冲破那条外围山脉，峡谷两侧是红土和砂岩构成的悬崖。在这条河同从汗都来的那条河汇流之处的下游，车道有时穿过人工开凿的石道，但很难判断其中哪段石道年代比较古老。在汇流点下游约1英里远的地方，路经过了那块独立的大砂岩石头。人们称之为塔木古鲁克塔什，它的两个侧面上的佛龛中浮雕着佛教场景。格伦威德尔教授已经详细描述过这些浮雕，在此我就不必赘述了。再往下走2英里，峡谷变宽了。我们来到了一块窄条农田，这里被称作鲁克沁艾格孜。过了那之后，到鲁克沁去的路下到了斯尔克甫村。在它的房屋和花园中，矗立着一座醒目的佛教性质的建筑。人们只把它简单称作斯尔克甫吐拉，意思是斯尔克甫塔。克列门茨博士曾经简要描述过它，后来一些考古队也到过那里。但我发现还

图27　汗都以东的尧干吐拉塔，从西南看

没有人确切描述过它的建筑细节，所以下面的内容大概不算多余。

　　与阿斯塔那的台赞和亦都护城的阿特哈亚斯（即格伦威德尔标作 Y 的那座庙）一样，斯尔克甫吐拉也是按照菩提道场（佛成正觉之地——译者）的那座著名佛寺的模式建的。这三座建筑底部都是正方形，分成几层，越到上层越小。每层都装饰着很多佛龛，每个佛龛中都有一尊泥塑的禅定佛像。在阿特哈亚斯遗址，越往上佛龛的数量越少。但斯尔克甫吐拉的佛龛和佛像数量在各层都是一样的，只是上面的佛龛和佛像变小了。从图28中可以看出，这座塔的底座用实心夯土筑成，十分坚固。底座四面都是光秃秃的，原来可能还装饰着泥塑，但现在泥塑已经全部消失了。

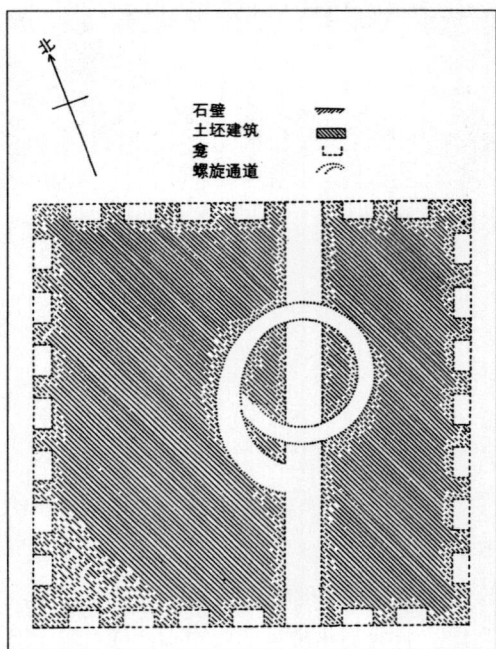

北

石壁
土坯建筑
龛
螺旋通道

图28　斯尔克甫吐拉
遗址平面图

底座上矗立着很多层，越往上层越微朝里收。每一层四面原来都有7个平顶的佛龛，佛龛中有佛像。目前有6层残存了下来。图29中拍摄的是东面，这一面比其他几面遭受的损害要少。顶部很破碎，由此判断，上面原来还有一层佛龛，再往上可能还有某种顶。在这些层中，最底下那一层的佛龛和雕像已经全部消失了。

图29 斯克里甫的寺院遗址，是从东南方看到的情景

但土坯上仍有一些孔洞，孔洞中原来插的是将泥塑固定住的木架，由此证明这一层原来也有佛像。别的地方也有木头，以使土坯加固，并托住佛龛的灰泥。上面的每一层都比自己底下那一层往里收不足2英尺，所以要想从外面爬到上面那些层去是很不安全的。由于这个原因，很多佛龛中的佛像都没有遭受恣意的破坏。由于无法到顶上去，我们没能精确测量到整座建筑的高度。但可以肯定的是，它现在虽残破不全，但仍超过50英尺高。它的西南角受了不少损害，从那一角的瓦砾堆中拣出来的土坯被用在了村子里的不少民居中。

有一段楼梯同样遭到了毁坏，这段楼梯大概是通向那个顶部为拱形的过道的。从图30中可以看出，过道从南向北贯穿了整座建筑。从过道可以走到那圈通往建筑顶部的螺旋形楼梯。这条横向过道一律宽4英尺，高度是第二层和第三层合起来的高度。我由于腿伤，无法爬上去，就由阿弗拉兹·古尔查看了这条过道。过道在南面和北面的开口位置，原来应该是从东边起第三个佛龛的位置。但由于开口附近的墙面损坏严重，很难看出这些开口是怎样纳入整体装饰布局的。北边那个开口受到的损坏更大（图31）。这样看来，北面大概是横向过道的真正入口，而过道之所以伸展到南面并开了一道口子，可能只是为了螺旋形楼梯的采光和通风。从过道东侧开始的螺旋形楼梯有3.5英尺宽，绕着一个直径约12英尺的圆形核心向上旋转，越往上越窄。再往上，由于内部的土坯有一道裂口，楼梯断了，使我们现在无法到建筑顶上去。

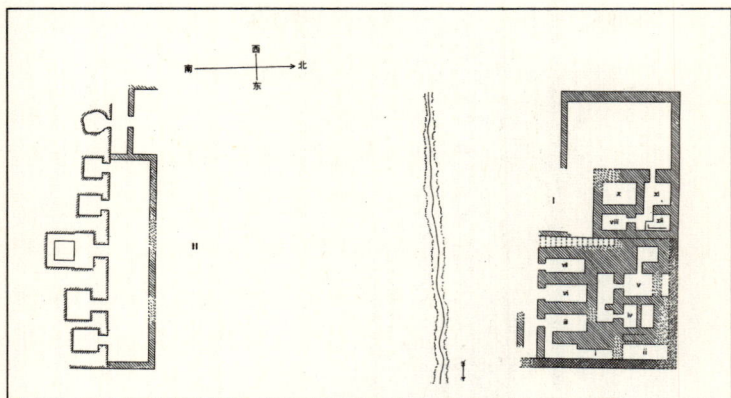

图30　木头沟 M.B. I、II 遗址平面图

可以肯定的是，尽管建筑顶部大概有一个朝拜的场所，建筑内部却没有这样的场所。有些佛龛的背部残留着红色颜料的痕迹，大概是给壁画打底的。佛龛和佛像原来是着色的。这样造成的色彩效果，必定使这个高大而比例和谐的建筑更加引人注目。

　　11月23日，我回到了吐峪沟村。此后15天里，我都流连于吐鲁番这个风景最美的地方。我先前勘察了吐峪沟那些经常有人踏访的遗址。在吐峪沟村停留期间，我在完成其他任务的情况下，尽量把时间用在了那些仍有考察价值的遗址上。从苏巴什流往吐

图31 斯克里甫的寺院遗址，是从西北方看到的情景

峪沟的那条活泼的溪流从一条极为崎岖、幽暗的峡谷中流出，谷口的土地十分肥沃。这里的自然特点很吸引人。小绿洲一片生机，而俯瞰着它的那些怪异的风蚀小山则极度荒凉，这种对比更增添了这里的魅力。因此，吐峪沟自古以来就是人们常来的一个朝圣地。这里的葡萄园和果园（图32）远近闻名，保证了这里的经济繁荣。而且，从吐鲁番盆地的主要绿洲很容易到这里。由于这些原

图32 吐峪沟的七睡者麻扎

因，看护着那些庙宇的人很容易得到供养。在这样一个条件优越的地方，到这个圣地来朝拜的虔诚的穷苦人，无论他们是古代的佛教徒还是后来的伊斯兰教徒，都很容易得到食物。他们后来就在这里安了家。由于伊斯兰教的发展，峡谷中那些为数众多的佛寺和僧侣静修地最终都被废弃了。但自那以后，当地的拜神传统仍然顽强地保留下来，其表现之一就是，人们认为紧挨着谷口底下的那座名叫阿萨哈布喀哈夫的麻扎（图32，人们常去那里朝觐），就是七睡者之墓（七睡者是一个著名传说的伊斯兰教版本）。和以前的考古工作者一样，我们在喀热阿洪奇拉格其宽敞的家里受到了热情款待，他是这座麻扎的住持。

在谷口上游约1英里远的距离内，谷地两侧有很多石窟和庙宇。但早在克列门茨博士首次简要描述这些遗址之前，它们就已经遭到了不知保护文物的人和"寻宝人"的很多毁坏。冯·勒柯克教授在1904—1905年考察吐鲁番的过程中，曾仔细搜寻了吐峪沟遗址中的一些地方，并获取了重要文物。在那些地方，由于堆积了厚重的瓦砾或由于其他原因，手稿和其他文物逃脱了当地人之手（像亦都护城那样，这里的当地人也在对遗址进行着破坏）。后来，在1907年，格伦威德尔教授凭着自己在造像学上的专门知识和艺术修养，研究并描述了比较重要的石窟和寺庙墙上残存的壁画。自那以后，尽管文物越来越少，当地人还是肆意地进行毁灭性的挖掘。据说，喀拉霍加的头人"吉萨"马合木提在前一个春天死于阿合买提·木拉的"叛乱"之前，特别鼓励这里的当地人进行挖掘。他大概在收集手稿等文物，贩卖或作为礼物送给乌鲁木齐和吐鲁番的中国官员。其结果是，我在1907年11月看到的一些几乎没人动过的较小的遗址，现在已经深受其害。

因此我只得把我的工作局限在几个地点。由于堆积了很厚的瓦砾或是其他类似情况，挖掘者似乎没有动过这几个地方。我还打算尽可能地抢救几个能上得去的石窟中的壁画。因此，我决定

从谷地东侧最北边那个大庙宇群遗址的脚下开始清理（图33）。有
一个以前常到这个遗址来的叫尼亚孜的人说，他年轻的时候，看
到这里有残存的小建筑，有些建筑带拱顶。后来，在清理上面那
座大庙的时候，朝这条扇形山坡上扔下来的瓦砾把这些小建筑都
埋住了。我们就从这条坡的脚下开始清理。坡脚是陡峭的土崖，

图33　吐峪沟最北边的遗址群

矗立在灌溉水渠的上方，水渠把溪中的水引到吐峪沟垦殖区的东部去。在这个最低的地方，两间屋子露了出来，还残留着依东边土崖而筑的土坯墙（图14）。其中一间屋子里发现了破碎的汉文手稿卷子，似乎是经文。这两个屋子北面是一个大厅或院子，屋子之间隔着一条窄过道。这个大厅就是 ii，它只有切入了天然土中的后墙和一部分南墙保留了下来。在这个大厅的地面上坍落的土坯中，我们发现了许多上面说过的那种汉文手稿碎片，但也有一些较大的手稿，其中有几个背面有回鹘文或藏文。这种在汉文经卷背面写藏文或回鹘文的做法，在千佛洞也出现过，表明这组寺庙年代较晚。其他现象也支持这个结论。过了 Toy.I.ii 后就到达了自然地表，在最底下这一个层面的挖掘就结束了。

当我们继续向东朝山坡上面挖掘的时候，工作起来就越来越困难了，因为原来的山坡上覆盖了8~9英尺厚的瓦砾，其中还有成堆的土坯。在南边清理出来的两间小屋子里，发现了汉文和藏文手稿的小碎片，还有几块泥浮雕的碎片。这些泥浮雕大概出自高处某座庙中的塑像。在这里，我们还发现了两只做工极为精致的鞋，一只用细绳编制而成，另一只用多层布缝制而成。一只用细绳编制的凉鞋也是在这里发现。再向北清理的时候，我们不得不对付越来越厚的瓦砾。但在艰苦工作之后，我们挖出了一个17英尺见方的大厅。大厅入口附近的墙上仍隐约有壁画的残迹。厅北面和东面连着两条带顶的过道，过道里塞满了雨水冲下来的硬泥土。在大厅内外发现了几张汉文和回鹘文手稿残片。其他文物有：大量陶器碎片，其中有些做工上乘，表面装饰过或打磨过；
羊绒地毯的残片；大量丝织品残片，其中一块是锦缎和花绸。在
这里还发现了一把保存很好的刀，插在镶了银并上了漆的刀鞘中，
刀鞘里面还有两根黑色木筷子。

　　在发掘过程中，高处山坡上的瓦砾总是滑下来，大大阻碍了
我们的工作。通过发掘我们知道，早在被上面扔下来的泥土、土

图34　从吐峪沟最北边的遗址望到的吐峪沟西侧的遗址

图 35　吐峪沟西侧的遗址，是从 Toy.VI 看到的情景（箭头所指是中央遗址群 Toy.IV）

坯和石头埋住之前，这些建筑就已经朽坏得很严重了。由于工作量太大，发现的文物却不多，第四天我们就停止了清理。但在停止清理之前，我们发现了筑在一条天然石缝中的土坯。这可能本是一段通往上面的庙宇和僧房的护墙。

　　然后我把注意力转向了一组寺庙。它们比溪的西岸高出约200
英尺，离吐峪沟麻扎有0.75英里远，是吐峪沟峡谷西岸最醒目的
遗址（图34、35）。这组遗址的中央部分有一个大殿，大殿两侧
各有一排带拱顶的屋子，屋子后面是开凿在岩石上的小窟。格伦

威德尔教授已经描述过这个中央部分的主要特征。他说，在他标作 A、B 的那些暴露在外的建筑中有壁画，但壁画当时就已经严重损坏了。从那以后，这些壁画损坏得就更厉害了。曾矗立在 A、B 前面的两座独立的庙宇 C、D 则几乎成了形状不规则的瓦砾堆。但我在 1907 年 11 月那次匆匆的考察中，在主台地东北端看到的那些朽坏严重的小建筑和当年相比似乎没什么变化，于是我决定清理这些小建筑。

清理出来的第一个建筑是一个 12 英尺见方的小内殿（即图 36 中标 i 的地方），内殿里面有一个 8.5 英尺见方的佛塔的底座（被人挖过）。在底座下的地面上发现了一团汉文手稿纸页以及汉文、回鹘文文书残件。这个内殿的出口是一间有拱顶的小屋子（ii），长 16 英尺，宽 7 英尺。屋子西南角的佛龛中原来有一尊大雕像，佛龛前面仍有分成台阶的底座。这尊雕像如今只剩下了一部分莲花座和人物的脚。但在屋子地面上铺着的沙子中，我发现了大量泥浮雕小碎片，大多数碎片是彩绘的或镀金的。显然，在被毁之前，高处的墙上曾有一条装饰性的楣，泥浮雕就是从楣上掉下来的。

从很多方面来看，这些浮雕都有点像焉耆明屋遗址 Mi.x~Mi.xii 的寺庙内殿和过道墙上装饰着的浮雕楣。但在这里，由于庙宇较小，楣上的人物比明屋的楣上的要小很多。从泥浮雕碎片上很难断定出原来雕的是什么样的装饰性场景。但有一点是可以肯定的：这些场景中有很多人物和死者。

我们接着清理的是过道 iii，它连着北面的一个小石窟，石窟

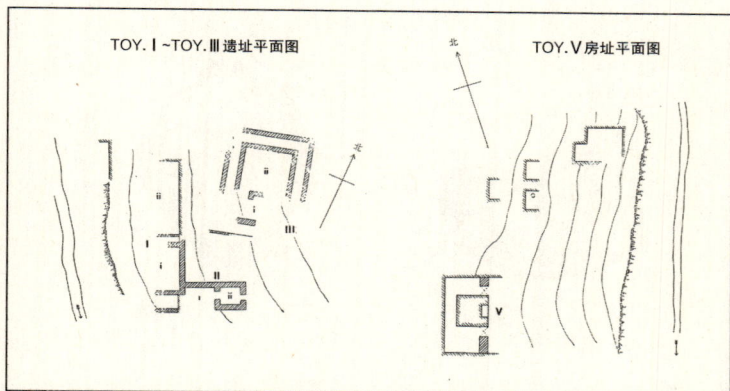

图36　吐峪沟 TOY.Ⅰ~Toy.Ⅲ遗址及 Toy.Ⅴ房址平面图

中的壁画似乎被剥去了。在过道中我们只发现了几件汉文手稿残片，还有一张写得很工整的回鹘文纸页，以及一块兽骨（骨上也写着回鹘文）。从东边对着这条过道的是一座佛塔底座。我们把这个底座一直清理到了地面上，没有发现任何东西。底座用粗糙的石块筑成，刷了一层灰泥。有迹象表明，这个底座曾多次被人挖过。这条过道还连着一间小屋子（ⅳ），显然是和尚的住所。屋子中高处有一个凹陷进去的地方，是个睡觉的平台，旁边还有一个涂着灰泥的灶。

图37　泥龙浮雕　　　　　图38　男子头部浮雕

　　小内殿 i 的东南边紧挨着一座大庙 v。它的地面上堆积了6~7英尺厚的瓦砾。清理完瓦砾后我们发现，庙中央有个9英尺见方的雕像底座，还有四个佛龛。早在它的顶塌下来之前，这座庙必定已经遭受严重损坏了，因为墙底部的壁画几乎全磨光了，而高处的壁画（主要画的是一行菩萨像）也受到了严重破坏。在这里发现的雕塑残片极少，其中值得一提的有泥浮雕的龙（图37）和一个男子的头部（图38）。发现的手稿残片上都是汉文。过了这座庙后，在西南方较低的地方有一条带顶的过道（vi）。它已经被瓦砾完全埋了起来，似乎是从主平台下的一条沿悬崖伸展的长廊通向主平台的。沿过道的中轴线筑的一条土坯墙可能是后来添筑的，以支撑过道的顶部。在过道东头我们发现了大量已经完全炭化的汉文卷子。它们是放在一个封闭的地方或埋在瓦砾中后起了火。

　　在格伦威德尔教授标作 B 的那排屋子一线上较低的地方，我们发现了一间屋子（vii）。屋子两侧各有一条只有5英尺宽的过道，过道的顶已经坍落。屋子长26英尺，宽12英尺，里面必定曾经装饰着富丽的壁画。但由于偶尔下的雨把山坡上的泥冲进了屋里，泥后来结成了块，因而壁画大部分已经被泥毁掉了。侧面墙顶部的泥厚达1.5英尺。但朝着屋子里端，约有原来三分之一长的屋顶保存了下来。在有屋顶的地方，屋顶上精美的装饰画以及彩绘的楣、墙上壁画的顶部都完好地保存了下来。奈克·夏姆苏丁成功地把这些壁画剥了下来。但由于现在这些壁画还没有铺展好，我只能提一下屋顶的画。屋顶由约5英尺见方的大饰板构成，色彩鲜艳。饰板上绘着一朵大莲花，莲蓬四周环绕着一圈优美的棕叶饰，棕叶饰外是一圈圆形团花（团花是萨珊风格的典型图案）。精美的楣上绘着茂密的莨苕叶，从中也可以明显看出西方的影响。在布局以及宽线条上，这些饰板有点像格伦威德尔教授所拍摄的这个庙宇群的主庙和谷对面的那座主庙。

　　为了剥下壁画，我们清理了屋子。在清理的过程中，我们发现墙的南角有一条缝，缝中有几件很大的汉文卷子，背面则写着回鹘文。千佛洞石室的唐代文书中也有这种利用原来的汉文卷子背面写非汉文的文字的做法。吐峪沟的汉文佛经的字体和千佛洞石室的唐代文书很接近，纸的纹理和颜色也相似。在这间屋子里发现的一件丝织品特别值得一提，它上面用雕版印着优美的现实主义风格的植物图案（图39）。

　　我还要简单说一下溪西岸的一个小石窟Toy.V（图40）。它

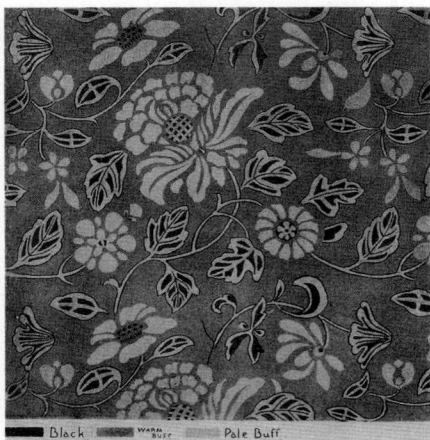

Black　WARM　Pale Buff

图39　丝织品

比 Toy.Ⅳ 约低300码，从上面顺着一条陡峭的石坡才能下到那里。我由于腿有伤，不能亲自前往了。当地一个人带来卖的几块壁画就出自那里，这引起了我对它的注意。在考察这个石窟的时候我的助手们发现，石窟中央那根凿在石头上的柱子前面的凹陷处，仍保留着一个雕像的底座。但柱子周围过道上的壁画已经踪迹全无了。在铺着沙子的地面上，他们发现了大量残破的小灰泥片。这些残片令人痛心地表明，那些不知爱护文物的人给这里带来了多大的灾难，他们大概是在粗心地剥下几块壁画拿出去卖的时候使这么多壁画残片掉落在地上。

　　石窟 Toy.VI 墙上的壁画也遭到了同样的命运。这个石窟坐落在吐峪沟河的东岸，在七睡者麻扎上游约 600 码远的地方。在这个石窟附近，顺着谷地往上游延伸的道路陡然下降到了河边。这个石窟有个前厅，前厅后面是一个内殿，一条过道将前厅和内殿连接了起来。前厅四面都筑了土坯墙，原来还有一个屋顶，如今

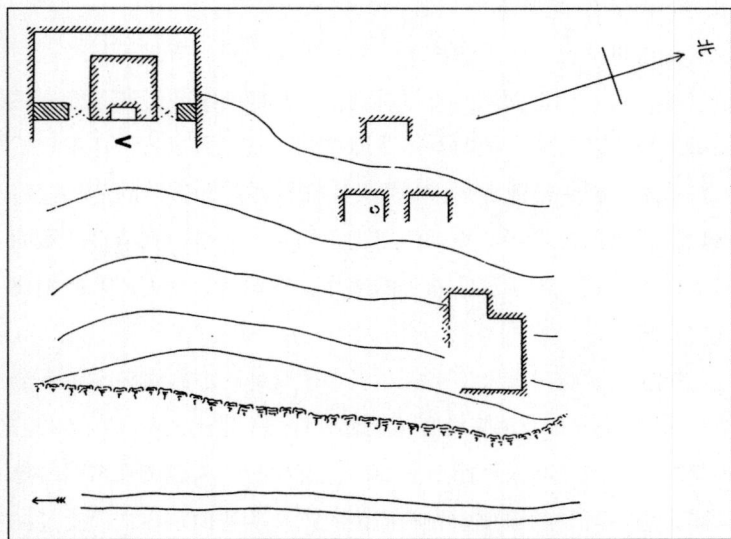

图 40　吐峪沟 Toy.V 房址平面图

前厅已经完全坍毁，里面只有一点瓦砾。内殿的地面上有3英尺深的沙子。这层沙子不仅将一个泥塑底座的最底部保存了下来，还保护了许多精美壁画残片以及几件泥浮雕。据村民们说，在很久以前，到这个石窟中寻找木料的人就把灰泥墙面上的壁画都弄掉了。我们发现了一根木条，它出自一大块木料，木条光滑的表面上仍残留着两行回鹘文。这根木条表明村民们的话可能是真的。在内殿两侧的石墙上还可以看到很多浅凹槽，显然是为了插入木架子，以便使灰泥加固。内殿的墙不是从石头上垂直地凿出来的，而是越往上越稍微朝里倾斜，因此墙上的灰泥就更需要木架子的支撑了。

在这里发现的壁画残片中，只有较小的残片拼对了起来。经过研究，在它们上面虽然可以看到很多有趣的细节，却不能提供足够的线索来说明壁画的整体装饰布局。在内殿里我们还发现了一块雕凿得很平整的石头，顶部是一朵高浮雕的盛开的莲花，雕得比较粗略。这块石头原来的用途我们还不清楚。在清理内殿的时候，我们还发现了汉文卷子的残片，有的残片背面还有回鹘文或婆罗米文。

但这个石窟中保留下来的最引人注目的地方是它扁平的彩绘圆顶（图41）。保存下来的圆顶上可以看到两排小人像，线条和着色都很精致。所有人像都是坐姿，都有项光。人像围在精美的植物图案中，环绕着窟顶中央的那朵团花。团花似乎在古代受过损伤，并曾简单修复过。团花中有个一坐姿人物（看起来像菩萨），

图41　吐峪沟寺院 Toy.VI 的彩绘屋顶

从这个人物身上朝各个方向都放射出光芒。这些放射状光芒形成一圈背光，说明画的是日神或月神。两圈坐姿小人像的总数是26个，出口附近残破的窟顶上又可以画两个，这自然使我想到，窟顶画的是二十八星宿（即月亮走过的二十八宫）。格伦威德尔教授在吐鲁番和硕尔楚克考察时拍了照片的很多寺院屋顶上都是这个画面，他还对这些寺院作了详细描述。在植物图案中的某些坐姿人像旁边有婆罗米文短题记，其中我可以肯定地读出"罗西尼"（Rohiñ，是印度二十八星宿之一，即"毕"，形象为车——译者）的名称。这个证据支持了我对画面内容的判断。

如今，在第二圈人像底下，窟顶的东北角保留着第三圈人物，其中可以分辨出四个带项光的坐姿人物。与此相连的东墙的顶部可以看到一个乾闼婆一般的人物的头部和胸部，这个人物飞在空中，饰带和头饰飘在身后。彩绘窟顶的地是很硬的灰泥，掺杂着小砾石，像水泥一样。钉在石头上的木钉将灰泥固定住。要想使这件精美的装饰艺术作品将来免遭破坏，唯一的办法就是把整个彩绘窟顶都剥下来。由于灰泥的位置和硬度，这个工作干起来相当困难。但奈克·夏姆苏丁凭着他的技巧和耐心，还是把它完成了。整个彩绘窟顶是分成21块剥下来的。只有当人们在新德里把它们按照正确的位置拼好之后，我才有可能对这幅极为优美的作品进行全面描述。

最后我要说一下在吐峪沟购得的一些小文物。卖主们说它们是从村子上方的遗址中发现的，对大多数文物而言，这大概是真的。但有两个有趣的披甲武士的泥塑小像以及三个泥塑的帽子无疑是从墓葬中获得的，因为我们在阿斯塔那墓中发现了与它们完全一样的东西。除此之外，一个小铜盘也值得一提，它上面浮雕着十二生肖以及它们的汉文名称。在吐峪沟购得的钱币究竟出自哪里，我同样也不得而知。其中有12枚是唐代的，6枚上是宋代年号（公元1008—1056年），剩下的14枚是清代的。

迄今为止，我还没有获得关于在吐峪沟发掘出来的汉文手稿残片的资料。但在吐峪沟购得的这类手稿中，马伯乐先生提请我注意Toy.042号文书，说这件文书具有特别的文物价值。它是《般若波罗蜜经》中译本第18章的末尾部分，还带有一个文末题记。在题记中，抄写者称这件手稿写于延昌三十九年，即公元599年，是遵照高昌王韩固的指示抄写的。题记中写下了这位高昌王的所有汉文头衔，还包括他的突厥族头衔的汉译。马伯乐先生说，这个国王的名字填补了被唐朝征服之前的高昌氏王朝谱系中的空白。

第三节 在木头沟遗址的考古工作

12月9日，我离开吐峪沟，经过了那条外围山脉北边的苏巴什和胜金绿洲，来到了木头沟村。我先前就曾从喀拉霍加出发，勘察了柏孜克里克的众多石窟和庙宇。柏孜克里克坐落在木头沟垦殖区南端下游2英里远的峡谷中，朝喀拉霍加流的那条河就从这条峡谷穿过了那条外围山脉。在那次探访中我发现，柏孜克里克的寺庙仍保留着大部分壁画。但也有确凿的证据表明，从我1907年第一次来过之后，这个吐鲁番最大的佛教遗址的壁画遭到了人们越来越大的破坏。1906年，格伦威德尔教授在这个遗址待了两个月，凭着细致的考古工作和造像学上的专门知识，彻底清理并研究了那里的遗物。他在《新疆古佛寺》中，详细记载了自己在这些寺庙遗址长期工作的成果，研究中国新疆古代艺术的人将永远受益于这部著作。为安全起见，当时他就把很多庙宇中最有价值的壁画剥下来，运到了柏林人种学博物馆。而在那之前两年，在格伦威德尔教授回到吐鲁番之前，冯·勒柯克教授就在柏孜克里克一座塞满瓦砾的庙中清理出了保存极好的壁画，那些壁画也运到了柏林。

如今我痛心地看到，这些遗址已遭到了越来越大的破坏。指望当地人来保护它们是不可能的了。看来，要想确保这些壁画的安全，唯一的途径就是在条件以及艺术上和造像上的考虑允许的情况下，把尽可能多的壁画都仔细地剥下来。我现在就是带着这一重要任务来到木头沟的。此后我还在此停留了两次，合起来待了15天，其中大部分时间都是忙于这项工作。由于柏孜克里克的所有遗址先前都被格伦威德尔教授考察并描述过（他的佛教造像学知识是极为杰出的），我们这个精细的工作干起来就容易多了。而且，幸运的是，我只需选定要剥下来的壁画，仔细地记录下它们的位置以及与整体装饰布局等的关系，然后明确地指示较大的壁画表面应该沿哪条线分开。将壁画实际剥下来、加固并装箱的活计，我尽可以放心地交给两个印度助手来做。他们先前在别的遗址受过我的指导和训练，完全能够胜任这项工作。

把所有选取的壁画都剥下来并装箱只用了不到两个月的时间。这主要应该归功于奈克·夏姆苏丁的高超技术和不知疲倦的干劲，而且大部分时候阿弗拉兹·古尔也给予了他大力帮助。他们严格遵循着我在剥取米兰寺院的壁画时首次使用的方法。事实证明，那些技术在剥取柏孜克里克石窟的精选壁画时同样有效。这些壁画最终装满了100个大箱子，每只骆驼只驮得动一个箱子。考虑到这项工作是在一年中最冷的时节进行的，而且大部分时间我都不在场，不能给他们提供诸如必需的材料、人手等方面的帮助，因此，奈克·夏姆苏丁这个能干的人真是特别有功。

后来，这些箱子中的壁画以及其他文物都在喀什噶尔重新装箱，并毫无遗漏和损失地运到了印度的目的地。在新德里专门建了一个建筑，以便存放这些壁画。自从1921年以后，安德鲁斯先生致力于安排我在第三次旅行中获得的文物。他把大部分时间和劳动都用在布置柏孜克里克的壁画上。但这项工作还远未完成，因此，在本书中，我只是收录了柏孜克里克遗址的平面图。平面图是在我们勘测的基础上绘制的，可以补充格伦威德尔教授的草图。[1]同时，我还收了几张照片，来说明这个遗址的特点（图41、42、43、44）。

剥取壁画的工作正在进行的时候，我不得不在1914年12月14日到1915年1月7日之间离开木头沟，到新疆首府乌鲁木齐去了

1　为了能方便对照格伦威德尔教授对这个遗址的详细描述，在平面图中，除了标上我们从中剥下壁画的那些寺院（用小写罗马字母），我们还插入了格伦威德尔教授给单个寺院的编号（阿拉伯数字）。

图42　柏孜克里克遗址南段的石窟和寺院

一趟。我到那里去主要是为了拜见潘大人，他是我的一个热心的朋友，在前两次旅行中曾庇护过我。由于他的行政管理才能以及闻名遐迩的少见的清廉，他在"革命"年间退休之后，又被擢升到了省财政部长的位置。但即便没有这个私人动机，我出于某些有点外交性质的原因也得到乌鲁木齐去。春天的时候，北京的英

图43 柏孜克里克遗址北段的石窟和寺院

国公使曾为我进行了有益的调停，但我担心，官方进行阻挠的想法在省府并没有消失。就是因为官方的阻挠，1914年1月间我的考古学和地理学工作险些陷于停顿。后来的情况表明，我的担心是完全有道理的。为了防止这个风险，或至少延迟一下官方可能重新采取的阻挠政策，我应该亲自去乌鲁木齐，以便使乌鲁木齐

图44 柏孜克里克 xiii 号石窟巨大的涅槃佛像头上的壁画

那些当权的人能改善对我的态度。而且，无论如何，我要确保潘大人的热心支持。在前两次旅行中，他的支持大大帮助了我。而且，我还可以在乌鲁木齐的俄国领事馆的医药官那里，获取一些关于我的伤腿的建议。尽管我的腿在慢慢好转，但它仍一直使我

图45　柏孜克里克 iii
号石窟墙上的大佛像
和菩萨像等

十分忧虑，并造成了行动上的极大不便。

　　12月18日到1月3日，我沿大路从吐鲁番城到了乌鲁木齐，在那里待了一个星期后又返了回来。我要很快走完这两地之间约115英里的距离，而且我走起路来仍很困难。因为是严冬时节，从天山分水岭附近向北到乌鲁木齐的地面上都覆盖着白雪。以上这些因素都使我沿途无法进行考察。但即便如此，途中我还是观察到了很多有趣的现象。从吐鲁番盆地往上走到分水岭去时，我发现由砾石和分解的岩石构成的山坡寸草不生。这条分水岭极低，达坂城高原海拔只有3 000英尺。这条道极为方便地将吐鲁番盆地和准噶尔联系了起来。在分水岭附近的汉人村子达坂城，田地仍需要灌溉。而从东北高峻的博格达山流下来的那条活泼的溪流正好可以满足这个需要。但在乌鲁木齐附近的低矮小山上，只依靠雨雪就可以从事农业了。当我们从东南方来到达坂城时，就极为明显地感受到了气候上的这种显著变化。人们都知道，达坂城高原常刮猛烈的东北大风。由于大风，我们还不得不在极为艰苦的条件下在那里耽搁了一天。显然，大风的直接起因是对流作用。在对流作用下，准噶尔的冷空气从天山的这个大豁口刮进低洼的吐鲁番盆地。在吐鲁番盆地，由于阳光要充足得多，即便在短暂的冬季冷空气也是可以变暖的。

我在乌鲁木齐度过了忙碌的圣诞节。我住在热情好客的中国内陆传教团的亨特神父那里。同时，由于中国邮政的塔得胡伯先生、比利时传教团的胡格斯神父、俄国领事馆的官员等人的许多善意举动，我这一周过得十分愉快。我几乎每天都和我的汉族老朋友潘大人（图46）见面。虽然官方对我越来越注意，而且中国革命后知识界的态度有了变化，但年事已高的潘大人对我的科学目的和科学工作的浓厚兴趣都没有改变。主要是由于他的影响力，

图46　乌鲁木齐的潘大人和他的两个儿子

我受到了新疆都督杨增新先生和他的外事顾问张少宝先生的极为热情的接待。但关于前一年对我进行的阻挠，他们只字不提，这使我对他们将来的活动不敢太放心。好在我从那个俄国医生那里得到了不少安慰。他说，我的腿会康复的，将来一点也不会瘸。以前我一直担心这条伤腿使我将来无法在南边的沙漠和西边的帕米尔地区进行考察，现在我心头的一块石头算是落了地。

12月30日，我接受了热情的接待者们良好的祝愿并同潘大人洒泪道别后，从乌鲁木齐出发往回走。我这位汉人学者老朋友说我们还能第四次见面，但我在分手时却十分伤感。因为我知道，在不久的将来他就得告老还乡回到湖南去。而我能否再次到新疆来，还是不可预测的将来的众多未知数之一。1915年1月8日，我又回到木头沟的营地。此前，在经过吐鲁番城的时候，我事先做好了安排，以便把将要获得的大量文物运到库车，并经那里运到喀什噶尔去。令我欣慰的是，在与助手们会合的时候，我发现他们的工作一直在不间断地进行，没有受到什么妨碍。已经装好了50箱子的壁画，只待运往喀拉霍加的仓库，更多的精选壁画只差最后装箱了。

这次我在木头沟停留到1月17日。我的大部分时间都用在更仔细地研究柏孜克里克的寺院和选择要剥取的壁画。同时，我还考察了一下几个小佛寺群。它们坐落在一些小谷地的谷口。这些谷地是从木头沟村西南和南边那些光秃秃的山上，朝木头沟那个深陷的雅尔延伸的。格伦威德尔教授已经考察过了这些遗址中最重要的几座，并对其做了全面描述。但由于这些遗址的位置不仅从地理学角度来看有价值，而且也表明了当地拜神传统的连续性，所以我在这里有必要对它们作一下简单描述，并说一下在以前没人考察过的遗址中都发现了什么文物。如果从木头沟零星的农田最南端附近的阿洪买海来村出发，穿过深陷的雅尔底部流着的那条由泉水补给的溪流（雅尔有200~300码宽），就会来到一座覆盖着砾石的光秃秃的高原。高原陡峭的土崖比溪流的右岸高出100多英尺。这座高原环绕着那个寸草不生的崎岖外围的山脚，在这里不足0.25英里宽，但朝西北的高处便逐渐变宽。高原上有一系列深沟。如果偶尔下雨，从外围山脉的小谷地中流出来的雨水就是经过这些深沟流进木头沟的。

在阿洪买海来对面就有这样一条小谷地连在高原上。在谷口处，我们发现了那眼叫通古鲁克布拉克的小泉，它灌溉着出水口下游约1英亩的农田。显然，就是因为这眼不大的泉水的存在，才有一座小庙一度设在这里（即平面图中的M.A）。这座小庙包括谷口右侧的两三个石窟（里面基本没什么东西），左边较高的地面上还有一群小建筑遗址。我们发现，这个建筑群中已经空无一物。沿山脚下往西走约500码，就到了第二个遗址群（M.B.I、II）。人们有时称之为拜什干，有时又称之为拜什汗。它也坐落在一条小谷的谷口附近。在谷中我发现了一眼泉水，过去它灌溉着一小块农田。但在我这次来的时候，泉水已经干涸，农田也已荒弃。在农田之下，我们发现了六个小石窟，其中几个石窟的墙上装饰着有趣的壁画。

在干涸河床的对岸（左岸），矗立着一个高大的塔一般的建筑（图30、47）。尽管它受了不少损坏，却仍保留着原来的三层带穹顶的屋子。它东边还连着一个小建筑，这个小建筑也有几间屋子，还包括一个露天庭院。主建筑的上半部分被反复挖过，已经分辨不出建筑细节。但我们在瓦砾中发现了泥浮雕小装饰品，表明上

图47　木头沟 M.B.I 遗址在清理的过程中

半部分曾是一座庙。在这个瓦砾堆中我们还发现了一个形状优美
的木罐残件以及一个上了釉的小碗。清理了最底下那一层小屋子
后，我们发现了一些回鹘文手稿和雕版印刷品，其中包括两件完
整的大文书。另外还有一些汉文文书。在这里发现的大量小物件
告诉我们，这些屋子曾被当作居住场所，大概庙里的僧人们曾住

图48　吐鲁番木头沟的 M.C. 遗址

在这里。在这些物件中，几件日常用具特别值得一提。它们包括：
铁剃须刀、一把扫帚柄、铁锥。我们还发现了一个刺绣的丝绸包，
以及带花纹的毛织品。在清理塞满了瓦砾的小屋子 vii、xii 时，我
们发现了几件装饰性的泥浮雕残件和木雕残件，它们大概是从高
处那座被毁的庙里掉下来的。

在 M.B.I 西北约 0.5 英里的地方，是一条宽沟的沟口。第三个遗址群 M.C 就坐落在那里（图 48）。现在地表水一般到不了这个地点，但我们看到了几棵不高的老树，还有一个以这里为起点的坎儿井灌溉着木头沟下游的一些农田。这些都表明小谷中是有地下水的。当 M.C 遗址从前仍有人住时，很可能可以在附近的某眼泉水或溪流中获得水。从这个遗址东边 200 码远的地方，一直到俯瞰着木头沟的悬崖，都是墓葬和圆顶坟墓，构成了一块伊斯兰教大墓地，其中心是毛拉纳哈米提霍加木的圣陵。墓地的存在证明了 M.C 遗址重要的宗教地位。据说，在夏末的时候，喀拉霍加人常到这个圣人的安息地来朝拜。

格伦威德尔教授曾对这个遗址进行过考察和详细描述。它包括坐落在干涸河床右岸的一座塔状大建筑（M.C.I，类似于 M.B.I）、建在对面宽阔山坡上的一组小庙、山顶上奇怪的建筑 M.C.III，以及很多独立的庙宇（有的坐落在俯瞰着谷口的低山上，有的在 M.C.I 附近的平地上）。格伦威德尔教授曾在 M.C.II 中发现了重要的手稿和雕版印刷品。但 M.C.I 和 M.C.II 后来因人们的乱挖而遭受了严重破坏。格伦威德尔教授从 M.C.II 的很多特殊的建筑细节上看出，它原来是一座非佛教的建筑。但如今我们已经无法清晰地分辨出这些细节了。M.C.II 的平台上有一个小内殿，周围环绕着双层院子。格伦威德尔教授看到内殿墙上仍有壁画，现在这些壁画已经完全消失。但 M.C.II（图 49）仍保留着一些壁画。它是一个独立的小殿，坐落在 M.C.I 上方的陡山上一个很醒目的位置。

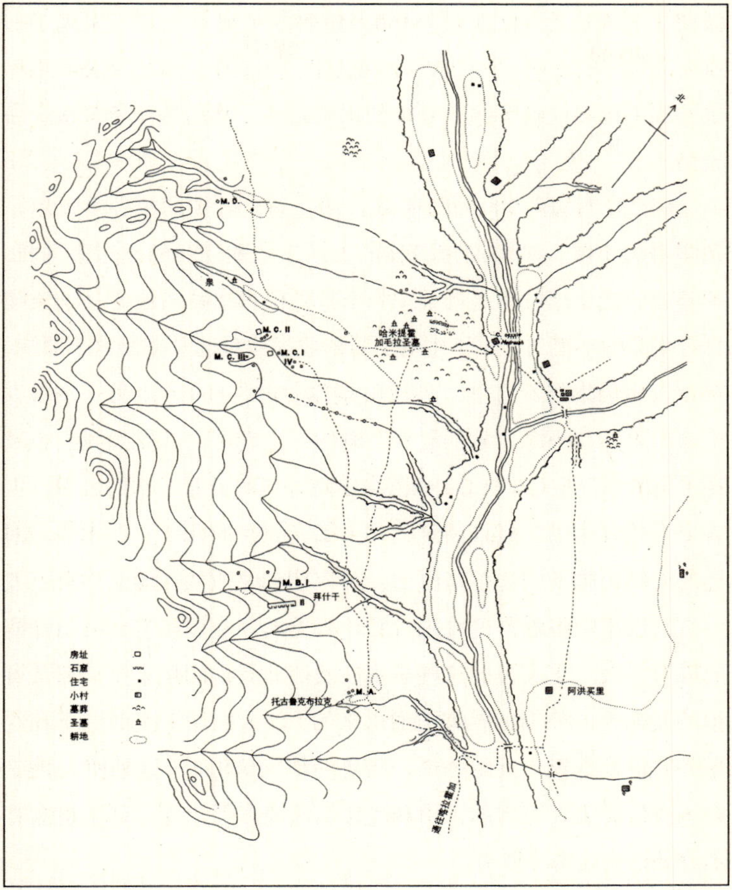

图49　木头沟附近遗址位置平面图

由于堆积的瓦砾的保护，不少风格大胆的壁画残件（画着菩萨等）保留了下来。在 M.C.I 东边 100~150 码的平地上，我们发现了三座完全毁坏的小庙（M.C.IV）。在其中一座庙中，我们从瓦砾堆里也发现了很多壁画残件，画面的比例较小，构图和线条都很自由流畅。

　　M.C.II 西边约 300 码的地方，从一条生着树的窄谷中流出一条潺潺的小溪。从溪周围悬挂的大量旗幡和还愿的碎布来判断，朝圣者们把小溪看作是遗址中一个特别值得崇拜的地方。这条哺育着生命的小溪与寸草不生的山脉形成强烈对比，正是这个原因，至今人们仍崇拜着这里。再沿山脚往前走约 400 码，另一条小谷中涌出第五条小溪，它灌溉着下游的一块农田。在这里我们也发现了两座庙宇遗址（M.D）坐落在俯瞰谷口的山上。它们表明，古人也崇拜着这里。M.D 遗址只剩下了光秃秃的残墙。在木头沟附近的外围山脚下的这座高原上，可以望到北边从二塘艾格孜上方一直到巴诺帕附近覆盖着积雪的壮丽天山，也可以看到天山辽阔的砾石缓坡。上文说的这些泉水以及西北其他的泉水是从那条可怕的光秃秃的外围山脉脚下涌出来的（汉人根据山上的红土和红色砂岩以及这里夏天的酷热，把它叫作火焰山）。这说明，由于在木头沟北边，积雪的天山和吐鲁番盆地离得较近，偶尔也会有水分到达火焰山北坡来。

第四章

阿斯塔那古墓地

第一节　阿斯塔那 i 组唐代墓葬

1915年1月18日，我将营地从木头沟迁回到了喀拉霍加的墓地，只留下奈克·夏姆苏丁在后面继续完成揭壁画的任务。第二天清晨，我们开始对古代高昌墓地进行调查。我有意将这项工作放在我在吐鲁番地区停留的后期来做，主要考虑到在汉人聚集的繁荣绿洲附近进行这种考古调查，无疑会被乌鲁木齐官方利用，找到借口来干涉我的工作，从而影响我的整个工作计划。据我所知，以前的勘察表明，阔什拱拜孜周围的墓葬早已被发现，它们大都成小组地分布在砾石坡地上，位于被称作贝多拉特城（图50）的围墙遗迹东北约1英里处，大多数墓葬最近都被打开并被搜查过。除此之外，在阿斯塔那村北面，有一处大古墓群，分布在萨

图50 吐鲁番地区贝多拉特城附近的古墓群

依地形上。该墓地位于高昌城西北2.5英里处。在最近5年间，这里的很多墓葬都被橘瑞超和当地的古物供应商们挖掘和搜查过，目的是寻找古物。据说，他们当中最活跃的是穆罕默德吉萨。但由于墓地占地面积很大，所以经过不懈的努力和系统的发掘，仍有希望在此获得丰硕成果。

正如平面图所示（图51），墓地所在地区东西向延伸了近1.5英里，南北最宽处达0.75英里。墓葬几乎都分布在水渠的北端，该水渠是由喀拉霍加河引水，以灌溉阿斯塔那种植区的最西端，同时它还穿过聚集在醒目的台站废墟周围的村宅300~400码。墓地的最东端已延伸到喀拉霍加北端0.75英里处，西边的边界是一条源于胜金口的水沟。而在边界之外侧，只能见到零星散布的少量封土堆。如图所示，在这块广阔的墓地上，墓葬的分布极不规则，长方形的茔圈集中分布在墓地的东南部，每一座茔圈内一般都包含有一组墓葬，基本上是成行排列。北边较远处的小土堆则标明是单座墓葬，它们要么各自隔开，要么几座一组，散居各处，毫无规律。

我在此地的初步调查就足以表明这样一个事实，即这些墓葬的地面标志与我1907年春在靠近敦煌绿洲西南部边缘的墓地观察到的现象，以及我抵达南湖之前路过的砾石萨依地形上的标志非常相似。在此我们也看到了长方形的、庭院式的茔圈，茔圈是由碎砾石块和土堆积而成的，仅高出地平面几英尺。这些茔圈固定地在某一边设入口，然而这种入口并没有用短墙做成门的样子，这种状况与敦煌和南湖有所区别。茔圈那一边上的砾石带，只从中部位置中断，其两端稍向外伸出了一小段距离。与茔圈的大小相比，在比例上多少有些变化。茔圈的大小差别很大，从150码见方到10码见方。茔圈主要是长方形的，即那种流行的形状。每座茔圈的大小与其内部设置墓葬的数量没有确切的比例关系，同

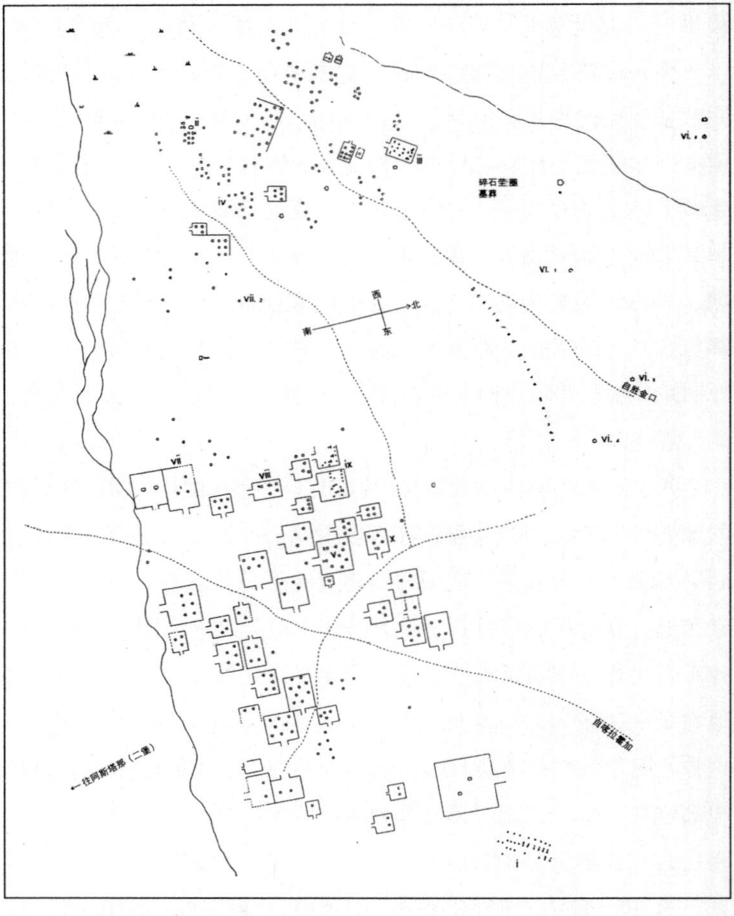

图51　阿斯塔那古墓地平面图

样与在茔圈的哪一边设门也毫无关系，尽管大多数情况下茔圈的走向都做过设定。

每个茔圈内都有矮小的土堆，高度一般是5~6英尺，用来标明其下墓室的位置。墓室都开凿在封堆下面坚实的黏土层中，这些封土堆都是由砾石块中间夹杂成层的骆驼刺建造的，那些较大的封土堆则用未加工的石头贴面垒砌而成。封堆一般都已被严重破坏，看上去就像被截取顶部的金字塔一样，残存呈方形的基座部分。单座封堆的方向看上去一般都与保存有茔圈的墓葬封堆方向一致。然而茔圈内的封堆的分组极不规则。随后的观察还显示出，较大的封堆（可达到30英尺见方）下所属的墓室都较明显地设计过。封土堆的正面中部，即面向茔圈设门的一边的中部，常用砾石和土堆砌延伸出一段，像个柄似的，一般与封土堆的那边成直角，有时也会用未加工的石头包边，主要是用来标明通往墓室的墓道的位置。墓道一般挖得都很深，但很窄，由于几乎所有的墓道都曾一度或再次被挖开过，墓室大多也都被搜查和洗劫过，所以除了靠近封堆处的那部分，这些"柄"很少有保存下来的。封堆处的墓道终结成一种短隧道式的通道，由此可进入墓室或其前室。在阿斯塔那墓地地表上遗留的遗迹中，值得一提的有一个高塔状遗迹，已被严重破坏，而且也早已被那些"寻宝人"多次搜查过。它距离上面提到的小渠不远，位于墓葬分布较散且比较少的地带中部。该遗迹一部分是夯筑的，另一部分由生土建造，并且还有一些半地穴式的小房屋，当然很久以前就已被洗劫过了。

在我开始描述我们在阿斯塔那墓地忙了一两个星期的收获之前，首先有必要将已查明的情况简要地记录下来，这包括从当地获得的信息和目击者的证据，即关于阿斯塔那墓地的墓葬在比较近的一个时期所遭受劫掠的情况。从墓道的现存状况很容易看出，墓地中的大多数墓葬（如果不是全部）都曾被打开和搜查过，或者是寻宝者所为，或者是后来的收集古物者所为。一般埋葬完死者后，除回填墓道外，还要在墓道表面用砾石块和石头等垒砌土堆，然而我们在地表上看到的却是一些浅沟，有些用肉眼才能看见，有些则很明显。这些浅沟内充满了流沙，可能是吐鲁番盆地春季和夏季盛行的强烈的西北风，使之很快地积聚在这些凹地中。从那些局部仍裸露在外的墓道来看，这些墓葬明显是在最近一个时期里被盗掘的。据了解，阿斯塔那和喀拉霍加的村民都一致认为，所有的墓葬（至少是其大部分）都是被东干人盗扰和劫掠的，其年代是在最后一次当地发生叛乱和阿古柏统治时期，他们主要是为了寻找随葬中的贵重物品。没有多久，我们又发现那些坚硬的旧棺也被视为是非常有用的原料了。因为该绿洲树木匮乏，甚至连牛粪也很难找，再加上此地燃料的价格很高，尽管与那些贵重金属物品相比木棺的确无利可图，然而却可以算得上是对他们付出的劳动的回报或补偿吧。

　　村民们将大量挖开的墓葬都归结到东干人所为的想法，可能是受到下述事情的启发，即直至近来的革命及其破坏性后果时为止，当地的官员也许是从重视为数众多的定居在吐鲁番绿洲的汉族商人和农民们的情感出发，才对盗墓这一现象进行有效的制止。但我们有理由相信，附近村庄那些性情温和的缠头（Chantos，维吾尔人——译者）也不一定都否认，他们参与过破坏这些墓葬的活动——不管是在当地发生叛乱期间公开地进行破坏，还是在后来的和平及中国重新恢复该地区的秩序之时采取秘密盗掘的方式。关于这一点，我们可以从热心的阿斯塔那头目介绍给我当向导的本地墓葬专家买西克那里得到充足的证据。此人参与了我们的第一个挖掘队。我非常高兴能雇到如此聪明的小伙子做领队，因为通过长期的盗墓实践，在这令人毛骨悚然的行业中，他不仅熟悉了死者墓室的位置以及随葬品的安放情况，而且还能准确地分辨出哪些是近期被搜集古玩者盗掘过的墓葬，哪些是由东干人粗略搜查而幸免于洗劫的墓葬。考虑到墓葬数量巨大以及节省时间的重要性，因此上述知识对我们来说具有重要价值，而且付出的酬金也完全值得——它可以保证这些知识能够被诚实地提供出来。

据买西克说，是他父亲促使他干盗墓这个行当的，他父亲活到了一个很高的年龄，于20年前去世。有人曾听他父亲谈过，当地发生叛乱期间他们公开挖墓和后来不得不在夜里挖墓的经历。买西克本人说，当地方政府停止严加管制盗墓活动之时，他在最近的四五年中曾挖开过百余座墓葬。那时候，那些具有现代观念和喜好古物的地方官曾直接鼓励他们去干，以满足他们收集古玩的好奇心，从而设法弄到手稿和其他文物。买西克强调的最重要的一点是，在他这些年所挖掘的古墓中，没有一座墓葬的原先用砖封闭的墓门是安然无恙的，全部都已被先来者所破坏。他没有任何新奇的发现，因此这种经历很令他失望，从而也就减弱了他盗墓的热情。但因他对关于这些"汉族埋葬者"的迷信谣传无所顾忌，所以他就努力地去寻找一些值钱的金属制品，甚至连那些东干人忽略的地方都没放过。

我们在阿斯塔那墓地的工作于1月19日开始，首先是调查了一批未显示出有茔圈的墓葬。由于这些墓葬基本上是成行排列的，所以就单独编为一组 i，它正好是该墓地东北部的分界线（图51）。阿斯塔那 i 组墓葬中的大多数都遭受过盗掘，但中间一排墓葬中的多数则看上去似乎逃脱了这一厄运。在此我们相继发掘了6座墓葬，正如平面图所示（图52），这些墓葬均有墓道，墓道平均底宽3~4英尺，从地表一直向下延伸到12~16英尺深，这与该墓地其他墓葬的实际情况基本一致。在墓道的末端有通往墓室的窄墓门，宽约3英尺，高度只有3~4英尺；墓室底又较墓道底矮1~2英尺。墓门原先是用土坯块垒砌的，现已被那些早期盗墓者挖开足够一人爬着出入的大洞。阿斯塔那 i 组的1~6号墓葬的墓室平面有方形和长方形两种，其中面积最大的为11英尺见方，最小的长9.5英尺，宽6英尺。墓室高5~6英尺，墓室内壁与该墓地其他墓葬一样，都没有抹泥，是混合有细砾石层的黏土层。

在清理 Ast.i.1 号墓的墓道时，首先发现了许多丝绸残片，其中包括一块有图案的斜纹组织织物和两片粘在锦缎上的纸文书，这些遗物可能都是墓中的木棺被挪动后，随之被拖出墓室的。墓

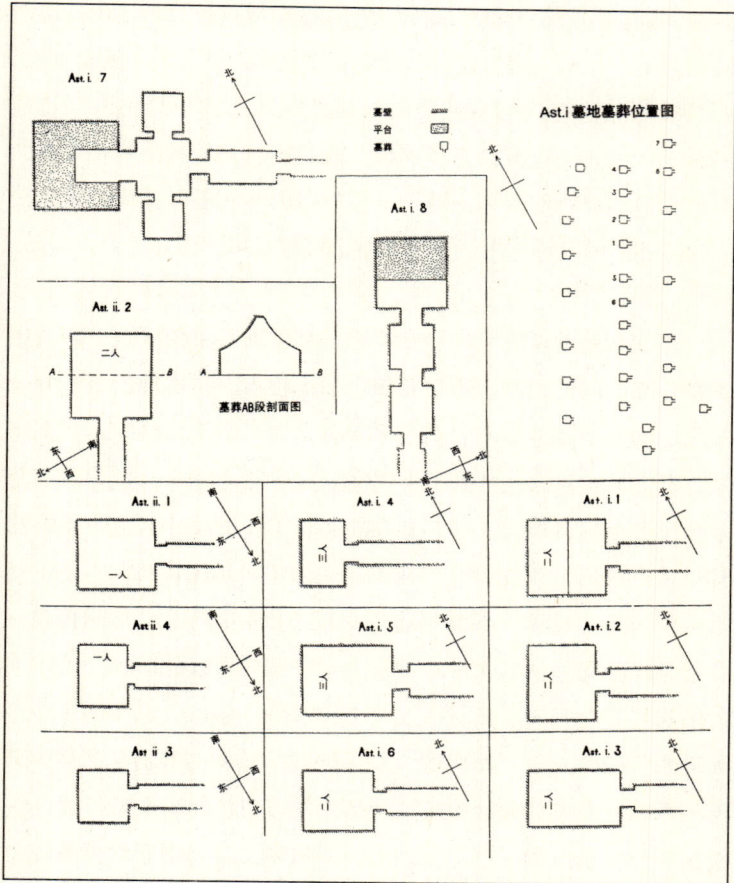

图52 阿斯塔那 i、ii 墓地墓葬平面图

门内堆积了2~3英尺厚的沙子，这说明这座墓在被流沙封住盗洞之前，墓门一直敞开着，同样这也就能解释这两具尸体严重腐烂的原因了。尸体一具紧挨一具地安置在墓室西壁旁的一张草席上，两具尸体的头部均与身体脱离，显然是从木棺中扔出来时造成的，身上的盖布也只剩下了碎片，包括一件素面棉织物上罩的一层已很薄的褪色的丝绸。其中一具尸体的头部罩有一块覆面，是一块有图案的圆形丝绸，周边用素面丝绸褶边，保存极差，易碎、易朽。

在该墓地发现的第一件标本就是有装饰图案的覆面，而且用来制作覆面的丝织品的图案和颜色都比较丰富，有趣的是这些丝织品的图案清楚地表明它们几乎完全是属于萨珊风格的。我们将这件覆面和这里出土的其他有图案的丝织品之图案，放在后面的章节中单独进行探讨。等到墓葬的调查工作结束，所有出土遗物都描述完毕后，再探讨这些丝织品中的图案是源自西方还是中国本土的问题。此外，在墓室墙壁的西北和东南角上，均悬挂着一些带条纹的彩色丝绸和绮；沿墓室南壁摆放着五件形状、大小不同的陶器，包括两个木豆、一个大罐和一个小碗。该墓室中所葬死者头也朝此方向，即向南。毫无疑问，这些陶容器显然是为墓室中所葬死者盛放食物用的，陶器上均有灰色和黑色条带纹，主要由白色大圆点和红色花瓣组成，具有相似装饰图案的此类陶器在阿斯塔那墓地非常流行。由于陶器上的纹饰都是彩绘的，很容易脱落，所以我认为这些陶器完全是为随葬而制作的。在墓门旁还发现了一只小木鸭，形象很漂亮，是一件圆雕作品，雕刻得很精细，而且上面的色彩也保存得比较好。它与其他墓中出土的两只木鸭相同，系为死者而随葬，被当作是福的象征。

接着我们调查了 Ast.i.2 号墓，墓内埋葬的两具尸体腐烂严重，且已被搅乱。现能够找到的随葬品只有一些粗陶碗，纹饰与 Ast.i.1 号墓中出土的陶器纹饰相同。所有这些遗物均沿墓室南壁即死者的头所朝向的那面壁摆放。此外，还发现了一只木鸭，鸭的头部雕刻得很逼真。还有一些遗物残片，似乎两件是汉文文书，另有一团薄的蓝色丝绸残片，均彩绘过，保存得非常差，易碎，极难以打开，看起来像是墓室墙壁上的壁挂，与 Ast.ix.2 号墓中出土的遗物相同，可能都是从墓室后壁跌落下来并由此而破碎成这样的。

接着调查的 Ast.i.3 号墓与 Ast.i.2 号墓相邻，尽管墓中发现的两具尸体保存状况极差，并且已遭到劫掠者的破坏，但还是有一些有趣的发现。死者头朝南，一具尸体比较小，很可能是女性。他们身上覆盖的白色棉布和黄褐色丝绸已腐朽成碎片，但死者面部覆盖的面具似的丝绸覆面却保存较好。当揭开覆面，我们便看到了有趣的细部，与死者的装殓有关。体格较大者 a 是个男性，他被安放在另一个死者的东边，较靠近墓门，其覆面中央是一块有图案的丝绸，图案很精细，明显是萨珊风格。覆面饰蓝色丝绸褶边，只残留一小块。覆面下面是一副眼罩，放置在眼睛上，是由薄银片做成两个莲花花瓣形状，然后末端相连。每一块银片的中央都略为突起，上面钻有许多小孔，边缘较平，上面也钻有一些小孔，以与覆盖在上面的丝绸缝合。这种眼罩在其他的墓葬中也有发现，至于它们的准确的功能及使用对象尚不明确。

调查中最奇特和最具指导意义的发现属下面这一些：我的帮手墓葬专家买西克，因长期的挖墓实践，他无所顾忌，随手敲开了一个头骨的颚骨，从死者嘴巴缝中找到了一枚金币，当时我一眼就认出是拜占庭金币。后来经怀特海德先生鉴定，确定是一枚与查士丁尼一世（公元527—565年）金币大致同时期的复制品，因此为这一组墓葬的年代断定提供了依据。在这一组的另两座墓Ast.i.5号、6号中也发现了薄金片状的金币，与查士丁尼一世金币的类型相同，只是在金币的正面铸造有图像，这些为这组墓葬的年代断定提供了更加有力的证据。买西克声称他是第一个根据自己的经验学会从死者口中寻找金币或银币的人，尽管多数情况下都是徒劳无益的，这一点可以从下面的发现中得到证实。我敢断定早期的劫掠者们根本没有发现这一方法，因为我们调查的所有墓葬中没有一个死者的头盖骨曾被破坏，而且买西克自己也保证他以前从来没有敲开过任何一个头盖骨，来确定死者口中是否含硬币的事实。

我们在阿斯塔那墓地埋葬的死者口中发现的四枚硬币中，有三枚是拜占庭金币或其仿制品，另外一枚是萨珊银币，这些自然地促使我们把这种行为与古代希腊的埋葬习俗联系了起来。在古代希腊，人们在死者的唇尖放置一枚钱币，以作为卡隆（希腊神话中厄瑞玻斯与夜女神之子，在冥河上摆渡亡灵去冥府——译者）的资费，此人即冥王哈德斯的船工。但是沙畹先生1916年给我提供的资料表明，汉文三藏中的一个佛教故事，证明这种习俗在远东也不是不为人知的。这就使我们更加坚信，由于中国没有金、银币铸造业，因此在吐鲁番那些希望给死者提供足够的硬币以备在进入另一个世界时使用的人，为了实现他们的这一虔诚愿望，他们只能使用自己认为最珍贵的金属，也就使用了来源于西方的硬币。我必须将这个问题留给其他人去探讨，特别是那些比我目前掌握的资料更多、更丰富的学者，去做进一步的研究，从而找出此地发现的现象与西方或东方葬俗间的关系。在此我可以断定上面提到的三枚金币是从同一座墓或同一组墓中的死者身上发现的，而且其大致的年代可以根据钱币上的铭文来确定，下面我们就可以看到。

第二具较小的尸体 b 很可能是个女性，其安葬方式与第一个死者相同，是在墓室后壁附近一张破烂不堪的草席上发现的。死者脸上盖着覆面，覆面是用原本呈圆形的多色的有图案的丝绸制成，其上的图案毫无疑问是萨珊特征的。由于这块织物严重腐朽，所以很难推测同出的金片和铜片的来源，它们发现于覆面附近的尘土之中。与尸体一道同时发现的一个锦缎袋，内装炭笔，其用途也不明确。死者眼睛上的一副眼罩（图53），与前面已描述过的尸体 a 头部发现的眼罩的形状和制法非常接近。在眼罩下面有两枚萨珊银币盖着眼孔，经怀特海德先生鉴定，认为这两枚银币或

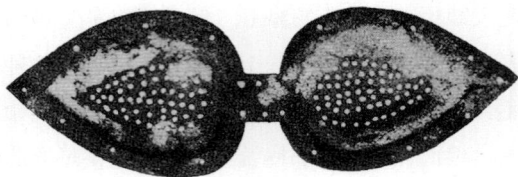

图53　死者眼罩

者是库思老一世（公元531—579年）时期发行的，或者是霍莫尔孜四世（公元579—591年）时期发行的。

　　此墓原来一定随葬了一些值钱的物品，因为在扰乱的土和尸体旁的草席层中，我们发现了几件小物品，它们是早期劫掠者将尸体从木棺拉出来时忽略的。其中包括三块圆形小银片，中央都有方孔，显然是模仿中国硬币制作的；七块月牙形或梨形薄银片，是某种装饰品的组成部分；具有同样用途的还有薄金条；还发现了七颗玻璃珠和一枚中国的五铢类型的铜钱，钱币上铸有"常平五铢"四个汉字铭文。此墓中发现的值得提到的遗物，还有七个陶碗，外壁用蛋白彩饰，彩绘纹饰与 Ast.i.2 号墓中出土陶器上的相同；还有一只精心雕刻的木鸭，雕刻风格和方法与 Ast.i.1 号墓中发现的完全相同。在墓室东南角发现的一个正面朝上、半腐朽的木盆下面，我们发现了一大团白色生面团似的东西，大概是变硬的馕。

在清理 Ast.i.4 号墓的墓道时，我们在距墓室入口26英尺处，几乎是在地表上发现了三块砖墓志，紧靠墓道南壁放置。墓志为黑色地，上书红色汉字，因暴露在外，其上字迹受损严重。应用照相复制看来非常困难，很遗憾没有能够得到令人满意的照片。从李师爷所制的几个摹本中，吉列斯博士确认墓志铭文中有相当于公元608和646年的纪年。根据吉列斯博士释读的铭文，有一块是张叔庆寡妻麹氏（出身统治高昌至公元640年的麹氏家族）的墓志。另两块写有相当于公元646年纪年的墓志，分别属于麹氏家族

图54　墓志

的一位女性及其丈夫张延衡。这些墓志的年代都与一座相邻的墓葬中出土的墓志（图54）上的相当于公元632年的纪年相合。

墓中发现的三具尸体与墓中出土的墓志铭文中所记录的完全吻合。死者头均向北，尸体腐朽严重。死者的头部既无面罩，也无眼罩，更没有发现钱币。在最靠近墓门的尸体旁发现了许多写有汉字的碎纸片，只有一张比较大。马伯乐先生的初步研究表明，有一些属于佛教经卷残片，比较大的那片纸是官方文件，是在唐朝统治吐鲁番之时当地的政府机构收到的一份官方通信清册。所登录的各种书信的简要内容极有趣，为我们了解当时政府机构的组织和工作情况提供了一些信息。除了这些可能被用来保护尸体或类似用途的废纸，在此墓中还发现了一件粗制的大食案，内有食物残迹，其中包括羊骨头和葡萄干。还有一些陶质和木质的罐和碗（图55），沿墓室南壁和北壁摆放，这些器物的纹饰基本是由白色圆点构成的带纹，彩绘，与Ast.i.1、2号墓中出土的陶器纹饰非常相似。出土的车制的木器标本，器物内部基本为实心，只在器物口部挖一道浅的凹槽，这些特征均表明这些器物是特别制作用来当明器的。还有一件陶器残片，很别致，形状做成某种动物的小腿和蹄子，表面刻画线条纹和圆圈纹。

Ast.i.5号墓位于Ast.i.1号墓的南部，最靠近后者。墓中发现有三具尸体，头向均朝南。靠近墓门的a尸体很大，是一名男性死者，中间的尸体b则较小，可能是一名女性死者。覆盖这些尸体的织物严重腐烂，a、b头部只残留有帽状覆面，a身上残留带

图55 阿斯塔那墓地 Ast.i.4号墓中发现的陶制和木制的罐、碗等。

条纹的丝织外衣残片。从 a 死者口中还找到了一枚薄金币，其来源与 Ast.i.3号墓中出土者相同，皆属查士丁尼一世类型，但金币只在一面铸有头像，显然又是一件更古老的仿制品。a 死者戴银眼罩。值得庆幸的是其覆面保存完好，中央为一块多色的带图案的丝绸，图案设计精美，属地道的萨珊风格，描绘的是一个很形象的猪头，棱角突出，包在一块典型萨珊式联珠纹边的织物之中。在该尸体上我们还获得了一些丝织品残片，其中锦缎 c 非常有趣，其式样无疑起源于中国早期。b 死者尸体的覆面也是用多色的带图案的丝绸做成，图案特征非常有趣，是把萨珊成分与中国主题有机地结合在一起设计的。同样，我们在 b 的眼部也发现了银眼罩。

死者 c 是一名青年男性，其头部裹有几层薄丝绸织物，现都已严重腐烂。裹在最外边的一层为蓝色丝绸，身体也裹于其中，残存的部分足以揭示覆盖死者面部的那部分丝绸上彩绘有两个侧着的人脸，各在彼此的一侧，轮廓醒目而清晰。当将尸体的头部拿到墓外准备进行仔细检查时，还未待我们拍完照片，一阵微风就吹散了尸体上的彩绘丝绸。当我试图揭开这层和其下面缠裹的丝绸时，它们顿时化成了灰烬。我们发现里面的一层丝绸上绘有红色圆圈的点状图案等。死者眼孔上盖着圆形小木片，也可能是从葫芦上切割下来的小圆形片。出土的一件精制的木梳残片表明，在木棺中也为死者随葬化妆用品。

与 Ast.i.5 号墓相连的墓葬 Ast.i.6 特别有趣，我们在墓道内发现了墓志（图 54），保存较好，墓志上的铭文给我们提供了墓中其中一名死者埋葬的确切时间。由于该墓的埋葬方式与这一组的其他墓葬一致，所以可以证明这些墓葬均属同一时期建造。经火烧的墓志表面呈浅蓝色，其铭文则为红色，均写在横竖线条画成的白色方格中。铭文是由马伯乐翻译的，内容为一名张氏官员的讣告颂词。张氏是敦煌人，在高昌任军职，享年73岁，其卒年为高昌当地年号的延寿九年，相当于公元632年[1]。从该墓志的确切纪年和 Ast.i.4 号墓中出土的墓志铭文的记录中，我们轻易就能推断出阿斯塔那墓地这一组墓葬的年代应为唐代早期，要么早于公元640年唐朝平定吐鲁番地区时，要么晚于公元640年。

在两具头向朝南的尸体中，靠近墓门的尸体 a 的葬式很奇特，其左腿从膝盖处弯曲，右腿平放在地上，一只脚紧挨另一只脚，就像活人一样。尸体是通过推动草席下面的两块砖安放到位的。因为此墓已被扰乱，所以很难确定尸体是否曾被置于木棺之中。但从尸体的大小上看，可以确定死者为一名男性。也许是劫掠者寻开心，将死者从木棺中拿出来，并特意给摆的姿势，但不管怎样，从死者身上仍可以看到临死之前痛苦挣扎的迹象。他身上穿的米色丝绸外衣已严重腐朽，一碰就碎，但残片上仍残留有用来装饰轮廓的颜色。他右手紧握用丝绸缠绕的木握手。另外一件用有图案的丝绸缠绕的木握手，是在两具尸体之间找到的。另一具尸体 b 可能是一名女性，在她的头上我们发现了一件覆面残片，是用多色的带图案的丝绸制成的，图案为萨珊风格，在联珠圈内有猪头纹。在覆面下面我们还发现了一副银眼罩。死者 b 口

1　张姓源于张氏家族或氏族，据我们所知，在唐代的大部分时间里，这个家族或氏族是敦煌的世袭统治者或半独立的首领。从公元4世纪开始，其势力已达甘肃西北部的其他地方。

含一枚薄金币，金币仅在一面铸头像，是查士丁尼一世的半身像，显示的是四分之三的面部。同拜占庭硬币上的一样，这枚硬币和Ast.i.3号墓、Ast.i.5号墓中出土的金币完全一样，无疑均为仿制品。在死者b的头旁发现了两枚完整的五铢铜钱。在高度仅为4.5英尺的墓室的西南角，于室顶处固定有一根树枝，上面悬挂有一块已完全腐朽的破布，系丝绸质地。由此有趣发现，我们可以了解到在Ast.i.1号墓室墙壁上发现的壁挂是有意识悬挂的。

　　Ast.i组墓中剩余的墓葬似乎最近都遭过洗劫，买西克说他在东北端的两个墓中留下了一些泥塑像。我们发现这些泥塑早已被那些在敞开的墓中玩耍的孩子们弄碎，而且墓中的尸体也遭到严重破坏。这两座墓葬的平面设计（图52）与前述墓葬比较更加复杂，更别致。Ast.i.7，由墓口通过一条窄墓道便可抵达墓门，进入墓门是一间面积为8英尺见方的中央小厅，此厅的两边各有一个面积约5.5英尺见方的壁龛，像是用来存放泥塑像和其他随葬品的；墓室正好与此厅面对墓门的那一边相连，长13英尺，宽12英尺，墓室内三面均有一道低矮的平台，宽度约4英尺。唯一能够辨别形状的泥塑是一件模制精美的魔鬼头部塑像；还有一件牛的身体塑像，制作得也很完美。此外还有一间木屋模型的建筑构件残件，其正面绘有一双扇门和长在墙上的花草植物，非常有趣。栅栏木桩和厚木板也可能属于此同一建筑模型的构件。从两具破碎尸体上的破烂织物中，我们发现了印花的丝绸和几块精美的绮。这些织物非常有趣，因为它们的图案设计明显具有中国特色，且与我

图56　女俑头部

图58　生面制作的小人

图57　草人

们在敦煌千佛洞中获得的有图案的丝织品有着密切的关系。

Ast.i.8 号墓有两间小前室，在其墓室中有一座用土坯修建的低矮平台，墓室面积8.5英尺见方。在此能找到的唯一的尸体的遗物中有一些破烂织物，是一些多色带图案的丝织品残片，有玫瑰花图案，使人联想到千佛洞中出土的某些织物。此墓中出土了一把保存较好的剪刀和一副头罩，表明死者是一名女性。同出的麻布片，上面有蛋白绘彩，效法织锦，很有趣。随葬的泥侍俑中，我们发现了一个女俑的头部残块（图56），发型为四面的头发均向上梳成高发髻；还有一个穿着粗糙的草人（图57），以及一个用生面制作的小人（图58），形象比较简单。

第二节　阿斯塔那 ii~v 组墓出土物

为了了解墓地墓葬的各种变化形式，我接着把工作转到了墓地西南部边缘处的一组墓葬上。这一组大约有12座墓葬，均靠近胜金口到阿巴德村的道路，看上去它们中大约有一半的墓葬最近都被盗掘过。我们在此首先调查了 Ast.ii.1 号墓，在通往该墓的墓道中，我们不久就发现了被盗扰的痕迹。一处复为流沙填平的早期盗洞处，发现了一些木棺残块、一具尸体的残部和几截曾用来拽木棺的粗绳，很明显是那些劫掠者想在日光下检查木棺中的随葬品而遗留下来的。图59纸画的一部分是在墓门外找到的，另一

图59　纸画残片

部分则是在墓室内发现的。纸画上描绘的人物都穿宽松长袍，头发都梳成一种精致的式样，并配有翼状的装饰。如果把他们穿着的服饰和头饰与千佛洞中某些壁画上的人物进行比较，就不难发现这些人物均为女性。从描绘的景物看，作者似乎试图表现死者未来的生活景象。

　　墓中仅存一具尸体，面部朝下，背上有一张席子，是最近才被从木棺中扔出来的。尸体是用印花丝绸残片拼成的织物包裹着，很破烂。织物上面还有粗麻布缝的边和补丁，腐朽严重。这种用破旧衣物或其替代物包裹尸体的方式，使我自然地联想到了在楼兰 L.C 墓地的墓坑中发现的破烂丝绸织物，当时它们是围绕尸体周围堆放的。墓中的随葬品在第一次劫掠中已被扰乱，但从获得的残留物中仍可以看出其特点。出土的遗物包括：微型木车模型构件；彩绘男木俑，手臂固定在肩上，可以转动；一件木制的牛腿，部分可能是用泥模制；一把木勺，其富于特征的弯曲的形状，表明这种勺自汉代即开始使用；一些用丝绸片和纸片做成的小旗帜；一些小衣服，如丝绸袖子，以及用多色带图案的丝绸做成的小鞋子，显然都是为死者在另一个世界使用准备的。若干圭形木牌，顶部粗绘一张人脸，底端有汉字，这些有助于我们了解沿汉代烽燧所发现的类似的木牌的用途。

南面紧挨此墓的是 Ast.ii.2 号墓，墓室长约 10 英尺，宽 9.5 英尺，其覆斗形顶高出墓壁 3 英尺（图 52）。Ast.ii.1 号墓的顶部也是如此。面向墓门的墙壁已用白灰粉刷至 1 英尺 8 英寸的高度，其上的壁画被分成了四格。最左边的一格画已被抹掉；相邻的一格，其右边画有一名男性，左边有一名女性与之相对，可能是他妻子；第三格上画有一匹马和一只骆驼，画技很糟；第四格上的一辆牛拉车仍依稀可辨，另外还有一些开花的植物。这幅壁画作品轮廓清晰，笔触大胆、粗犷，使人联想起千佛洞中出土的纸画上的技法。墓中出土两具尸体，两者均面部朝下，好像是被人从木棺中扔出来似的，一块烧得半焦的木头残块证明了这一事实。尸体是用粗棉织物和素面丝绸片包裹的，这些织物现都已朽烂。象征着死者服装及其侍从的遗物发现于墓门的两侧，它们都是被劫掠者们扔到了此处。其中包括雕刻粗糙的两件男木俑和一件女木俑；木制的牛腿；成形的木块，看上去正适于安装成一个框架，可能用于一间房屋模型的建筑构件；微型车轮；微型的旗帜等。极有趣的一个发现是一件在古时候即曾修补过的椭圆形黑色漆木碗，其特征很典型，与沿汉代烽燧所发掘出土的木碗的形制极为相似。一件大漆案，已碎成了好几块。两件高足陶盘，与阿斯塔那墓地 i 组墓中出土的陶器的形制区别较大。这组墓（ii）中清理的另外两座墓中没有发现什么有趣的遗物，其中一座为空墓，另外一座墓中只发现一具尸体，尸体的包裹方式与 Ast.ii.2 号墓中的尸体一样，在尸体旁没有发现任何随葬品。我们注意到墓地 ii 中的这些墓葬的墓门均朝向东南。

我们接着发掘的 Ast.iii 组墓靠近墓地的西北端，这组墓葬地表都具有规整的茔圈。茔圈内有 9 座墓葬，墓向均朝西南，其中一些近期已被盗掘过。位于前排中间的一座墓 Ast.iii.1，有两个长方形前室和一个 8 英尺见方的墓室。除在墓室中的放置木棺和尸体处的平台棺床上发现大量散布的面点外，没有找到其他任何遗物。这些面点保存完好，形状各异，如图 60 所示，其中最具代表性的是不同种类的花形果馅饼，有精美的花瓣边，中央仍残留有果酱或类似东西的残迹；还有蝴蝶结和其他卷形面点、十字形分开的小面包、脆饼干和麦秆形的点心。其中更精美、更能体现制作者精湛技术的面点有薄的有装饰的威夫饼和 S 曲线状镂空饼，还用枝状花饰进行了装点。此外，还发现了一些发黑的葡萄干，保存得比较好。从上面这些面点的易碎程度看，简直让人难以相信木棺被挪走之前，这些面点就已被放置在发现时的位置，但没有发现原先盛装这些点心的盘子或其他类似的容器。

Ast.iii.2 号墓位于 Ast.iii.1 号墓的东边。买西克说，几年前他

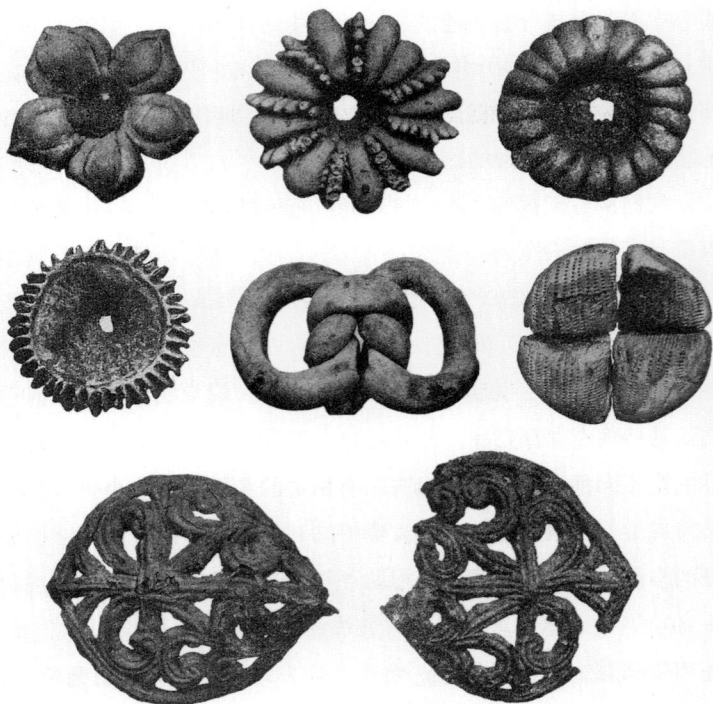

图60 各种花样的面点

曾搜查过此墓，而且还记得在墓中见过许多泥塑像，我们在此墓中发现的有趣遗物证实了他的说法是正确的。在清理该墓墓道时，在墓门外发现了一枚开元通宝，形状与唐代流通的硬币一样，几乎一点都没有磨损和锈蚀。如图61所示，墓室有两个狭窄的前室，里边的前室有一个圆形壁龛，深3英尺，两边都适合安放代表死者在另外世界中的守门神和侍俑的泥塑像。在靠近墓室后壁的棺床上有一具腐朽严重的尸体，墓室长12英尺，宽10英尺。从包裹尸体的织物中，我们发现了有图案的或者彩绘的丝绸残片，有图案的纱和面纱。在棺床前面的一边有一尊泥塑的镇墓兽（图61），头作露齿而笑的人头，身体似美洲豹，臀部着地蹲坐，头戴一顶三角帽。其头部模制得比较好，而身体所施彩绘拙劣。身体前部饰粉彩，后部饰蓝彩，全身布满了鲜艳的红色圆点；它身后附加着蓝色的尾巴和四只羽毛翅膀，均已被毁坏。它同下面将要谈到的两个镇墓兽的功能一样，是用来驱赶死者住处的魔鬼的。

　　紧挨墓室的前室西部的小龛中置有另一件镇墓兽，见图61左侧，头半人半兽，似公猪，显眼的绿色眉毛，突起，头戴一顶彩虹色尖顶帽，身体上绘满黄色，带鲜艳的红色圆点。在对面的壁龛中，发现了第三个怪物（图62），较其他两件保存得要完整，并且还可以来回移动。该镇墓兽为龙首，狮子身，身上所饰的彩极不和谐，但非常鲜艳。它那卷曲的翅膀是用木头做的，上面再绘彩；而刷子似的尾巴则为泥制，也经彩绘，上面有许多各种颜色的条带纹，很生动。这些形似怪物的镇墓兽的准确身份还有待汉

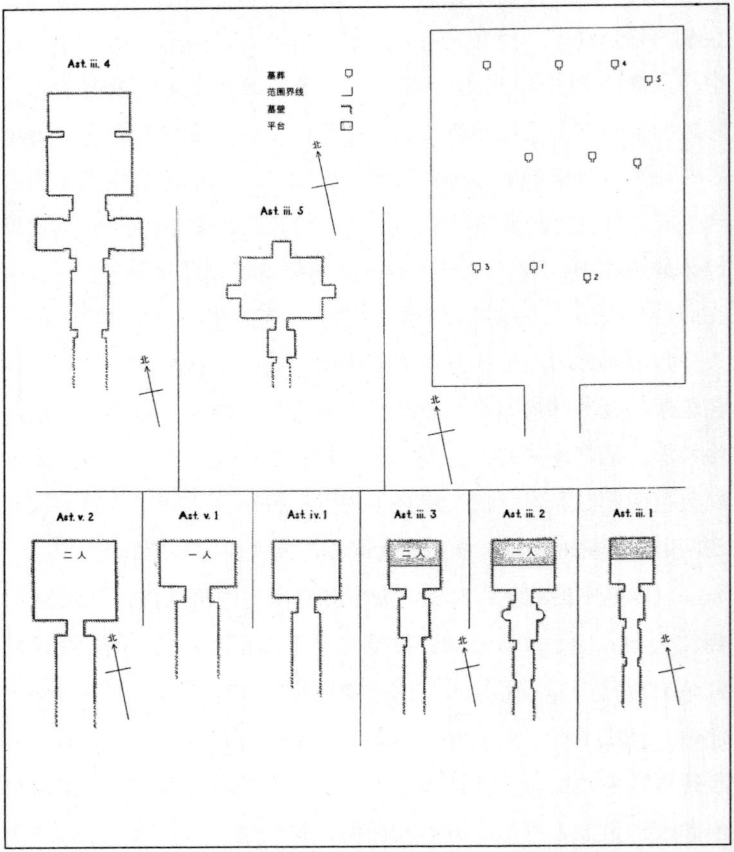

图61　阿斯塔那 i、iv、v 墓地墓葬平面图

图61　阿斯塔那 i、iv、v 墓地墓葬平面图

图62　镇墓兽

学家们去做进一步的探讨。

　　在东边的同一壁龛中，还发现了两匹泥塑马和一只骆驼，摆放零乱。两匹马都带马鞍（图63），骆驼模制得也很精细，但现已残破。马高约2英尺，看上去很有生机，属精心制作完成的作品，是唐代雕塑中惯常出现的马雕塑中的代表作，也与千佛洞壁画上出现的马的风格一样。这些马头小、颈长，形体优美，令我想起了现在的巴达克斯品种马，这种马在帕米尔地区内外都非常值钱。这同一座墓中还出土了形制相同、但制作较粗糙的类似的泥塑马（图64），这两匹马上的马鞍和鞍垫制作工艺精湛，而且还很别致，鞍垫上的装饰无疑照搬了努木达或毛毡上的刺绣图案，或与新疆地区仍普遍使用的马鞍垫上的图案一致。图63马鞍上发现的精美的花朵和棕榈叶图案，与千佛洞出土的某些丝绸画和壁画的边框

图63 泥塑马

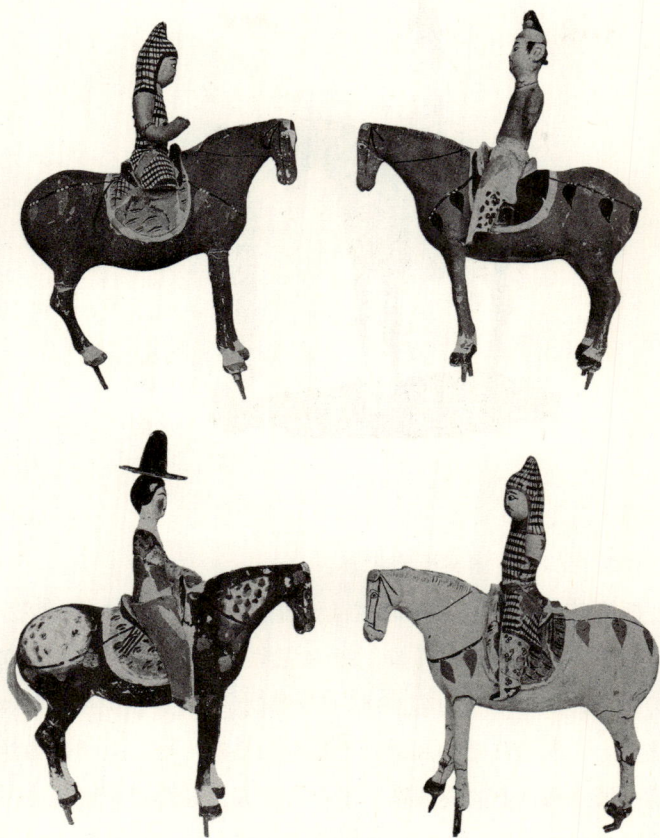

图64　泥塑马

图65　女骑俑

上用作装饰的花卉图案极为相似。

　　西边的壁龛内及其外面胡乱地堆放着许多较小型的泥塑马，骑士俑或在马上，或在马旁。图64泥塑马上的精致的鞍鞯引起了我的特别关注。马鞍为窄尖顶，呈高峰状，放置在虎皮鞍垫和白色垫毡上，同唐代雕塑和壁画上描绘的马鞍一样。其他值得注意的还有那些马具上的装饰品，带有大流苏，装饰得非常精美，同类装饰我们在丹丹乌里克发现的彩绘木版画和萨珊雕塑中均有发现。骑俑除一件外，其他均为男俑（图64），或穿鱼鳞铠甲和尖顶头盔，或穿紧身外衣和戴高叶帽（幞头——译者），与千佛洞较早

图66 立俑

期壁画中的供养人的服饰部分相似，而且还与佛传壁画等中描绘的某些人物的准古式服装也很相似。男骑俑面部塑造较粗，经彩绘；女骑俑（图65）的塑造则较为精致，梳高发髻，从面部上看无疑表明她们都是汉人。女骑俑的发型也见于敦煌千佛洞壁画中的一些较早期供养人像的流行发式，而且她还戴有奇特的用泥土塑制的尖塔顶帽（图64，左下）。

所有的骑俑和立俑（图66），显然都是死者在另一世界的侍从。其中还发现了一件头部呈鬼怪状的泥塑像（图66，右一，为十二生肖俑——译者）。所有的人物泥塑内核的下端都有一根较长的木头，主要是便于直接竖立在地面或者插在泥塑马上。此墓中出土的随葬品还包括：有彩绘图案的木豆；一串保存完好的葡萄干；各种花样的面点，形状与 Ast.iii.1 号墓中出土的面点相同；一个装满稻壳或其他谷物壳的小帆布袋和一个小漆奁。两件汉文文书残片（内容是一张表）可能出自木棺，这些纸片同那些用作人物手臂的纸卷一样，可能是用来填充那些完全被毁坏的泥俑内芯的。

Ast.iii.3 是 Ast.iii 组墓前面一排（图 61）墓葬中最西边的一座。内侧墓室的平台上有两具被毁坏的尸体，我们在这里只获得了一些丝绸残片，与包裹尸体的各种织物残片混杂在一起，其中有一块丝绸，如同用防护剂涂抹了一样，上面绘有一种花卉图案；此外还有一把精美的木梳；一堆卷在一起的汉文文书残片，是在尸体的前部发现的，是废纸或类似的东西。根据买西克和我们自己在别处所获得的经验，可以推断这些纸片很可能是用来填充木棺的填充物。

许多废纸上的内容明显地具有文物价值，马伯乐先生详细分析了其中一些文书的内容，并为我们提供了一些他释读的结果。小纸片中除一件道教文书、一封私人信件、一份有关谷物的账单及诸如此类的文书外，其余都是些官方文件。内容涉及长行马或其他承担邮递任务的牲畜的官方记录，这种邮递形式是公元 8 世纪早期中国设在西州或吐鲁番的管理机构所维持的。在一大片的文书中，有两份记录，记载的是唐开元十年六月长行马的分配和使用情况，年代相当于公元 722 年，它对每个动物的年龄、性别和特殊标记等都一一准确详细地进行了记录；这些牲畜返回时的状况及其负责人等也都适当地做了记录。我们还意外地发现了关于安西都护汤嘉惠的离任材料，关于此人，在《唐书》中也有记载。

其他一些也属于公元722年以后的文书，涉及由蒲昌所维持的用马和其他牲畜这种邮驿设施来进行邮递服务或其他官方用途的内容。当时蒲昌是独立于西州的（应为西州下属的县——译者）。他们将马匹照看得非常仔细，不仅要记录它们使用中的各种状况，而且还要记录那些因死亡而被丢弃的马的情况，关于它们的皮子等内容也都一一详细记录。更有趣的是一卷有关诉讼的文书，记录了公元743年某一官员榨取下级钱财和类似的恶劣行为的内容。实践证明，在阿斯塔那墓葬中发现的废纸上的这些记录以及其他同类记录都具有重要意义，因为通过这些记录，我们可以了解到唐代行政机构的日常工作中处理的各种事物。

我们接着调查的是位于茔圈东北角的 Ast.iii.4 号墓，出土遗物非常丰富，正好弥补了前一座没有出土随葬品的空墓的缺憾。如图61所示，该墓墓室设计精美，首先由一个外间通到一个十字形房间中，然后才能进入墓室。墓室是一种高于地面1.25英尺的凹室，随葬品大多已被早期劫掠者们破坏，尽管如此，我们还是有一些有趣的发现。墓主人的尸体在墓门外的墓道中出土，头部已不见，显然是将木棺拖到明亮处进行搜查时扔到此处的，随后在墓内找到了墓主人的头颅。尸体是用各种各样的破烂织物包裹的，其中包括素色或单色图案的丝织品碎片，粗棉布和薄皮子。在墓主人的一只脚掌上发现了一张破纸片，上面有汉字，其用途想必与那些破旧织物相同。我对一年前在楼兰 L.C 墓地的墓坑中发现的与尸体缠绕在一起的破烂不堪的各种织物的解释，恐怕至今都不能更令人信服和满意。

　　在侵入前室的堆积很高的流沙中，我们意外地发现了许多泥塑像，除个别外，大多都已被破坏，人物塑像与 Ast.iii.3 号墓中出土的相似。其中包括一个模制较好的大夏骆驼塑像（图67），饰粉白色彩，仰头向上望，酷似在走动中的真骆驼。一个精心完成的女塑像（图68），其穿着和发型都与千佛洞中的两个早期壁画中的供养人很相似。一组用木头和泥塑造的人物的头部（图69）都是精心模制的，头戴黑色幞头，与千佛洞同类壁画中供养人头上的帽子一样，同时还与佛传故事中描绘的不同人物的帽子一样。这两个泥塑人物的服饰大多已残失，仅残留一小块。图70同样是一尊泥塑的男俑，头部模制精美，非常自然流畅。彩绘的木头残片很多，包括微型栅栏、桥模型和拱形木头，看上去都像是建筑构件模型，可能是打算用来营造一座天宫，如同千佛洞壁画中常见的图案或景象中的一样。一个木支座的残块，引起了我的特别关注，它们的形状与正仓院中的支座相同，而且上面彩绘的飘动的棕榈叶纹饰也一致。同样，木头残块也属于一件相似的支座模型。未经盗扰的墓葬 ix.2 中也出土了同样的支座。这些支座可能是用来为死者摆放面点心或其他类似的供奉物的。此类遗物还有成串的

图67 大夏骆驼塑像

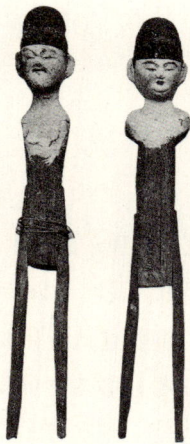

图68 女塑像 图69 戴黑色幞头的男俑 图70 泥塑男俑

图71 丝绸画

纸钱和用丝绸做的叶子，无疑也属于此类供奉物。

　　此墓中出土的遗物中最令人关注的是丝绸画（图71），遗憾的是现已残破成无数小块了，而且这些残片非常容易碎，在清理墓室中的沙子时，只有非常小心仔细才有可能安全地将它们复原出来。至于此画原来悬挂在何处，现在已无法确定，但通过观察其中一大块丝绸画面的布局（这部分画面中最有趣的部分已复制出

图72　丝绸画残片

来了，见图71)，可以清楚地看出这些残片是属于一种卷轴画上的。
当该墓葬遭到盗掘时，劫掠者们搜查古玩时虐待和破坏了它。图
72显示了残片的主要内容和特征，但这些残片不是有意识地按其
相关内容重新进行组合安排，仅仅是为了便于拍照而随意摆放的。
通过将前面提到的那一大块残片与能够显示框架结构的残片以及
原先用来分隔画面的棕色丝绸条带连接起来，就呈现出了下面这

图 73　Ast.iii.4 号墓中的壁画

　　幅可显示这些画面的大致排列方式和比例的草图（图 73）。

　　安德鲁斯先生除了对单件残片作了详尽的描述，无疑还使得我在此避免了对这幅画的基本特征作一些赘述。但是尽管如此，我在这方面要做的工作，因为受到了一位杰出的专家劳伦斯·宾勇先生的垂顾而大为增色，他清楚易懂地总结了这幅画的特点及其艺术魅力。经宾勇先生的许可，很有必要在此将他的观察和分析重述一遍，其观察直接涉及这幅画的主题，这对远东艺术的研究者很重要。

"这幅画的构图看上去很清晰，是一幅中楣式的画，它要么是卷着的，要么是展开的，是用薄的棕色锦带粘在画上将画面分隔成几组，而且画的上下边也用这种方法制作。其中一个纵向分隔画面的条带保存完整，由此我们得知画面高约21英寸，还得知一幅画面——可能还是所有画面的宽度为8.5英寸。每一组画面上都有一群人站立于树下，这些人物有些是年轻女子，有些是其侍从，有些是舞伎和乐师。图72中就显示出了分组的状况，尽管我们不能说树的上部分一定就必属于下面的类似棕榈的树茎，却与另一组画面中的树相同。越加仔细研究每块残片，就越加觉得这幅画原先一定很大，而且第一眼看上去似乎是属于同一组的残片，实际上它们毫无关系。例如，我试图找出在图72中的棕榈树下那一组画的红色裙子的位置，但这组画面中的裙子边缘为一种三个白点的图案，而不是四个点的图案。这种图案在图72右边的侍从的袖子上出现过，但她站立在一棵硕果累累的树的花枝之下，应属于另外一组不同的画面。同样的服饰在不同的画面中重复出现过。"

"三片绿叶中有两片看上去属于同一棵树，第三片则不同，可能是桑树叶。这表明它们分别属两组不同的画面。棕榈叶应属第三组画面，如果没有其他更多的话，至少还应有一组画面，上有一棵开着花的果实累累的果树。图72中那位小姐头后面的竹子似的茎又属一组画面，即第五组画。从整个画面的景象看，似乎表现的是一幅迎春图。"

宾勇先生进一步指出了这些丝画残片上的人物细部和整体风格的特征，我们发现的这些残片，与"日本某些最古老的绘画艺术品之间具有联系。棕榈树下的小姐和侍女的神态和表情，使人联想起日本皇室收藏品中收藏的著名的圣德太子和他两个儿子的肖像画"。侍女服饰的细部都很相似，比如长袍上的装饰图案，系用小点排列成菱形格子图案。一个更显著的例子，是一幅保存在正仓院的屏风上的画面，在每一组画面中都有一个漂亮的女子站立或坐在树下。

"不仅仅是构图相同，这类女性代表了一种理想的美——唐代的审美观是面庞丰满、圆润，小口，嘴唇丰满、红润，以及一副雍容的体态。绘画体现了此种传统，具体如颈部绘两三条线表示皮肤的皱褶，浓密的头发呈高高盘起的发型，而且在额头上扎个大结。在这两幅画中我们都能看到在女性的前额和面颊上彩绘圆点的时尚，毫无疑问是日本的绘画模仿了唐代绘画艺术的原型，甚至比以往推测的关系还要密切，然而在中国的另一个地方能找到这令人信服的证据是多么有趣呵！我们推测，在这一时期的世俗绘画中有一种统一的理想风格，从大唐帝国的东部一直流行到西部，甚至流传到了国外。从阿斯塔那墓葬出土的绘画残片中，我们找到了公元8世纪早期中国中央画派的一个天才回声。"

宾勇先生推断的这一时期在中国世俗绘画中盛行的统一理想

风格，是通过分析两幅绘画遗物而获得的。这两幅画是橘瑞超在吐鲁番发掘时获得的，它们的构图不够精美，绘制亦较简单，但是在主题和制作上，显示出一种相似的特征。其中一幅画上署有相当于公元716年的纪年文字，宾勇先生提及的那幅日本绘画似乎也可以归为公元8世纪早期的遗物，那件屏风及其"树下美人图"画面的年代可追溯到公元748年之前，即开始向正仓院奉献珍宝之时。

尽管最近尚未发现有纪年的文书依据，但也可以根据考古发掘出土的同时期的遗物的细部特征来确定绘画的年代。此墓中除了出土了前面谈论的精美的丝画残片，没有发现随葬的题铭遗物，同样在这一组（iii）墓中的其他墓葬中也没有发现任何此类遗物。此墓与其他墓葬一样，都缺乏有纪年的文字材料，也就是可以提供确切埋葬日期的遗物，这主要与当地人将墓中出土的砖墓志视为珍贵的铺地材料有关。特别值得庆幸的是我们在 Ast.iii.4 号墓中发现了两打揉成团的汉文文书，其中有些比较完整。通过观察其他墓中出土的同类遗物的情况，我们推测这些纸张的用途主要是支撑和保护木棺中尸体的。在 Ast.iii.4 号墓中发现的废纸中，至少有8件证实有确切的纪年。这些纸张都已被扔在了木棺外面，可能是劫掠者们将尸体拖出到墓门附近进行仔细搜查时造成的，木棺也因此而被破坏成木块。这些文书使得我们能够准确地推断死者的年代。在将这些纸文书送给马伯乐先生之前，吉列斯博士进行了初步释读，并为我提供了以下信息：其中5件较大的纸张是官方记录，上面有神龙元年的纪年文字，相当于公元705年；另外3件（其中有一件为租地契约）上面的纪年分别相当于公元690、693和709年。从这些纪年纸文书提供的年代依据，我们可以推断出这些墓葬的埋葬时间为公元8世纪的最初25年或略晚——这个结论与前面依据此墓中出土的绢画残片的风格和细部特征推断的年代则完全一致。

我们从马伯乐先生那里得到了前面提到的那5件汉文文书的附注释的译文，文书中不仅有公元705年的确切年代，而且其内容的考古价值也是不可估量的。文书属于一种报告或命令，内容是有关公元705年的早些时候，在西州或吐鲁番地区所饲养的用于邮驿及其他官方用途的长行马的损失情况。对马匹的死亡情景、地点等都有准确的记录；通过兽医的诊断及其他官员的调查情况，说明了马匹损失的原因和责任承担者，并都一一进行了完整的记录；有关死亡的马匹的皮送来时的状况和马肉是否可以出售等方面的信息，也都作了记录。提到的马匹丢失的具体地点，再结合《唐书》中提供的具体年代，有助于我们找到过去经常使用的路边驿站，那时和现在一样是从吐鲁番盆地到伊州或哈密、北庭、焉耆的。这些离奇而有趣的记录很好地反映了当时运输必须经历的重重困难，因为如同今天一样，这里大部分都是沙漠，此外它们还让我们进一步了解到了唐政府是通过设立精密的组织机构的方式，不断地克服自然环境的困难，并达到节约资源的目的的。

在同一茔圈的东北角的第五座墓（Ast.iii.5）也被搜查过，经证实是一座空墓，墓内充满了流沙，说明此墓早已被打开和洗劫过。如图61所示，此墓的形制比较特殊，墓室内有小壁龛。其余的四座墓看起来似乎最近也都被搜查过，因此也就没有发掘。最后关于这一组墓，无论从墓葬的总体情况观察，还是对墓葬中的出土遗物进行分析，它们都非常相似，我可以断言它们大致属于同一时期。在Ast.iii.3和Ast.iii.4号墓中出土的有纪年的文书材料证明，这一组墓葬的年代暂时可定为公元8世纪前期。

在位于ii组墓东边的一组墓中的一座墓的墓道口，我们当中的一个人发现了一块砖墓志，我将此墓编为Ast.iv.1号墓并做了清理。该墓的墓室比较小，内部几乎被沙子充满，只有一具尸体，已腐朽不堪，墓室内没有发现丝毫能引起注意或兴趣的现象或遗物。墓志铭文是书写在蓝色底上的6行红色汉字。铭文中的纪年是由李师爷拼读的，经吉列斯博士考证，相当于公元698年。

在墓道口附近又发现了一块大的砖墓志（图74），这促使我们把注意力集中到了墓区中靠近中央的带茔圈的一组墓v上。发现墓志的墓葬的墓口向南，恰好对着茔圈的入口（图51、67）。墓内有一具尸体，已遭严重破坏，死者身上残存深紫色丝绸外衣残片。在靠近尸体头部的部位描绘有两个清晰的面部，相对，下部为白色和红色曲线，可能是两躯相互缠绕的蛇身部分。丝绸覆面的中心部分已完全腐烂，但有足够的残片显示它是用一块多色带图像的丝绸做成的，装饰有萨珊风格的大团花，还用素面丝绸褶边作边饰。用蓝色丝绸外罩覆盖着尸体，这与我们在Ast.iii组墓中见

图74　砖墓志

过的用各种破织物包裹尸体不一样。然而用写有汉字的废纸做成的鞋表明，此时已试图用废料给死者做寿衣了；其中一只鞋是在墓内发现的，另一只则在墓外发现。毫无疑问，我们也可以推断那些用几层汉文文书做成的上面绘彩的纸带，是用来代替腰带或其他缠绕的装饰带。

在此墓外发现的墓志（图74），上面的铭文很长，在暗颜色的底上书写着20列红色汉字，铭文现已全部被马伯乐翻译出来，并且还附有注释。墓志记录的是麹氏高昌国"武牙将军"范永隆的遗孀贾氏的妇功四德等德行，年代为高昌被中原王朝吞并之前（墓志原文为"卫武牙将军范永隆故夫人贾氏墓志"——译者）。据记载这位女性是高昌当地人，是前政权中郎的女儿。据说她于乾封二年去世，即公元667年，享年75岁，被埋葬在城西北墓葬区其丈夫的身边，这个位置恰好是高昌城西的阿斯塔那墓地。马伯乐在注释中还指出，根据汉文文献的记载，与已故的丈夫同葬于一墓的习俗是中国古代的一种传统习惯。从墓志上的记录可以推测出此墓原来必定埋葬有第二具尸体，这一推测似乎已得到了证实，因为我们在清理墓道时，发现了一只大纸鞋，也许是劫掠者将木棺连同那一具尸体拖到光亮处进行搜查时，从中扔出来的，但我们始终没有发现这第二具尸体。尽管我和阿弗拉兹·古尔当时都不在场，但我们都没有理由怀疑墓志发现地点的准确性。

位于 Ast.v.1 号墓西部的 Ast.v.2 号墓中出土了两具尸体，其中一具保存较好，可以辨认出是一名女性。两具尸体都用素面的白色棉布和丝绸包裹。其中一具尸体的面部覆盖一件用多色带图案的丝绸做的覆面，上面有用素面白色丝绸做的饰边。覆面上有图案的丝绸非常有趣，不仅是因为其图案设计为萨珊风格，而且还因为其织法也很特别。值得庆幸的是这块丝绸保存得相对较完整，只有下半部分缺失。图案为两个大团花，一个在另一个之上，每个团花中都有两对相对的动物，团花的拱肩上有其他成对的相对的动物。在女性口中发现了一枚银币，腐朽严重，但从其大小和图案上能准确地辨认出是萨珊银币。这枚银币，再结合与此墓相连的 Ast.v.1 号墓中出土的墓志，可以确定这一组墓葬与 Ast.i 组墓葬的年代基本一致，即属于同一时期。两名死者手中都各握一件木握，与 Ast.i.6 号墓中出土的一样。该墓中还出土有公元632年的纪年墓志。在墓室墙角的木钉上发现的两张乳白色丝绸小残片，是墓室后壁壁挂的所有遗存。

第三节　阿斯塔那未被盗掘的墓葬

为了考察墓地北边那些相互隔开、不带茔圈、没有明显分组的墓葬的总特征，我接下来发掘了墓地中相对孤立的墓葬 Ast.vi.1。这座墓葬的封土堆较一般的墓都要高，墓室面积为11英尺见方，距地表深15英尺，墓顶为覆斗顶，模仿的是犍陀罗和克什米尔寺庙的建筑方式，在奇特拉尔、马斯图吉等地，也能见到一些现代的例子。墓室高度为7英尺，内葬三人，三具尸体都被扰乱且被严重损坏，凌乱地堆放在粗制的草席上。死者的头部均与身体分离，尸体已腐烂，但骨架上依然包裹着很厚的破烂织物，这种包裹方式与我在楼兰 L.C 墓地的墓坑中的发现惊人的相似。在这些破烂织物中，我发现了一些很有趣的纺织品，除大量不同颜色的素面丝绸外，还有精美的多色带图案的丝织品，其图案具有鲜明的中国风格；此外还发现有锦缎上的刺绣残片，素面丝绸或薄纱，还有彩色纱和花结印染成的有图案的丝绸。用棉毛布缝的补丁和包边残片清楚地表明这些丝织品残片都是穿破的旧衣服上的部分，它们被胡乱地用来包裹尸体。

该墓中的随葬品均已被早期劫掠者扰乱，发现的遗物有三个粗制的木俑，一个是女木俑，两个是男木俑。两个男木俑非常有趣，因为他们所穿的外衣均在胸前交叉相叠，很有特点。其他各种遗物中在此值得提到的还有：两双小鞋；一张微型弓和箭袋，箭袋内装有箭；用木条固定的草席，可能是箱子的一部分。在墓门外侧发现了一枚上面写有汉字的木简（经吉列斯博士释读，上写有升平年号，大约相当于公元364年，升平系东晋穆帝的最后一个年号，他于公元361年去世（364年为延用升平年号，即升平八年——译者）。朝向墓门的墓室后壁（东壁）都刷成了白色，有2英尺高的墙裙，上面拙劣地绘有粗线条的轮廓和鲜艳的色彩。自右向左描绘的内容是：一棵树和花卉窗花格；两个女性和一个男性，他们的跪姿与千佛洞壁画上的供养人的姿势一样；由几头公牛拉的两轮车，前面还有车夫，在此图之上还有一只跪着的骆驼。

Ast.vi.2号墓坐落在距Ast.vi.1号墓东北350码的地方，墓内葬一人，男性。人头和双臂都已散架，尸体是用破烂衣服包裹的，上面再用米色和蓝色丝绸覆盖整个尸体。在这些破烂织物中有蓝色印染丝绸，上边缝有两块有图案的长方形丝绸，图案是一条龙和一只带翼的狮子，是典型的中国风格的图案和制作工艺，它与

L.C 墓地出土的有图案的丝织品非常相似，特别是其罗纹织法与这些织物有密切关系。整块织物看起来似乎像是披肩，或者有意制成有带子的披肩式样的东西。有一件木俑，头部保存较好，头顶上有发髻，残留稀疏的髭须。其他各类遗物还包括一件雕刻粗糙的男木俑，一双用丝绸和废纸制作的鞋，以及一件用同样方法制作的匕鞘套，做得很逼真。

在 Ast.vi.2 号墓西北约 500 码处，靠近墓区边缘有一小组墓葬（图 51）。我们在此调查期间，其旁的浅渠沟中由胜金口流来的河水已结成了一层薄冰。尽管靠近潮湿的小渠，距地表约 16 英尺深的 Ast.vi.3 墓室内却仍很干燥。墓室中有两具尸体，都惨遭劫掠者的破坏，但仍可辨认出是一男一女。这两具尸体也都是用破烂织物包裹的，其中一些残片都是素面丝绸外衣的残余部分，上面都有丝毛衬里和包边。死者脚上穿的鞋都是用废纸做成，鞋面上罩一层丝绸面。另外一双鞋则都是用纸做成。这些都是随葬品的一部分。其他的随葬品还包括漆奁，带鱼尾柄、背面写有两个汉字的木食案。此外还有汉代烽燧等地出土遗物中常见的船形木耳杯。

尸体上残留的纺织品遗物还有深红色丝绸残片（图 75），上面圆点图案成行排列；还有一块精美的薄纱。特别有趣的一块残片用蓝色丝绸做成，上布满白色圆点构成的菱形纹图案，背面粘着两个长方形刺绣条带（图 76）。两块织物上的图案设计相同，都使用的是链状针迹工艺，都是生动的花卉图案，显然是中国生产的。

最后值得一提的是在墓口发现的一幅纸画（图 77），画面轮廓

图75　丝绸残片

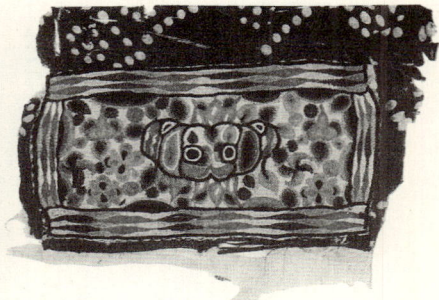

图76　丝绸残片

和着色粗糙，可分两部分，描绘的是另外一个世界的节日景象。内容包括一个重要人物坐在平台上，手中端着一个杯子，还有几个姿势各异的侍佣、几个乐师和一个舞者；另一部分描绘的是果园和一辆刚抵达的牛车。画面中人物的服饰清楚地表明，绘画者是以当时的实际生活为模型进行创作的，是当时生活的真实写照。这种题材在汉代壁画墓中非常普遍。

　　Ast.vi.4号墓是我们考察的散居墓地北部的墓群中的第四座墓葬，它位于Ast.vi.2号墓东南约200码的地方。这座墓葬的墓室为8英尺见方，其墓顶为开凿在叠加的正方形中的锥体形状（即方锥攒尖式或覆斗式——译者），开凿方法与Ast.vi.1号墓完全一致。墓室中细砾石的墙壁被抹平，表面平整光滑，并都被刷成了

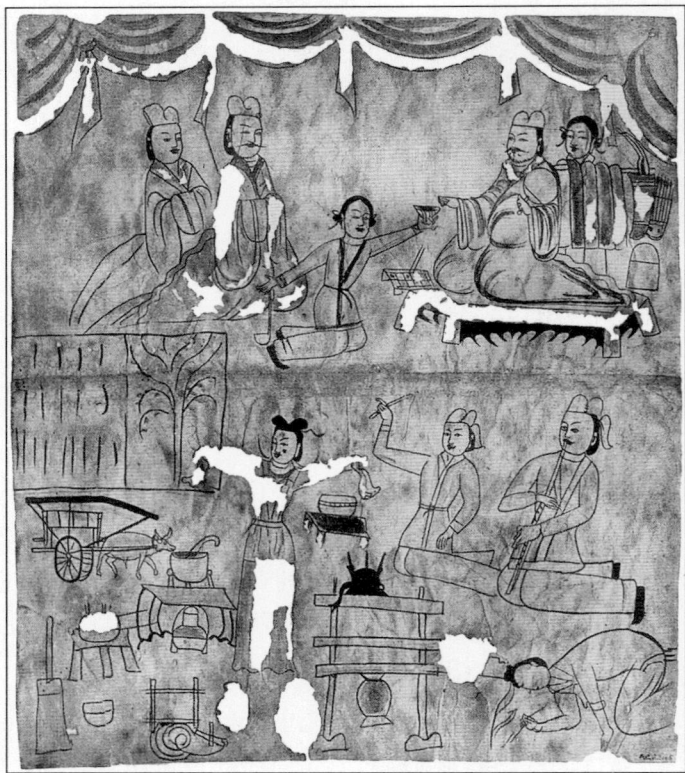

图 77　纸画

白色，有高达3英尺的绘画墙裙，画面依次延伸，环绕墓室的三面墙。画面轮廓较粗，且上面随意乱涂成团，其风格在一定程度上与 Ast.vi.3 号墓中出土的纸画很相似。在墓门两侧各绘一只狮子形的怪兽。在墓门右侧的南壁上绘有一些马、羊、牛和一只骆驼，此外还有一个形似中国牌坊的拱门，在此门之外的地方绘有一个厨娘，看上去正在做饭。在正对墓门的后壁上绘有一个男性，他坐在地毯上，其妻子和三个侍从正面对着他，还有三个佣人端着贡物从后边走来。主人头上的黑色头饰使我们联想起在千佛洞的某些壁画中看到的幞头。北壁上绘有一棵树，隔一块空白绘有另一幅画面：下面是一辆牛车，上面还有一只骆驼和其他一些动物。我很遗憾没能拍下这些粗略的壁画，或者通过其他方式复制这些活泼的画面。

我们在此墓的一个角落里发现了一具破坏严重的尸体，是被早年来此寻宝的劫掠者们扔到一堆遗物中的。墓中的随葬遗物也大多被破坏，因为大部分遗物都是木质的。其中包括一些木俑，雕刻得很粗，且都经彩绘，有男性和女性；一些家具模型，家具腿的末端一般呈狮子爪形；一件马车模型残部等。值得一提的有圆形奁盒（图78），特别是它们上面的彩绘图案。最有趣的一件遗物是一只工艺精美的锦鞋（图79），已织成了形，它是用三块织物做成的，每一块都是一个长方形条带，上面的图案是一只展翅站立的鹅，长方形块和图案的颜色都相互交错，在鞋尖处有其他一些带条纹和小汉字。

图78　圆形奁盒

图79　锦鞋

☐ Buff ▨ Crimson ▨ Green ▨ DK.Blue

图80　彩色丝绸

　　紧接着调查的是 Ast.vii.1、2号墓葬，这两座墓葬分别位于阿斯塔那墓地两个主要墓葬集聚区之间的遭破坏的建筑遗迹的东边和西边（图51）。在清理 Ast.vii.1号墓的墓道时，发现了两件婆罗米文文书，上面的文字可能是库车语。这些是阿斯塔那墓地发现的仅有的非汉文文书遗物，看上去像是从某些文件中失散的。墓室中有三具尸体，其中两具尽管已被从棺床上扔了下来，但保存得比较好，身上的衣服是用素面棉布和未经印染的丝绸做的；第三具尸体已被劫掠者剥光，扔在墓室的一个角落，尸体已被严重毁坏。那些带条纹和上彩的丝绸残片大概都是这具尸体上的。前两具尸体的头部都有覆面，其做法与常见的覆面一样，是用一块彩色图案的丝绸，周围缝一圈素面丝绸作褶边制成。在图80中，彩色丝绸的图案是精美的菱形网格纹，系萨珊风格的一种变体，其中最具特色的是那心状图案构成的饰边。在此死者的覆面下面，眼睛上有一副银眼罩，其脚穿精美的染漆的帆布鞋，脚趾部分向上翘。另一具尸体头上的覆面，也是用彩色有萨珊风格图案的丝绸做成的，但丝绸的织造工艺较粗糙。在尸体旁我们还发现了一些汉文文书残片。

Ast.vii.2号墓位于被破坏建筑物的西北约200码处，买西克曾经搜查过此墓，他依然记得在里边曾看到过许多泥俑。如图81所示，这座墓葬的结构比我们以往考察的任何一座墓葬的结构都精美、复杂：它有两个带棺床的墓室，除一条前通道外，还有一间方形前室，其两侧都有面积约7英尺见方的耳室。墓室为圆锥形顶，超乎寻常地高达11英尺，墓室中除毁坏严重的尸体外，没有发现任何其他遗物，而且尸体是用素面的棉和丝绸尸衣包裹的。在外侧的墓室及前室中有一些汉文文书残片出土，这些残片可能是出自木棺中。根据吉列斯博士提供的释读，他认为这些文书大部分都是官方文件，有些文书上面有红色印章，但没有一件

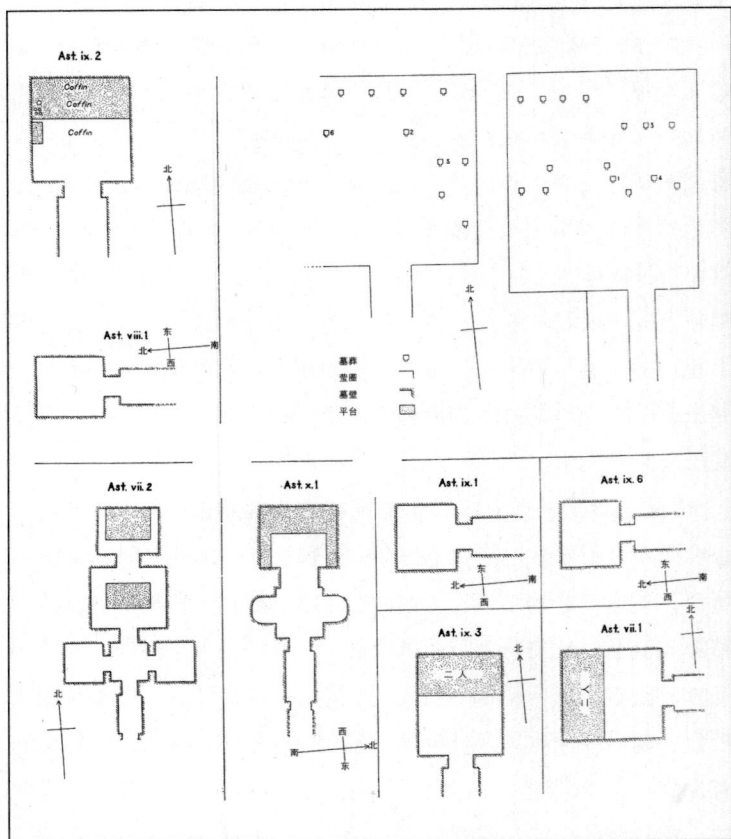

图81 Ast.ix 墓地墓葬平面位置图

图82　鬼怪头

图83　吹乐器的骑手

文书上标明有确切的纪年。墓室两侧的耳室中有数量可观的泥俑出土，形制与我们描述的 Ast.iii.2 号墓中出土的一致，但不幸的是几乎所有的泥俑都惨遭"寻宝人"的毒手，被严重毁坏。其中能够勉强移动的遗物有一件模制精巧的龙的残部；一件鬼怪的头部（图82），做成奇形怪状的人的样子，处理得很幽默；几匹马，与前面描述的形制完全相同；几名骑手，其中一个正在吹奏管乐器（图83）。一只巨型的独峰驼，因破碎严重而无法移动，然而从其制作得并不好这一点上可以看出，制作者对这种骆驼根本不熟悉。

一块方盘模型（图84），上面标有黑白色小圆点，可能是用来玩某种游戏的。一件指挥棒式武器的木模型（图85），在其彩绘的鞘上面画了一幅生动的狩猎场面图，画面上一个骑马奔驰的猎手，正回头用箭射一头扑上来的豹子。

从 Ast.vii.1 号墓向北前进，我们接着打开了 Ast.viii.1 号墓葬（图81），此墓在一个较小的茔圈内。尽管很早以前此墓就遭盗掘过，但从墓道中找不到近期被搜查的迹象。在墓道的西壁上有一个浅壁龛，与我们常见的用来放置墓志的壁龛一样，在此我们发现了一件特别的遗物，是一件保存较好的绘彩泥俑（图86），圆脸，男性，绝对不属于蒙古人种。从其深目和细桥似的鹰钩鼻子上可以断定也不是汉人，从其紧身长外衣和圆形黑色反皮帽子上也可以得出同样的结论。该泥俑的雕塑技术与阿斯塔那墓地其他墓葬中发现的泥俑是那样地接近，以至于我们可以确定它们是同一时期的产物，这一点是毋庸置疑的，即使它是从其他地方被带到此地的。小墓室中发现的两具尸体，都是用素面白色织物包裹着的。其中一具尸体头部覆盖的薄纱还残存一些，尽管腐朽严重，但仍可以看清在一面绘有一名男性的面部。在此我们还发现了一个大陶罐（图87），其上彩绘圆点和花瓣图案，与 Ast.i 组出土的陶器风格一致；另外还有一个彩绘的小陶罐。大陶罐是在柄脱落之后才彩绘的，由此可以断定这件器物是作为日常生活用品使用之后才专门随葬在墓中的。

在墓地北面两个相连的茔圈 Ast.ix（图81）内发现了一些墓葬，

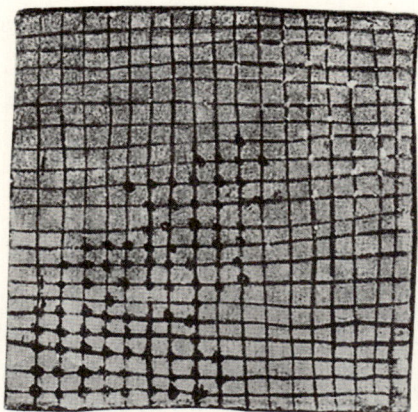

图84 方盘模型

图86 绘彩泥俑

图87 陶罐

图85 木器

图88 阿斯塔那墓地 Ast.ix.1 号墓出土的公元7世纪的男女干尸

它们基本上都逃脱了近期劫掠者们的搜查。这使我们在此有一些有趣的发现。首先打开的是 Ast.ix.1 号墓，墓室中的两具尸体保存完好（图88），我们轻易地就将他们搬到了明亮处。可以清楚地辨别出是一男一女，他们身上穿素面棉布织物衣服，头部用丝绸包裹着。在男性死者头部所罩的丝绸上绘有两幅相对的头像，这幅

图89　砖墓志

仓促完成的画，暗示它可能是在特定的场合或条件下制作完成的。在此，我们还注意到死者的尸体不是有意安放的，倒像是死后直接留在那里的。在墓道口附近我们发现了两块保存在原地的砖墓志，黑色底上书红色汉字（图89为其中一块），上面所署的日期相当于公元652和667年。

我们在通向 Ast.ix.2 号墓墓室的墓道南端发现了两块墓志，上面除了相当于公元667年和689年的纪年，还有其他一些信息，这些可以参考吉列斯博士提供的译文。最让我们吃惊和满意的是这座墓葬未经盗扰，墓葬中的遗物未被扰动，但墓道似乎很久以前被挖开过，也许因为某些特殊的原因，未挖到墓门就放弃了。我们发现这座墓葬的墓门全部由粗土坯垒砌，而且其上倾斜的土墙也没有被挖过的痕迹。通过挖开墓门上部的土墙我们直接进入了墓室，这样能保证墓室内更加明亮，而且空气也比较清新，便于我们检查墓葬中的遗物。但初次进入面积只有9英尺×10平方英尺的墓室中，毫无疑问会感到其内空气稀薄，墓中的尸体可能是在木棺的木头收缩之前就已变干，从而污染了墓室内的空气。

如图81所示，墓室中有三副木棺，其中两副放在靠近墓室后壁（由后壁向外数为c、b木棺）高约4英尺6英寸的棺床上，在棺床前的地面上还有一副木棺（a）。棺床上的第二副木棺（b）的宽面或头端朝西，起初它留给我们的印象非常深刻，甚至连冷酷的买西克也感到很惊奇：木棺的长度仅差几英寸就8英尺；其他两副木棺的长度则近6英尺。在第二副木棺的头端之后，紧靠西墙放置一个矮支座基座，是用薄的有雕刻的木板做成的，上面施有红彩（图90），其框架结构与Ast.iii.4号墓中见到同类支座基座模型很相似。由于连接得松散，所以基座摇晃得很厉害，但其上仍放着未经动过的木碗装的各种食物，碗上的彩绘装饰与Ast.i墓中出土的陶碗一致。碗内有葡萄、李子、肉等，都已风化、萎缩，但保存相对完好。在靠近西墙修筑的宽约2英尺的矮棺床上，以及第三副木棺的头端，也有一些陶罐、盘子和碟子，所有的器物

图90　阿斯塔那墓地 Ast.ix.2 号墓出土的带尸体的棺材（置于墓葬前端的木雕基座）

内都有油状物或食物残迹。另外还放有生面团或生面揉成的小人物塑像，与一辆小车模型放在一起；大致呈圆形的树皮片，可能是用来替代硬币的；棺床下面撒有麦粒。在墓室的西北角，有一个木豆（图91），用白色圆点装饰，彩绘，里面放着一只微型木鸭。墓内所有的遗物或木棺上几乎都没有粘灰尘，即便是有，也可能

图91 木豆

是封堵墓门时或我们破门而入时造成的。墓中最引人注目的随葬品属悬挂在墓室后壁的壁挂（图92），是在象牙色的丝绸上粗绘出传说中的先祖伏羲及其配偶女娲的形象，他们的下身像蛇一样盘绕相交。

距墓门最近的木棺 a 上涂有红棕色彩，其上覆盖着一块素面棉布织物（即绸布——译者），它与现代的哈慕很相似，一直垂到地上。其中一个边缘上有几个红色印和一行待翻译的汉字，这些印的用途可能与现代一样，正如税收人员在哈慕织物上盖的印一样，标明这些织物已上过税，可以在市场上进行交易。上面的汉字记录是纳税人婺州兰溪县的瑞山乡从善里所交的一卷布匹

图92　墓室壁挂图

的税收收据，时间是在神龙二年第八个月的某一天交纳的（公元706年）。

在 Ast.ix.2.b 棺材里出土的一块棉单子上的铭文中，也提到了兰溪县和信安县，而且所署的日期是公元684—685年，这两个地方均在浙江省境内。从如此远的地方把素面棉布运到吐鲁番，这一举动引起了考古学者的极大关注。从发现物上记录的时间到 Ast.ix.2 号墓中墓志上的纪年（相当于公元689年），其间有一段很明显的时间间隔。后一个时间也就是此墓 b 棺中发现的男子范延仕去世的时间。

木棺的上盖轻易就被打开了，暴露出的尸体清楚地表明是位女性（图90）。她双腿略微弯曲，一块白色哈慕外罩下覆盖着各种严重腐烂的织物，系旧衣服上的丝绸碎片，素色或呈粉红蔷薇色。其脚上穿的是素面而且破烂不堪的帆布拖鞋，脚下还有一些纸文书，多数都已腐烂，上面有汉字，是用来填充的废料。在缠裹头部的丝绸碎片下面发现了一块覆面（图93），是用两块有图案的丝绸做成的，两块都具有萨珊风格，而且都是残片。在其头部右侧放着一个圆形木漆奁（图94），保存完好，其内装有各种小东西，同样保存得也很好。其中包括一面小银镜子，背面是浮雕的莲花；一把精美的木梳；用纸包装的化妆品或药物，其中包括一小片粉饼和胭脂。奁盒内底部发现有一张折叠的纸，上面有汉字和印，显系官方文件。尸体头部左侧垫有一块垫子，其上覆盖有白色哈慕外罩，里面装满了稻壳；在头旁还发现了一个纺轮（图95）和一

图93　覆面残片

图94　木漆奁

图95　纺轮

图96　木尺

把木尺（图96），尺子上标有刻度，虽然分隔得不完全一致，但仍可以确认是中国尺寸的标记。在尸体旁还发现有小袋子，袋子用丝绸做成，丝绸上有用套染方法制成的装饰图案（图97），还有一堆各种各样的丝绸和其他织物的脚料卷成的小卷。

位于中间的大木棺b仍坚固完整，与其他两副木棺一样，都是用木钉和木榫将沉重的木板固定在一起。木棺上覆盖着一块薄纱似的丝绸，上面同样绘有伏羲和女娲画像，腰部以上为人形，腰部以下为蛇身盘绕相交，与前面提到的壁挂上的画像一模一样。此罩的下端易碎，也已腐朽，边缘的深红色丝绸边一碰就立刻化为灰烬。此罩下面是一层奶油色的丝绸，这块丝绸下面还有一层哈慕，上面都有汉字和封印。木棺有三处用绳子捆绑着，然而棺

图97　用套染方法制成的装饰图案

图98 阿斯塔那墓地 Ast.ix.2号墓出土的棺木的前端，里面是一具紧裹着的男尸

中的尸体（图98）却并非巨人，尸体本身的长度与大木棺不成比例。尸体长6英尺1英寸，双腿略微弯曲，也许是死时挣扎造成的。死者是一名上了年纪的男性，稀疏的黄灰色胡须，缺一颗门齿，躺在一张粗制的草席中央。头部和脚部都有粗棉布做成的、装满谷物壳的垫子，可能主要是来填充头部和脚部的空间的。死者脚穿

黑色软底毡靴，腐烂严重，与现代的鞋子帕依帕克很接近。

整具尸体都用素面丝绸包裹着，盖布原先可能是白色的，现大部分地方都已变成了暗棕色。在此盖布下面，尸体由颈部向下都用哈慕覆盖，其下面粘着各种各样的破烂织物，其中包括一些素面丝绸衣物残片。在这些破烂织物中，我们还发现了一件奇特的缝缀物，还有一块从萨珊风格图案的丝绸上剪下来的小方块。在丝绸盖布下面，死者头盖彩色图案的丝绸覆面，已严重腐烂，只能成片地揭开。此覆面的图案设计具有萨珊特点，与我们发现的那件猪头覆面（图99）完全一样。覆面上置一副银眼罩，与其他墓中发现的放置在覆面之下的方式有所不同。死者口中不含硬币，但头旁放一个小竹编奁（图100），里面有一把檀香木梳、两块折叠的精美丝绸片和6枚唐代硬币，硬币上有"开元"铭文，丝毫没有磨损的痕迹。头旁还放一顶冠形的纸帽（图101），上面用黄色丝带和金色饰物装饰。死者手中有木握手，与 Ast.ix 组墓中发现的其他尸体一样。

第三副木棺 c 靠近后壁，上面用哈慕覆盖，与 b 木棺一样，上面没有饰彩。木棺中的女性着棉布寿衣，其上接一件丝绸外衣，已褪色，用带条纹的丝绸宽带作装饰，这使我们想起这种图案在马尔吉兰（费尔干纳的一座城市——译者）的现代丝绸中很普遍。在这层下面，有一小卷汉文文书，正好塞在死者弯曲的左臂中。根据吉列斯博士提供的译文得知，文书中记录的一个日期，相当于公元667年12月8日。这些文书是僧侣们替董女士抄写并诵读

图99　猪头覆面

图100　竹编奁

图101　纸帽

的若干经卷，她的宗教名称为真英，是高昌官员范延仕的妻子。她的头上盖有各色图案的覆面，上面是萨珊风格的图案。覆面现已粘在萎缩的皮肤上，只能一块一块地取下。覆面上置的一副眼罩，其金属部分已全部锈蚀，仅其边缘残存覆盖尸体的丝绸盖布的部分残片。在死者头右侧发现了一些玻璃珠，原来可能是串在一起的；已腐蚀的小铁片，很可能是一把剪刀的部分；还有许多铜片，形状各异，显系垂饰物的某部分。

当我们打开木棺 c 后，用木钉固定在后壁上的丝绸悬挂物（图92）就脱落下来了，只因为我们开棺时造成了空气流动。尽管固定得并不太牢，且其尺寸很大（原长大约 7 英尺，顶部宽 3.5 英尺），这件悬挂的丝画仍在墓室的后壁上维持了 12 个世纪之久——此一事实也说明了在这一时期，吐鲁番地区未曾发生过任何严重一点的地震。幸好脱落后掉在木棺上的哈慕外罩上，所以仅其下端略有损坏。画中的人物伏羲和女娲，他们互相拥抱，还有他们相交盘绕的蛇身，安德鲁斯先生在下面的遗物表中将作详细描述。对于他们在墓葬中出现的原因，只有留给汉学家们去解释了。他们手中所持物及其周围的群星也应予以足够的重视。我们还注意到使用的这块丝绸宽度为 17.5 英寸，这与我了解的汉晋时期的丝织品以及在千佛洞出土的丝绸旗帜所通行的尺寸不同，这可能表明它不是中国生产的产品。

很幸运这座墓葬自死者安葬后，未曾被打开过，这一点非常重要，因为其中一块烧土质的墓志给我们提供了有关墓主人的准确信息，以及墓主人去世的具体时间，即公元 689 年。第二块墓志的译文也是由吉列斯博士提供的，它所记录的是公元 667 年去世的范延仕的妻子董真英的埋葬情况。我们在木棺 c 中发现了她的尸体和为她抄写的经卷。这些铭文中特别有趣的地方在于，它促使我们把阿斯塔那墓地较为普遍的葬俗与某个特定时期和当地居民联系了起来，这些当地人的族源无疑是汉族。

　　紧接着打开的是 Ast.ix.3 号墓，它与 Ast.ix.1 号墓同在一个茔圈内（图51）。正如图81所示，墓内的两具尸体遭到严重损坏，而且其头部均已与身体分离。其他遗物极少。但我们在墓中发现了两块有趣的带图案的丝绸，其中一块是覆面，比较大，是在覆盖着尸体的沙子中发现的，它用相同材料的丝绸片做成，图案设计是萨珊风格的团花，各团花中包含一对相对的不同姿势的翼马。另外一块为多色的带图案的丝绸，装饰以带条纹。有两块的图案无疑是中国式的，其图案题材为两只相对的凤凰和一些几何图案，这些图案与敦煌汉代烽燧以及千佛洞中出土的早期织物的图案有联系；在这些汉式图案下面，是一幅花卉图案，按萨珊风格处理。这是我们发现的一件由中国制造但受到西方纺织品影响的带图案的丝绸标本，其年代约为唐代或更早。在我们发掘这一组墓葬前，有人给我们拿来一块墓志，说是在 Ast.ix.3 号墓的墓道中发现的。吉列斯博士释读其上的纪年，相当于公元625年。在此我们还获得了一些汉文文书，其中一些与寺庙活动有关，但全部都没有记录时间。

　　在 Ast.ix.4 和 Ast.ix.5 号墓中各获得一块墓志，所署时间分别相当于公元648和682年。最后调查的是这组墓葬中的 Ast.ix.6，是一座小墓，墓内被毁坏的尸体已被沙子完全掩埋。我们在此发现了一个精美的藤奁盖（图102），以及填有草的帆布垫（图103），原先一定是放在棺材中的；还有一个陶罐（图104），纹饰与 Ast.i 组

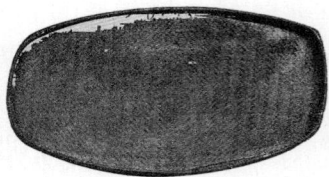
图102 藤奁盖

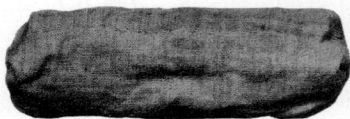
图103 帆布垫

图104 陶罐

墓中出土的陶罐上的纹饰相同；一只纸鞋上发现的汉字只署明了
月份和日期，没有年代。

　　在该墓地调查的最后一座墓葬为 Ast.x.1，它位于墓地北部边
缘的小茔圈内（图51）。正如图81所示，该墓结构较为复杂、精致，
有两个前室，靠内侧前室的两边都有椭圆形的壁龛。买西克早期
曾劫掠过此墓，现再次搜查，他记得曾发现过一些泥塑像，而且
几乎全部都被损坏，毫无疑问是故意破坏的。这些泥塑与 Ast.iii.2
和 Ast.vii.2 号墓中发现的塑像属同一类型，只是模制得较不细致，

图105　泥塑鬼怪头

图106　印花绢

所以损失不太惨重。我们能移动的泥塑有一个鬼怪的头（图105）；
两个女立俑，她们穿着彩色服装，非常有趣。墓室棺床下面有两
具尸体，身上裹着各种破烂织物，除其他一些丝织物外，其中还
有一些有图案的丝绸残片，包括一块精美的薄纱，以及一块保存
较好的印花绢（图106），其图案主要是花。还要提到的是，在有
图案的丝绸中花卉图案也很流行，其中既有多色丝绸，也有锦缎。
收集的丝绸织物中有一块精美的条纹织物，使我把它们与敦煌千
佛洞的缝缀物中的图案紧密地联系了起来。

第四节　阿斯塔那墓葬及出土纺织品综述

在解释我为何必须把工作限定在上述的阿斯塔那墓葬之前，还是先简单地回顾一下我们在此获得的一些实证材料，即关于该墓地墓葬的一般特点和上面提到的埋葬习俗等问题。从马伯乐和吉列斯博士提供的墓志铭文的译文中可以看出，其上的纪年是从公元608年延续到公元698年，这些墓志都是在墓葬现场发现的。而阿斯塔那村民拿给我的本地出土的另一块墓志（图107），其年代则为公元571年。如果将这些墓志的纪年与墓地出土的有纪年的文书材料相结合，我们自然就能够推断出墓地的大致年代，也就是说这些墓葬的年代主要是从公元6世纪后半期到公元8世纪前半期，这一点毋庸置疑。

上述结论从橘瑞超先生搜集的阿斯塔那墓地以及前面提到的高昌城北部墓群出土的汉文文书和墓志资料中，得到了充分的证实。这些文字材料是马伯乐先生从日文文献中获得的。在马伯乐先生的精辟分析中，他着重强调了这一事实，即这些资料充分证明了在上面所说的时间范围之内，中原文明对吐鲁番地区的强烈影响。这种影响在吐鲁番成为中央帝国的一个地区之前很久就已确立，在中国有效行使其统治权之时得到了必要的加强，它甚至一直延续到了公元8世纪末期。

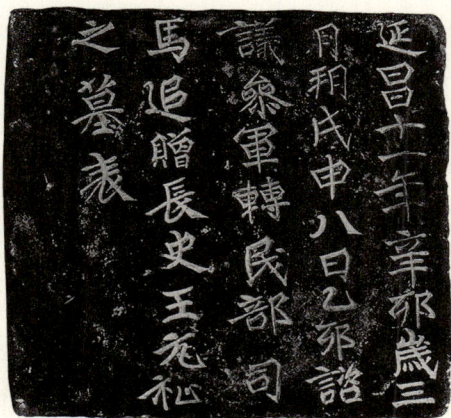

图107　墓志

　　通过墓志铭文可以确定，所调查的墓葬的墓主人要么是汉族血统，要么是高昌当地人，后者不论其血统如何，却完全受到了中原文明的影响。此外，值得提到的还有死者的汉名、他们的中国式的官衔以及墓志中所使用的语言和内容。这一结论完全是通过观察墓葬的埋葬方式等才得出来的。从细节上证明阿斯塔那墓葬中观察到的一切现象都符合汉人的埋葬习俗，而且包括随葬品的配置也吻合，这一点不是我分内的事，也不是我试图想证实的，因为此时这些在汉文文献中仍是个谜。通过分析前面叙述的墓葬及墓主人，可以总结出以下基本事实，而且这些事实即便不能从汉学家那里，也能从已故的格罗特教授的大作中有关"死者的安置"的部分得到证实。此部分内容见该书的前两卷。

对于什么是中国宗教和习俗中最重要的组成部分的详细研究表明，如果不受传统观念的限制，埋葬的习俗随着不同的时间和不同的地点的变化而有很大的差别。因此，除了寄希望于有一些特别的发现，对阿斯塔那墓葬的考察对于研究习俗之变化也是非常有价值的，特别是在研究文献中缺乏记载而现实中又无法看到的葬俗时，其参考价值是无法估量的。

在本章的介绍性文字中，我已指出了阿斯塔那墓地的基本特点。主要表现在墓道和在萨依地形中开凿的墓室、墓室上的矮金字塔形的封土堆，以及用砾石围成的长方形茔圈中成组排列的墓葬。这些墓葬在结构上的一致特征，在某种程度上反映出墓地中不同区域的墓葬基本属于同一时期，即大致在前面谈到的墓志和文书上的纪年范围之内。在一些墓葬中，分隔墓室和墓道的窄墓门往往被附加一个或两个前室而被扩大。这些前室的墙壁上一般都有小龛，主要是用来安放俑或诸如此类的随葬品的。考虑到同一茔区内都有结构简单的墓葬，因此就没有必要将年代顺序的重要性与墓葬形制的变化联系在一起。调查的三座墓葬 Ast.ii.2 和 Ast.vi.1、4 号墓，墓室壁上原先都绘有壁画，表现的是死者的灵魂还需要享受世俗的财产和快乐；其他的墓葬，如 Ast.i.2、6 和 Ast.v.2 号墓，其墓室的后壁都悬挂有丝绸绘画。这些墓葬都被扰乱过，墓门都是敞开的，经过空气长期袭入，墓壁上的悬挂物残存甚微。然而唯一未经盗掘的墓葬 Ast.ix.2 号墓，其壁挂仍保留在原来的位置上，我们取下来时仍很完整（Ast.ix.2.054），上面画的是伏羲、女娲相拥抱，其下身为蛇，盘绕相交。

我们有理由假设所有的死者原先都是放在木棺中埋葬的，这一点与中国的传统观念相一致，因为在整个历史时期，人们都在强调应以适当的方式处理死者的尸体的问题。但是我们只在那座未经盗扰的墓葬（Ast.ix.2）中发现三具尸体都安放在木棺中，与埋葬时的情形一样。在其他少部分墓葬中，仅有早期的劫掠者们留下的一些木棺残片，因为当地缺乏木材，所以村民设法弄走了墓葬中的木棺，他们认为这些木材不仅可以作燃料用，而且还有其他用途。Ast.ix.2 号墓中的木棺结构比较简单，是用木钉固定的。木棺上面覆盖的丝绸或棉麻布罩，其中一块上有伏羲和女娲像，表明了此墓葬的重要性。在记录观察到的埋葬死者方法之前，值得注意的是：除了一两座遭受到了极严重扰乱的墓，所有的墓葬中都发现有两三具尸体，这一特点能够从 Ast.v.1 号墓出土的墓志铭以及马伯乐先生在一个特别做的注释中得到解释，即妻子和丈夫合葬在一起是一种埋葬制度。Ast.ix.2 号墓中两副较小的木棺中安放的都是女性；其他墓葬中也都发现有一名女性尸体，在有些三人合葬的墓中，其中的两具尸体基本上都是女性。

当我们观察尸体时，值得注意的是：在若干尸体保存较完好的例子中，例如 Ast.i.6、ix.1 和 ix.2.a、b 等，从尸体双腿的姿势看，显然不是特意安放的，与死亡时的情形一样。那些未经完全破坏的尸体中的大多数，死者手中都有木握，而且木握上原先还缠绕着破旧的织物。此外，死者的盖布引起了我们的特别关注，在尸体之上一般都用素面丝绸和帆布覆盖，这一现象在那些未经完全毁坏的尸体上都有发现。在这些实例中，可以观察到外层的丝绸尸衣上在覆盖尸体头部部位都经过了彩绘，描绘的是两张人脸的侧面，大小较真人要小一些。在覆盖尸体的盖布下面，死者的尸衣清楚地表现出两种不同的类型，其中较常见的那种类型更能引起考古学家的特别关注。此种类型是用各种各样的破织物包裹尸体，这些织物中的大部分是丝绸（既有素面的，也有彩绘的或带图案的）和棉布织物。一些实例中仍可以清晰地辨别出一些残片是从破旧的衣服上截取的。另一种类型是用素面棉布或丝绸衣物包裹尸体，如在 Ast.iv.1 和 Ast.ix.1 号墓中所见到的一样。因为尸体及其上所覆盖的盖布都已腐朽，所以目前尚无法弄清，这些织物原先就是破旧的，还是为墓葬专用所准备的。

我们获得了一大批很有趣的纺织品标本，下面需要对它们做进一步的研究。它们基本属于第一种类型的包裹尸体的织物，与前面介绍的相关织物基本一致，而且在某种程度上还与楼兰 L.C 墓地墓坑中出土的一些有趣的纺织品很相似。我目前还无法确定，具体是哪个朝代提倡使用破旧衣服包裹尸体这一风俗的，但这些风俗好像都是为了反对在埋葬中浪费财富而兴起的，可能是在哲学家墨子的思想影响之下，这种反厚葬的观念得到了全面的发展。如在 Ast.v.1 和 Ast.vi.3 号墓中所见，死者脚穿纸鞋，用纸做绣花枕头的饰边和纸帽子，都是为了保持节约这一传统的。

观察对死者头部的处理，我们发现了一种特别有趣的葬俗——我指的是死者脸上都用一块布覆面的做法。覆面通常是用多色的带图案的丝绸做成的椭圆形或圆形布片，再用素面丝绸做褶边。这种脸盖覆面的现象尽管不是全部，但从散布在墓地各处墓葬中的出土情况可以证实，在这些墓葬所属的年代范围内，这种葬俗盛行的范围是很广的，至少是区域性的。这一点毋庸置疑。有趣的是用来制作覆面的有图案丝绸的原料，无一例外都使用的是来源于西亚的萨珊风格图案的织物。这一点从下面对阿斯塔那墓地出土的纺织品的分析中可以看到。

与覆面的使用有密切联系的另一种特殊的习俗，是给死者戴眼罩。眼罩用一块金属薄片上剪成，一般均为银质，上面有丝绸衬里，在罩住眼球的地方还钻有许多小孔。我们还发现这种眼罩的出现大多都与覆面有关，但并非全部都是，它们通常都是放在覆面下边的，然而在 Ast.ix.2.c 尸体上发现的眼罩却放在覆面之上。为何给死者配备如此奇特的东西，至今仍没有一个令人信服的解释。这种眼罩可能极少是用来保护眼睛的，这一点从 Ast.i.3.b 号墓中用置于眼睛之上的两枚萨珊银币来保护眼睛这一事实上可以得到证实；而在其他少数例子中，还有使用小圆形树皮来替代眼罩的情况。

我们在戴眼罩的几具尸体上又发现了另一种有趣的葬俗，或许具有某种意义，就是在死者口中放置贵金属的硬币。在 Ast.

i.3.a、Ast.i.5.a、Ast.i.6.b 号等墓中，死者口中都含金币，是查士丁尼一世（公元527—565年）发行的硬币的仿制品；在 Ast.v.2.a 号墓中发现的是萨珊银币。这种在死者口中置金币或其他珍贵金属物品的习俗的渊源可追溯到中国古代。根据格罗特教授的观点，他认为人们相信这种物品可以防止尸体腐烂。然而阿斯塔那墓葬中死者口含金银币的现象与古希腊使用的小硬币很相似，这一重要特征很久都不为人们所知。沙畹先生从汉文三藏中摘选的一个佛教故事，就赞同了这一观点。1916年，我就注意到了这一点，其中直接谈到将一枚金币放在一名男性死者的口中，目的是"借助这一礼物，他就能得到冥王的恩宠了"。

我们有理由将阿斯塔那某些墓葬中发现的这些硬币也归为这种用途，例如在 Ast.i.3、6号墓中发现的五铢铜钱，还有在 Ast.ix.2.b 号墓中出土的开元通宝，或者是其他替代物。在后一种状况即发现替代物的例子中，Ast.i.3 号墓中出土的小银片很奇特，形制与中国古代铜钱很相似，圆形方孔，可能表明了一种愿望，即将帝国流行的硬币用更有价值的东西来替代。此外，Ast.iii.4 号墓中出土的成串的"硬币"以及 Ast.ix.2 号墓中出土的小圆形树皮，使人一下子就想到了现在中国仍使用的纸钱，系出于对祖先灵魂的崇拜——此现象已被公元三四世纪以来的文献所证实。我们相信在随葬品方面避免浪费的制度不一定完全都能被遵循，因为高昌墓中出土了一些有价值的遗物。我们确实在墓葬 Ast.i.3 中发现了一些小件金银装饰品，尽管早期的劫掠者们对墓葬做了系统的搜查，其中包括对尸体的细致检查，但是也还是时时发现死者随葬的一些值钱的遗物。

　　通过未被盗掘的 Ast.ix.2 号墓，我们了解到阿斯塔那墓葬群的木棺内随葬品的一般状况。在 Ast.ix.2.b 范延仕的墓葬中，我们看到随葬的遗物被装在一个小奁内，奁内装一把梳子、一些铜钱和一些丝绸片，还有能够反映墓主人身份的纸帽子、素面棉布做的垫子和一些废纸，可能都是用来填充木棺中的空间的。尸体下面的草席，在其他一些墓葬中也有发现，这种埋葬方式可能是第一次作为丧葬仪式被采用。与其同葬一墓的女性的木棺中随葬了一些死者生前使用的东西，如镜子、梳子、剪刀、玻璃珠及化妆品等。在 Ast.i.5、8 号墓中也发现了同类小件随葬品。在 Ast.iii.2 和 Ast.vi.3、4以及 ix.6 号墓中出土的小漆奁和藤奁，似乎都是用来装木棺中随葬的此类小件遗物的。在 Ast.ii.1 和 Ast.vi.1~3 号墓中发现用纸和丝绸做成的衣服（如鞋子和袖口、帽子等），以及用纸和木头做成的兵器，它们都是用来象征死者在另一个世界里的全套个人装备，这些遗物原先可能也都放置在木棺之中。除废纸外，能够证明与死者葬在一起的还有汉文文书，即在 Ast.ix.2.c 左手臂弯中发现的一卷汉文文书。至于 Ast.iii.4 号墓中出土的丝绸绘画残片，以及 Ast.ii.1 和 Ast.vi.3 号墓中出土的上面描绘的场面是死者向往的一种生活的纸画，这些遗物是放置在木棺内还是木棺外尚不清楚。

　　给死者在新的居住处提供食物的习俗，在中国是家喻户晓的，而且也是很早就很盛行的一种葬俗。但随着时间的推移，这一习俗已被在墓上的祭祀物所代替了。特别有趣的是我们在阿斯塔那墓地找到了实践这一习俗的证据，在 Ast.ix.2 号墓中发现的未经扰动的随葬遗物就能很好地说明这一点。在此墓室中出土了许多形状各异、按一种独特方式彩绘的陶器和木器，它们都被置于死者的头部附近，其中一部分遗物是放置在木支座上，还有一部分是放置在一张独立的小台子上。我们在 Ast.i.1、2、4 和 Ast.ii.2、Ast.iii.2、Ast.viii.1 等墓中发现了不少形制、纹饰相似的陶罐、碗、杯等遗物。木容器大多都很浅，由此可以断定这些遗物都是特意为随葬而制作的。然而 Ast.ii.2 和 Ast.vi.3 墓中出土的漆食案，以及 Ast.ii.2 和 Ast.vi.3 号墓中出土的木碗，它们在随葬之前都是些日常生活用品。我们在 Ast.iii.4 号墓中发现的一个木支座的碎块，与 Ast.ix.2 号墓中出土的非常相似。放置在墓葬 Ast.ix.2 木棺外的随葬食物未扰动过，在墓地的其他墓葬中也有发现。食物包括葡萄干、水果、谷物、肉以及面包和饼干等。特别值得一提的是 Ast.iii.1 号墓中保存下来的许多精美而又奇特的面制糕点标本。

对死者的关心不仅局限在提供必要的衣服和食物上，而且还提供生活中可能需要的膳宿用品、舒适的居住条件、佣人等诸如此类的物品。墓葬中发现的木质建筑模型残片、家具模型以及车辆等类似的陪葬品就足以说明这一虔诚的愿望。微型旗帜可能是为死者提供的虔诚的供物，彩绘的木棍可能是在举行埋葬仪式时使用的东西。在阿斯塔那墓地发现的泥质、木质和面质的系列人俑，在考古学方面具有重要的指导意义。这些完全是为了满足死者使用俑人的需要，特别是在重大的场合，希望拥有仪仗队或装备精良的队伍等的愿望而随葬的。其中包括男俑和女俑，也有一些怪兽、带马鞍的马、骆驼和牛等泥塑动物。我在此似乎没有必要明确指出这样一个事实，即在中国古代很早就实施不随葬值钱东西的习惯了，也不再以活人殉葬，已用俑来代替活人殉葬。在 Ast.i.1~3 和 Ast.ix.2 号墓中发现的木鸭，可能是象征幸运的吉祥物。最后，我们从 Ast.i.7、Ast.iii.2、Ast.vii.2 和 Ast.x.1 号墓中出土的组合成的怪兽泥塑中，辨认出了古代中国人相信能够保护墓葬的神话中的土鬼。

第五节　阿斯塔那古墓中出土的纺织艺术品

在上述描述中，我已简要地介绍了阿斯塔那古墓群中发现的不计其数的古代纺织品遗物。这些纺织品的不同状况引起了考古学家和纺织艺术研究者的极大关注，同时也激发了我们试图在此对出土的纺织品的各种纺织技术和装饰图案进行一次简要回顾的强烈愿望。阿斯塔那墓地中出土的丝绸织物能够得到如此关注，主要是因为这些墓葬的埋葬日期准确，而且埋葬情况比较清楚。墓葬中出土的墓志和其他一些实物都能证实这批墓葬的具体年代为公元7世纪至公元8世纪早期。这一时期恰好是中国重新经营西域，再度治理今新疆地区，甚至更远的地方的时期。这又一次促进了中国与中亚之间的贸易往来，并为相互间的文化交流开辟了道路，致使新疆地区同时受到东、西两方面的各种不同文化的影响。此外，这些纺织品的出土地点也非常重要，因为它们是在古代吐鲁番的首府附近的墓葬群中发现的。这片领土，当时与现在一样，是沿天山分布的各条通道的交会处，就是由此中国横穿大陆的贸易及其他一些与亚洲内陆或西亚的联系得以实现的；而且从一开始，丝绸贸易就在其中扮演着重要的角色，这条路也因此而著称。

阿斯塔那墓地发现的纺织品对于纺织艺术史研究的贡献是显而易见的，也是非常有价值的。因为按照年代序列，这里出土的纺织品遗物是中间媒介，它们正好介于我在敦煌千佛洞中发现的主要始于晚唐时期的丰富的纺织品遗物，以及楼兰古墓葬中发现的更古老的纺织遗物之间。通过将阿斯塔那墓地出土的丝织品遗物与上述两个遗址中出土的同类遗物进行比较，对中国丝绸工业的发展史就会有更新的认识。它尤其表明了一种令人称奇的特征，即很久以前人们就已经认识到，在中世纪，西方式的图案对于这些或许是最负盛名的中国工业艺术品的丝绸所产生的影响。如果对阿斯塔那出土的纺织品的调查结果与千佛洞出土的纺织品的分析结果相衔接，也就是说它们在许多方面有密切联系，那么通过这种比较研究的方式来解决纺织品问题似乎要容易一些。

通过这种比较研究，我们立刻有了一些重要发现，即除了丝绸织物，阿斯塔那墓地出土的其他纺织品遗物几乎都没有体现出此种联系。在获得的所有有图案装饰的织物中，仅有一件饰彩的帆布片，明显地反映出其图案是模仿那些多彩带图案的丝绸织物的特点。我们从所有有图案装饰的纺织品实际上都是丝绸以及素色丝绸（未经印染的以及上彩的用来裹尸体的寿衣和各种旧衣服的残片）的不断出现中，可以推断公元7世纪期间的吐鲁番地区一定拥有很丰富的丝绸供应源。这些丰富的丝绸织物很值得重视，首先因为丝绸不仅在吐鲁番，而且在其附近的绿洲地区都不属于当地产品；其二，根据上述观点，当时非常盛行使用不值钱的东西随葬的习俗。在那些有明确纪年的墓葬中，我尚未观察到有任何区别：它们都使用了大量的被认为是浪费的丝绸织物，要么是素色的，要么是饰彩的。因此，我就得出这样的结论，在高昌丝绸织物是很容易得到的，至少对我们调查的那些墓葬中沉睡的富人们来说是如此。

在此我没有必要弄清，我观察到的现象是否与玄奘在公元630年从瓜州穿越沙漠到哈密时描述的事实相一致。玄奘谈到了这条自瓜州至哈密的道路，当时是自中国西北边境前往吐鲁番的道路中最少阻碍的一条，然其时的交通并不频繁，甚至有时还会关闭通道。所以，在阿斯塔那古墓中发现的许多素色丝绸织物，很可能是从和田和粟特地区运进来的。粟特地区包括现在的费尔干纳、撒马尔罕和布哈拉，下面我们将可以看到，这一地区是我们在那些覆面和破旧衣服中发现的大量多彩、有图案装饰的丝绸的最可能的来源地。我与安德鲁斯先生合作，获得了不少与阿斯塔那出土织物有关的资料，至今我还没有能够进行仔细梳理，更没有能够将吐鲁番出土的素色丝绸与那些出自千佛洞和楼兰的同类遗物进行比较研究。现在还无法肯定，是否通过比较丝绸在织法上的特定差异，就能将素色丝绸归结为不同地区生产的产品。因为即便是在中国境内，同一时期的丝绸工业的产品在结构、质量等方面可能都有变化，我想那时完全同现代一样。我在遗物表中对遗物进行描述时，以及在下面叙述阿斯塔那墓地出土的丝绸织物，无论是素色的还是有图案装饰的织物，所使用的不同的纺织技术，都采用了安德鲁斯先生在《对千佛洞出土的纺织品的生产技术的分析》一文中使用的一些专业术语。

　　回顾一下阿斯塔那墓地出土的有图案装饰的丝织品，我们可以了解它们在墓葬中的特别用途，同时也能分辨出它们当中不同织法的有图案的丝绸织品出现的频率。关于这一点，我们要特别注意那些用来包裹尸体的各种衣服残片，从中我们发现所有主要图案装饰的标本基本上是椭圆形或圆形的覆面，主要局限于使用覆面的葬俗上。这些覆面为我们提供了许多特别有趣的有图案的织物残片，严谨地说是多色彩的有图案装饰的丝绸残片。这一类的用作覆面的织物的大多数图案设计都完全是纯萨珊风格的，而且其制作技术也具有萨珊特点，这些足以说明它们是从西方进口到吐鲁番地区的。这种使用鲜艳色彩的有图案的丝绸作覆面的葬俗，在公元640年中国平定吐鲁番从而使得其工业产品对外贸易变得便利之前，就早已存在。这一点可以从那些出土的公元608年以前的随葬遗物的各组墓葬实例中得到证实。这就能够帮助我们解释，为什么各种图案装饰的丝绸覆面中，那些纯萨珊风格的以及无疑来源于西亚的图案占优势的原因了。

从残存的破旧衣服中获得的其他那些多色带图案的丝绸是来源于中国，还是来源于中亚和伊朗这一问题，至今还很难定论，因为其中频繁出现的花卉或几何纹图案无法提供一个明确的尺度。但其中有一些很明显是中国制造的，不仅是从其图案设计来确定的，而且是根据其特殊的罗纹织法来判断的。这种织法我们以前就曾见过，它与楼兰墓葬中出土的中国古代有图案的丝绸织物有密切关系。在此我们还注意到，除极少数的几块织物外，其他所有有图案的丝绸织物，不论是多色的丝绸还是锦缎，使用的都是斜纹织法。这种织法在楼兰出土的中国早期的丝绸遗物中没有出现，这是一个很显著的特点。

把单色装饰的方法应用到丝绸织物结构上的实例，见于设计有各种图案的一组锦缎和薄纱。与有图案的多色丝绸织物相比，它们的数量并不算多，图案大多为花卉或几何纹，其中没有一件能够清楚地表明是受到西亚纺织品艺术影响的产物。相反，其中至少有两块锦缎的图案设计与敦煌汉代烽燧遗址中发现的标本上的图案相近，这说明它们是由中国生产的。

唯一的丝绸织锦标本是一只制作精美的鞋（图79），通过鞋面图案设计和那些在条带中加入的汉字，我们可以证实它是中国制造的。我们还获得了许多刺绣残片，上面都有花卉图案装饰，大部分都很形象，是使用链状针迹织成的。然而在这里却缺乏像在千佛洞中发现的那种刺绣中的缎状针迹和自然处理工艺，这或许表明这件刺绣是地方产品。最后要提到的是通过印或染工艺生产的有图案的丝绸：两块印花丝绸（图108）采用的花卉图案是精心织成的，其裁剪方法受到了中国艺术的影响。织物中通过套染工序染织的丝绸要多一些，展示的都是花卉图案，如一处使用手画，那么其他地方就采用印花或镂花模板。两块带圆点图案的丝绸是通过花结印染的方法制造的，这种制作技术现在在印度的西北部仍被广泛使用，安迪尔唐代城堡中出土的一块织物使用的也是这种技术。

　　如同千佛洞出土的纺织品遗物一样，阿斯塔那墓地出土的丝绸织物的考古和艺术方面的魅力更多的是表现在其所显示的图案设计之上，相比而言，它们所使用的纺织技术和采用的装饰方法则较为次要。图案设计上可以轻易地辨别出两大类。第一类图案或者在风格和制作上具有中国特征，或者是由这样一些题材组成，即如果它们不是中国独有，那么我们就有理由假设它来源并被应用于受到了西方影响的中国早期纺织艺术之中。第二类图案都有共同的基本特征，其风格为伊朗和近东生产的有图案装饰的丝绸所特有，或者从加工上讲，可以说是中国人模仿了萨珊风格的实例。

　　在《西域考古图记》中涉及敦煌千佛洞出土的有图案装饰的

图 108　印花丝绸

丝绸织物时，我曾经强调过其中一些织物的重要性，这些织物的图案都属于第二类，它们似乎就是伊朗艺术渗透到远东的见证，其中的传播媒介自然就是萨珊风格的纺织品。这一结论可从自公元8世纪中期起，就一直作为宝物保存在日本寺庙中的一些著名的彩色纺织品上清楚地反映出来。《西域考古图记》中描述的千佛洞中出土的一些萨珊图案的丝织品，还有后来伯希和先生在同一地点发现的那些丝织品，都能确定是从西亚直接进口来的，但其中一些织物无疑是中国生产的仿制品。关于这一点，阿斯塔那墓中出土的丝织品现在又增添了新的标本，其中既包括原始的萨珊风格的纺织品，也包括受其影响模仿生产的纺织品，它们不仅数量大而且年代也更早一些。阿斯塔那墓地出土的这些标本的年代要比千佛洞出土的织物整整晚三个世纪，与奈良寺庙中珍藏的、图案属中国模仿萨珊风格的丝绸织物大致属于同一时期。

发掘阿斯塔那墓地，我们惊奇地发现在吐鲁番地区的人口中，汉族人也是其重要的组成部分，尽管如此，吐鲁番还是属于内陆亚洲的一部分；其中在一个很长的时期内，伊朗的影响是很强烈的。因此，我们首先调查了阿斯塔那墓地出土的纺织品，以断定哪些是属于纯萨珊图案设计的遗物，进而推断它们是西方进口的，还是中亚生产的产品。我们还可以进一步去找出那些具有萨珊风格特点的织物，也就是中国工人用手复制的纺织品。通过这种分析方法，我们就可以注意到出土地点的重要性了，即在千佛洞出土的丝织品中中国图案的丝绸织物占优势，相反萨珊图案的丝绸织物则比较少见。然而在阿斯塔那墓地发现的丝织品中，萨珊图案的丝绸占全部有图案的丝绸中的很大部分，而且几乎一半都是彩色的。

在研究每一类图案时，我都无法对所有的细节进行系统的分析。因为当我写作时，我面前既没有足够多的丝绸复制品，也没有绘出的丝绸织物上的各种图案，然而这些对描述和研究相关纺织品是必不可少的；相反我只能参考那些残存的小碎片。因为复制工作，必须等到这些精美且易碎的古代纺织艺术品接受伦敦专家细致的技术处理之后才能进行，的确其中一些丝绸遗物也非常需要技术处理。此外，安德鲁斯先生也没能在下面的遗物表中完成他对这些纺织品遗物所做的详细描述（与他以前写的一样）。我对这些纺织遗物的观察分析，就是以他细致而有经验的调查结果为基础的。不过，我还是希望在此所记录的他对纺织品的简明解释及总结的基本特点，能够引起考古学家们的兴趣和重视。

在纯萨珊风格的图案中，最使人感到惊讶是那块多色带图案的丝绸覆面（图99），它有幸保存得很完整。覆面展示的是一个猪头图案，设计精美，形象生动，包围在一个由联珠构成的典型的萨珊大团花之中，可称得上是一幅力作。猪头轮廓清楚，而且有层次感，这种处理方式使我们将此织物与那一组萨珊织物紧密地联系起来，即冯·法尔克教授归结为东伊朗丝绸工业品的那一组，其中一些工艺特征在千佛洞出土的丝织品中也很具代表性。在其他两具埋葬年代分别为公元632和689年的尸体上，我们也发现了用带图案的多色丝绸做成的覆面，其工艺都基本一致，只是猪头图案略微小一些。这种特殊题材的重复出现表明它当时使用得很广泛。更有趣的是在吐峪沟洞窟顶部的装饰画中也发现了猪头像，其画面的处理和安排方式与前者几乎一样，洞窟中的壁画在被完全毁坏之前，是由格伦威德尔教授复制的。这种采用萨珊纺织品上的图案在墙壁上进行装饰的特点，在克孜尔千佛洞一座洞窟中楣上绘的壁画中得到了证实。此壁画是由格伦威德尔教授绘制和描述的，现存于柏林，描绘的是相对的鸭子在一个联珠构成的大团花之中。在这种猪头图案的丝绸中，还应该包括阿斯塔那墓地出土的两件有图案的丝绸覆面，同样都是以层次感处理动物形象的，且均包围在萨珊风格的大团花之中。但因保存太差，以至于无法对其中央图案作出很准确的判断。

在另外两块丝绸覆面上，我们发现了萨珊式联珠纹边围绕着的图案，设计方式与前面提到的织物上的一样，但不如前者那样有棱角。一块覆面上是一棵逼真的葡萄树，另一块覆面则是一棵很有棱角的花朵。包围两个图案的大团花都是由联珠在基本方位点上间隔以方形块构成的。这一特点，使我们将这两块织物上的图案与奈良和千佛洞中发现的中国仿萨珊风格的织物紧密联系起来。可以与这两块织物归为同一类的还有一块有图案的丝绸覆面（图109），其图案是一棵传统的树，在两侧有叶子和花朵，布局在一个圆盆之中。尽管中央的图案的处理较前面提到的较少有棱角，但是萨珊式的大团花边与上述两块覆面中的相一致。同样，我们在此也发现一种装饰以小圈的标签式图案，用来作中央图案的基础。此种图案也见于梵蒂冈的波斯"鸭"图案和克孜尔千佛洞中楣上的绘画。

另一块丝绸覆面（图80）上的图案特别有趣，而且在阿斯塔那墓地也算独树一帜。它是一种由心状叶子的条带构成的菱格形图案，每个菱格中都有一个八角星，以及一朵带有四片心状花瓣的花。图案的总体设计和细部装饰特点，不仅与安蒂尼奥出土、收藏在柏林的一块古希腊晚期织物非常相似，而且还与在列日发现的由冯·法尔克教授确定为公元7世纪前半叶的一块拜占庭丝织物也很接近。我相信，在吐鲁番出土的这些有趣的纺织品织物中，

图109　丝绸覆面

我们可轻松地辨认出哪些是从近东进口的丝绸产品。在奇特的缝缀物上使用的萨珊风格的织物残片都太小，所以不能对其特征做明确的分析和判断。

　　现在我们来分析一组虽然小，却具有指导意义的丝织品。它们都是中国工匠纺织的产品，这一点毫无疑问，然而上面的图案却反映了西方图案设计对中国丝绸影响的事实。首先，我们可以注意到其中两块织物明显是中国产品，这不仅表现在处理的风格上，而且还表现在其特殊的罗纹织法上。我们在前面已谈到过这种鲜明的技法，它是中国古代丝绸纺织中的一个特点，无论是楼兰墓葬还是敦煌烽燧中出土的丝织品，都具有这种特点。因此我们在阿斯塔那墓群得到同类遗物自然也就不足为奇了，因为在敦煌藏经洞中发现的纺织品中至少有一块是这种织法的标本。一块用许多丝绸片缝织在一起的类似垫套的织物，上面的图案设计是两行萨珊风格的大团花，一个在另一个之上，与以往发现的一样，都是联珠边。两行大团花中都能看到成对的带翅膀的马，栩栩如生，使人联想到保存在奈良的丝织品中出现的不同姿势的马。两行大团花中用作基础的花卉图案属中国特点，它与千佛洞出土的一件模仿萨珊图案的中国印染丝绸中的相应位置上发现的花卉图案一样。在另外一件罗纹织物即一块严重腐烂的覆面上，我们看到了萨珊大团花的一部分，内部填充一棵花树和陪衬的花状物，花树两侧有相对的天鹅，拱肩上有一只飞翔的鹤，其上浓郁的萨珊装饰风格被中国特色所冲淡。

在一块保存较好的覆面残片上面，有两个椭圆形团花，一个在另一个的上边。每一个团花都是联珠边，内部都是鸢尾花状图案，借用的是萨珊原型。但是每个大团花中的两个相对的动物，以及底部卷曲的叶子，都是以中国的风格自由处理的。上边的大团花中的孔雀与奈良保存的丝织品上的那些图案很相似，下边的大团花中则精心设计了一只带翅膀的狮子，拱肩中出现了成对奔驰的鹿和类似羊的动物。从上面的图案设计中我们可以看到一个奇特的现象，即中国纺织工匠保留下了某些西方式的轮廓线呈阶梯状的特点。安德鲁斯先生认为这种织法是从罗纹织法向斜纹织法的过渡。在中国—萨珊风格相结合的这组丝织品遗物中，有一块颜色鲜艳、保存完好的覆面残片最为有趣，因为其上填充拱肩大团花之间的几何形花朵装饰，几乎与 Mikado Shomu（公元749年）旗帜面料中的图案相同，还与千佛洞中发现的许多织物上的图案也很接近，只是稍微有些变化。出现在大团花上部的叶子和花蕊图案与千佛洞壁画背景西天中常见的那些树属同一类型，还与千佛洞壁画中绘在主要人像上边的华盖上的装饰物相同。在上面提到的奈良所藏的旗帜面料上的大团花中，也出现了相似的树的图案。

　　根据上面这块织物上图案设计的细节，我们将有图案的丝绸覆面残片归为一组。因为联珠围绕的成行排列的玫瑰，形成图案的主要特征，与奈良保存的织物拱肩中央出现的那些图案有密切联系。在奈良，由四片棕榈叶构成的几何形的玫瑰图案，又与那里所采用的花卉装饰很相近，还与千佛洞出土的一些丝织品有一定的关系。我们最终发现了一种奇特的结合，即在一块有图案的丝绸残片中同时出现了萨珊和中国题材，图案设计呈条带状。最上部，在卷曲的树叶之间有成双相对的凤凰，属典型的中国风格。其下紧接着是两行长方形短条带，颜色黄蓝交替，配置方式与楼兰和敦煌烽燧出土的中国古代同样颜色的丝织品一致。在第一与第二组这种条带之间，有一行菱形格子将两者分隔开来。接着下面是一行萨珊式大团花，每个团花内都有一朵八瓣花，拱肩上还有棕榈叶。除了此种无疑属西方式的图案，这块织物的整个图案设计都与中国早期纺织品装饰风格有密切联系，同引用的汉代标本上体现的一样。但是织物的织法为斜纹，与汉代标本中普遍采用的罗纹织法相反。我们将这块具有指导意义的丝绸残片归属为一种过渡期的产物是不会有错的，当时中国的纺织品工艺为了一种更加便利的技术发展，开始超越传统工艺，但是在图案设计风格方面的变化则不大，新式风格的题材——团花，在此也只起到了一种辅助图案的作用。

如果要回顾丝织品中的其他一些主要图案，即那些明显是中国风格的图案，或者是其他一些丝毫没有受到萨珊影响的图案，就要从与中国已知最早的有图案的丝织品入手，例如在楼兰发现的丝织品遗物。尽管这种多色的带图案的丝织品的出土数量不大，但是值得重视的是，由其设计风格所体现的早期产品特征完全是技术方面的，即罗纹织法。另一个值得重视的特点是，这种多色带图案的丝织品未曾发现用于覆面，它只出现在包裹尸体的破旧衣服残片中，或者用于制作鞋子的面料。这种做鞋的丝绸面料上的图案，都有形象非常生动的动物，一个接一个，处于移动状态，此种图案也出现在楼兰出土的丝织品中。此外，还有那种很自然的卷云纹，在楼兰出土的丝织品遗物中出现这种图案的也不少。

在阿斯塔那出土的丝织品的剩余部分之中，可以观察到一种富有特征的准古代风格。例如在一块较大且保存完整的丝绸残片，其上的图案为成对相向的类似鹳的动物，配置在宽窄交替的拱形中，角度处理僵化，在连接拱形的茎的上、下部都是高度形象化的叶子、花朵和果实。这种用作框架结构的连拱形图案，与大量出土于汉代烽燧和楼兰的丝织品上的图案有关系，也与千佛洞藏经洞中出土的一块早期丝绸中的图案有关系。最后，我们在棉鞋上发现了另一种纯中国风格的图案，描绘的是一种带纹，连带有一系列的布置在格子画面中的雌鹅图案。格子画面的颜色与那些鹅的颜色相互交错，趾部带纹中织出的汉字表明它是中国生产的纺织品，图案自然也是中国风格的。

在其他那些属于前面谈到的那一类的图案之中，尽管很难找出个体标本之间的分界线，但我们可以很清楚地划分出它们所包含的两种主要类型：一种类型是由花卉题材组成的，有时候花卉与动物图像并存，动物大多是鸟类。另外一种类型则是纯几何形图案，通常是由最简单的菱格形变体、锯齿形、重复的圆点等诸如此类的图案构成。我们也曾有机会对千佛洞出土纺织品遗物进行过同样的分类，但值得我们注意的是：千佛洞出土的纺织品的花卉图案大多具有一种强烈的自然处理的趋向，这种趋向在阿斯塔那出土的几乎所有织物的图案中都看不到。从这种否定性的证据中，我们是否可以认为中国唐代及其以后时期的艺术风格趋向自然、随意的特征，在公元7世纪尚未完全确立呢？

一般刺绣品中的图案均为花卉图案是很自然的，而且一般都是在薄纱上绣的。这些主要是因为刺绣工的针法不大受技法的限制，能享受更多自由的缘故。但我们发现另外两件刺绣上的花卉题材非常传统，甚至连填充刺绣面上的叶子、花朵、星星等的大杂烩图案，就每个单独纹样来说都很形象。当然，所有这些刺绣可能都出自吐鲁番当地人之手，而非出自中原。在有图案的多色丝绸中，花卉图案一般以成行排列的玫瑰最为普遍，而且它们或多或少地风格化了，有时还配有叶子或彩色边，总体上讲与千佛洞中发现的纺织品残片上的图案很相似。其他一些丝织品中的玫瑰已发展成为点状分布的精美图案，它们与奈良和千佛洞出土的中国生产的那些丝织品有密切联系。带菱格形或长方形的简单的几何图案，在多色织物中出现的频率要比锦缎上少一些。类似这种图案的丝织品，还有一小组带条纹的丝绸，它们与马尔吉兰和费尔干那其他地方出土的现代丝织品相同。

单色有图案的丝绸或锦缎在阿斯塔那并不多见，与千佛洞中出土的同类遗物恰好相同，这类织物大多数都是几何形图案。在花卉图案的锦缎中，有一幅是精美的点状图案，与前面刚提到的多色丝绸的图案相同。在另一幅中，花卉图案是按传统方式处理的，上面都配有成对的飞鸟。还有一幅，上面是有趣的组合图案，沿着卷云状拱顶和成行回纹饰行中插入了成对相对的野兽。这种图案在敦煌烽燧中出土的一块汉代丝绸，以及千佛洞出土的一块古代类型的罗纹织物上都曾出现过。主要是技术方面的原因，可以解释何以纱上出现的都是简单的几何形图案；其中三块织物上都是菱格图案，这与千佛洞出土的一块织锦上的图案很相似。

用印花或套染来装饰的丝织品中，花卉和几何形图案都有出现。前者不仅出现在雕版印染的丝绸中，即其处理方式趋向自然的那种图案，而且还出现在徒手采用套染方式生产的丝绸残片上。以同一方法印染的其他丝绸残片上的图案，包括菱形和点构成的圆圈。依此法制作的图案，我们有一个有趣的新发现：这种图案在楼兰出土的有图案丝绸上亦有发现，只是在织法上稍有变化。此外，我们还发现了一种完全由打结印染的圆点组成的图案。

第六节　在吐鲁番工作的总结

我们在阿斯塔那墓地进行调查和发掘的同时，还要关心一些其他工作的进展情况。经过长达两个半月的探险调查，拉尔·辛格终于于1915年1月23日安全地从库鲁塔格地区返回了，我感到如释重负。他探寻到了一条通往辛格尔的新道，这条道路从辛格尔起，又向下延伸出了一种三角形区，向下直抵阿勒提米什布拉克盐泉。辛格尔是这片广阔的不毛之地中唯一有人居住的地点。

在非常艰苦的条件下，等待机会穿越风沙弥漫的罗布泊沙漠时，拉尔·辛格在阿斯廷布拉克观看到了130英里以南的昆仑山脉。这促使他将他在库鲁塔格地区的三角测量工作，与他去年在罗布泊盆地南部工作过程中所确定的浮起在罗布沙漠尘霾之上的一座高峰联系起来了。随后，他就进入了库鲁塔格东北部完全未经探查过的地区，那里的地表上连沙漠中生长的植物也很难找到。最终，由于缺乏化冰的燃料，水源断绝，他和他的队员们沿着我安排的路线，被迫返回了吐鲁番盆地的东南部边缘。因此，在他与我在喀拉霍加会合之前，得以仔细地调查了吐鲁番盆地最低的洼地，并确定其低于海拔高度近 1 000 英尺，这较以往探查的数据更加精确。

这次精疲力竭的探察之后，拉尔·辛格只休整了几天，他又满怀激情地出发，开始完成从辛格尔到库尔勒附近的天山山脚地带的三角测量任务去了。这项任务，我希望他能在春季的尘暴来临之前完成，所以我迅速地为拉尔·辛格准备新的旅途所需要的物品、指令等，这与为以地理学和考古学为目的的紧急探险调查做细致的准备显得同等重要，我希望这次的探险调查能对我们前一个冬季在罗布泊沙漠的调查工作起到补充作用。由于这些地区极度缺水，所以寒冷的冬季才能使这些调查得以实践。很遗憾，我必须放弃亲自率领队伍来完成这些探险调查的机会，就因为我那受伤的腿，虽然现在有所好转，但在环境如此恶劣的地区长途跋涉，一定很痛苦。很幸运的是，我可以信任地将上述调查任务交给阿弗拉兹·古尔，18 个月以来的探险经历，使他不仅具备了勇气、热情和地理知识，而且还能很好地领会其考古工作的价值。这些探险调查面临的困难和危险很多，所以要使我这些年轻的探险队员们安全地完成这些任务，就必须提前做好细致、周密的安排和正确的指导，以避免任何危险的发生。

在阿斯塔那进行调查和为上述探险调查做准备的同时，我还为吐鲁番盆地调查的收尾工作和如何将我那大量的文物安全地运往喀什噶尔等问题而忙碌。我渴望能亲自确定这些文物的安全，可这么多的物品似乎不大可能，因为从伯孜克里克洞窟中揭下来的壁画，包装后就有145箱，重量超过8吨。在重新到达库尔勒天山山脚的山道之前，我仔细琢磨如何穿越库鲁塔格山到达库鲁克河畔的一个特定遗址，然后沿西北部的楼兰遗址前进。关于文物的调遣和安全抵达喀什噶尔领事馆，并得到妥善安排，我还要费心进行特别安排，我于2月初的前几天才觉察到，我有必要加快文物调遣的准备工作，以及我在阿斯塔那墓地发掘的收尾工作。

　　通过与吐鲁番地方官员的交往，以及他们很有礼貌地不断介入我的工作，表明乌鲁木齐官方已下令，要求我解释在吐鲁番地区延长停留期的原因、工作性质等一些问题。他们从省外事部那位敏捷的书记那里拿来了同样的文件。我前一年的调查曾因这位书记的有意干扰，险些破坏了我的整体工作计划。当然他们有理由对我们在绿洲附近的木头沟、阿斯塔那地区延长探险调查表示担忧，恐怕更多的是对我行李中那些增加箱子的内容的关心（听到了关于这些箱子中装有无价之宝的传言），这些体现了"青年中国"的机智，以及他们想了解我的意图。他们这次出来干涉恐怕就容易多了，因为就文物本身而言，都是中国法令（的确已有明文规定）禁止出口的，而且还有颁布已久的禁止盗掘墓葬的条例。毫无疑问，中国政府官员，无论是吐鲁番的还是乌鲁木齐的，近几年都已竭尽全力加强这方面的宣传，并提到首要位置上，然而他们忽视了当地居民为了获取财宝而不加选择地对大量的遗迹进行肆意破坏这一事实。

在试图将我这些文物运送到喀什噶尔的长途旅行中，完全有可能会受到中国官方的干涉，因为这一段路程对于负载的骆驼来说，至少需要行进6个星期的时间。但我假设，如果我不在场，根据当前的形势以及文物的遗失可能带来的外交事宜上的麻烦和影响，被阻挠的可能性大大减小。事实也正如我所愿。这些可疑的箱子的安全问题就自然地落在了当地政府官员的身上，我想没有人情愿承担这种责任，更何况他们扣押这些箱子，从中得不到任何个人利益。所以我就尽量加快文物运送商队的安排工作。2月5日，夏姆苏丁从伯孜克里克运回了最后一大批装有壁画的箱子，他那不气馁的工作精神，使得他成功地完成了揭壁画的艰巨任务。一天之后，我终于看到装载箱子的45只骆驼长队出发，前往遥远的目的地了。领队的是跟随我经过三次探险旅行的老总管依布拉音伯克，此时我丝毫没有一点松口气的感觉。靠他一贯的自信，我想他这次一定能顺利地完成任务。就在这同一天，阿弗拉兹·古尔也出发了，他要穿越库鲁塔格山，去完成罗布沙漠中艰难的调查任务。我给了他骆驼群中最健壮的7只骆驼，由勇敢的哈桑阿洪管理，并由阿布都买里克当向导，一直到达阿勒提米什布拉克，他是阿布都热依木的兄弟，是一个很好的野骆驼猎手。如果一切顺利，如果他能一直正确指导，精心关注我们前一次在这一荒芜的地区旅行时我授予他的技巧和知识，那么3月11日我们就可以在库鲁克河源头的营盘遗址会合。

　　我本人也急于变换一下吐鲁番绿洲附近准郊区的环境，到达沙漠中更广阔的新地方去，不过我还是推迟了前往南部的时间，主要是对雅尔和屯遗址重新进行调查，它是吐鲁番盆地的早期都城，汉文文献中记载为"交河"。1907年11月我在吐鲁番的新城停留期间，曾经有机会对它做过快速调查，并认为对其进行更进一步的调查是非常有必要的，尽管那时的调查已对遗址的地理位置等情况做过描述，但似乎有必要对遗址进行长期的调查和发掘。毫无疑问，值得进行考古发掘的地方一定不少。2月9日，我抱着这种态度抵达交河故城，想证实一下对其中一些寺庙遗址的发掘，是否会给我带来预期的收获。但由于来自乌鲁木齐政府的干预，我缩短了在此停留的时间，这种先兆我在高昌调查期间就已经预感到了。2月11日，我接到了来自吐鲁番县官的一个口信，勒令我立刻停止在我抵达吐鲁番的第二天开始的发掘工作。次日，又送来一封县官的来信，说明是奉乌鲁木齐政府的严格命令，对我提出这一要求的。这么说是省政府提出禁止我在此发掘的命令的。与我所预料的一样，我卷入了破坏中国古代文化遗产的活动中；政府要求我准确地报告我的发掘物的状况和范围。然而，和善的东干人按办，一个地道的伊斯兰教徒，他没有对这一类的中国古代文化遗产，如佛教塑像以及隐蔽的墓葬中出土的壁画表现出特别的兴趣，这令我欣喜若狂，同时也因我的驼队及时离开，无法让他了解到更多有关那些箱子的详细情况。另一方面，我提前几

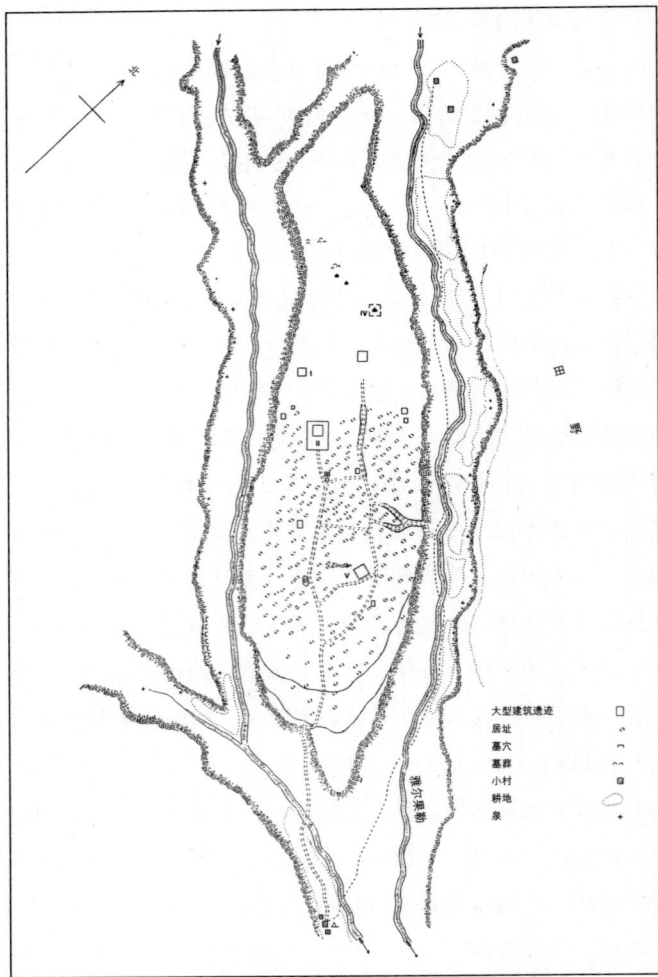

图 110　交河古城遗址平面图

天出发，前往库鲁塔格山，似乎也算是一个小小的让步，消失在戈壁沙漠之中，好让他安心从而不再打扰我和我的工作。在决定走此道后，我就迅速安排文物的运送工作，以避免他们再找借口来干涉我的护送队。我同样也期望着看到穆罕默德·亚库卜的工作圆满结束。然而，经过审查他带到交河的平面图便可知他对吐鲁番盆地的调查离圆满结束还相差甚远。

基于这些考虑，我不得不将我在雅尔和屯遗址的工作于2月13日结束，因为我无法对这印象深刻的遗址进行更加仔细的调查，而且我们的发掘也就局限于图110中的I号大佛教寺庙遗址范围内，因为该遗址未被彻底清理干净。雅尔和屯古城由于其不寻常的特征和惹人注目的地理位置等原因，吸引了所有询访吐鲁番的从雷格尔博士到后来的格伦威德尔和勒柯克率领的探险队以来的欧洲探险家们，他们对此遗址的不同部分都进行过发掘。然而，我所能找到的关于该遗址的记载，除了克列门茨博士调查报告中的简单描述，再没有其他任何更为详细的记录。我重访该遗址时准备的遗址平面图(图110)，以及我仓促调查所记录的遗址的一些特点，想必会有一定的参考价值。

雅尔和屯古城遗址因修建在由雅尔河环绕的一块台地上，其外貌非常特殊，而且地面还保存着许多建筑遗迹。遗址的地形特点就足以说明其地理位置的自然优势，并且还可以解释遗址上的建筑尽管都暴露在外，却绝对安全，不受河流水汽、灌溉以及种植区侵占的影响的原因。同样因其特殊的地理位置，毫无疑问，自中世纪以来就被人们熟知并称之为雅尔和屯，这是个半回鹘半蒙古语的名称，实际上就是自汉至唐代的中国史书中提到的"交河城"，亦即车师前国或吐鲁番的都城，"交河"即"相交的河流"之意。

从图110中可以看出，交河城所在的台地自西北到东南超过1英里，中间最宽处约为2弗隆（英制长度单位，1弗隆＝201.168米——译者）。两条很深的雅尔，平均每条宽120~200码，连接狭长的台地，并在东南端汇成一条河，形成船头形的悬崖峭壁；台地相对的一端，即其向西北延伸部分，被一条宽50~60码的自然壕沟所切断，形成一条支流，再向东两条雅尔分流，而且两者都有支流。这些河流通常是靠泉眼供水，另外也有一定量的水从尧干铁热克和夏普塔勒鲁克山谷流入；有时它们也从山洪中获得大量的水源。位于雅尔和屯附近两条雅尔的沟底，平均低于台地及东部的种植区100英尺左右，它们的形成，无疑应归结为早期大量洪水泛滥和侵蚀因素。河流通过冲积的淤泥沿台地的边缘形成垂直的峭壁，峭壁的高度大部分地方都无法测量，我测量的部分峭壁高95~110英尺。这些峭壁为古城提供了天然的屏障，使古城极易于守护，很难攻破，而实践证明它们是可以抵御突破或穿透的，所以没有必要防御从雅尔另一边的地面发射的抛射物。

通往交河城占据的台地的通道只有两条。在台地东南端附近有一条弯曲的小道，显系一条古道，后经人工修整过，可以通到台地的顶部。由此处的斜坡向下可抵达距相连的雅尔底部高度

75~80英尺的地方；另一条可到达台地的通道现在位于一条陡峭的小沟壑中，是由东北部边缘的中间向上延伸的。这条沟壑的上部与一条狭窄且挖得很深的沟相通，形成一条小巷，两侧矗立着许多房屋，再向下延伸，两侧是生土切割而成的巨大的建筑遗迹，可能是瞭望塔之类的遗存，因此可推断这条道自古代即已存在了。

台地的东南部较矮且宽，其上被古城遗迹所占据。另一半是一块几乎空旷的生土地，地表上零星分布一些寺庙废墟，那显然是佛教遗迹，还包括少量与阿斯塔那墓地的那种形制的墓葬相似的墓葬。前者中，最引人注目的是示意图中标为 IV 的建筑遗迹，其地基和风格与格伦威德尔教授描述的高昌古城中那座奇特的寺庙（P）非常相近。80座小塔似的建筑，围绕中心一座高大的塔呈4组对称分布，中心塔四侧还有4座塔。所有的塔中只有2座塔已倒塌成土堆，形制不明。这些土堆被当地农民当作肥料挖走的也还不多，所以系统地清理土堆或许会获得一些有价值的物品。

在这块空地上发现的两座大型建筑遗迹，显系佛寺，其内部都有一条长方形回廊，高大的生土墙壁上的龛中原先都置有供礼拜的偶像，而且院子周围还有成组的房屋。这两处遗迹都曾被搜查过，但其中一个标为 I 的遗迹（见图111，图112为其照片）。经过仔细清理龛西北边的通道 i，我们发现了几块写有汉文和回鹘文的土坯残块，其中包括有两块有婆罗米文注释的土坯。其他的文书和写有汉文、回鹘文的土坯，都是从那些挖肥料的农民手中买来的，它们基本上是农民从城北部边缘附近的一个小建筑遗迹的

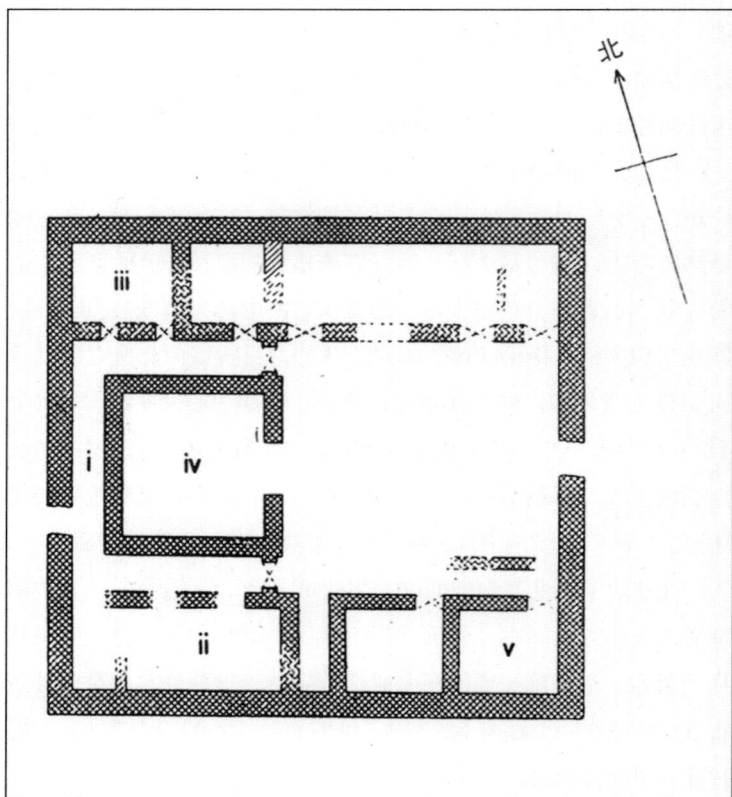

图111 交河 YAR.I 房址平面图

248

图 112　从东南方向所见到的交河古城的佛寺遗址 Yār.I

土堆中挖出来的。由此，我们可以得出这样的结论，即雅尔和屯
遗址一直延续到了回鹘人统治时期。其他一些证据也能证实这一
点。院内两边的房屋和地下室都是僧房，因为屋内墙壁上都有壁
龛，看上去似是用作食厨，另外还有一直通到墙壁外的被熏黑的
烟道，都证实了这一点。墙壁上用来安装椽的洞仍有 17 英尺或更

高，这些表明其上至少还有一层房屋。值得注意的是，主围墙高达5英尺，生土地基，地基两侧的土已被挖掉，另外主要大门旁房屋的地面显然要比院子的地面低得多。这种不需要大量的石头建造的地下房屋，在交河城遗址中非常普遍，这一点通过发掘坚硬的生土就可以观察到。因为这种居室非常凉爽，每当吐鲁番炎热的夏季来临时，就可以在这些地下室中避暑，同在白沙瓦和印度西北部边缘地区常见的太依哈那的功能相同。

通过清理台地北部边缘平地上的遗迹，我们发现了很有趣的雅丹地貌，即在地表上都有深1~2英尺的沟。这种地貌由台地的西北面到东南面都存在，表明这里的风蚀作用主要是由飓风引起，也就是春季和夏季从前往乌鲁木齐途中的天山风口达坂城刮到吐鲁番盆地的飓风所致。这种风蚀没有向更遥远的地方发展，主要是因为沿台地分布的雅尔阻止了流沙的直接侵入，尽管它们无法阻止由空气流动所刮到高地表面的沙粒[1]。我们在这里发现的墓葬都是成组分布的，就如同阿斯塔那墓地发现的墓葬一样，但有些墓葬的墓道似乎要宽一些。有一座小矮院把我们引入了通往几个

---

1 这里需要提到我在交河古城的东部观察到的因风蚀作用而堆积的流沙。穿行整个村庄土地最肥沃的地区，即我扎营的地方C.243，我注意到从交河古城的东部雅尔起有一条没有耕种的地带，地表上到处可见到小土丘。为了防止风沙人们还修建了一道泥墙。继续前进我路过了这样的田地，地面不是从交河古城运来的松软的肥料，而是散布着较大的泥巴堆。根据陪伴我的当地的一个头目扎西德伯克讲，这些泥堆是秋季洪水泛滥后遗留下来的，可用来保护地面不被风蚀以及挡住刮来的尘土。这种被挡住的尘土据说可作为肥料使用。

墓室的通道中。从表面上观察，所有的墓葬很久以前都曾被打开和反复搜查过，在交河古城西部萨依地形上散布的大量的墓葬也不例外。暴露在西雅尔河两峭壁下部的一组小墓室中没有任何发现，全都是空的。交河古城占据的台地可以划分为两个分明的区域。图113显示的是北部较大的一个区域的全景，是从远景拍摄的，上面主要密集分布着多数居住遗迹，一般面积都非常大，期间还可辨认出有几条通道。两条最宽的道路沿台地纵向中轴分布，并与几条横向岔道相通。在西边一条主要道路的最顶端附近矗立着一座高大的建筑遗迹（图110标为 II 的地方）。这座建筑中央有一座大殿（主殿），两侧有成组的小殿，还有一圈长方形围墙。沿围墙边有一系列的小殿和屋宇（图114）。在主殿内有类似巨塔的土块堆积，形制与阿斯塔那的台赞和斯尔克甫的吐拉相同。四面成排的壁龛中安置的用来朝拜的坐佛像仍然有部分保存完好。这座大殿从远处看像一座真实的堡垒，实际上是吐鲁番古代都城的一座主要佛殿。尽管不是全部，但大多数殿堂以前都被搜查过，而且近几年，每逢冬季那些挖肥料的农民都会来此运土。他们对这座古城造成的破坏，可直接从城北端遗迹上反映出来。而且他们破坏的范围很大，特别是在我第一次询访此地之后的7年当中，我现在简直无法找到我曾经清理过的两座小殿的具体位置了。

从大佛殿 II 的主要大门出来，往下走就能到达一座被破坏的庙宇遗迹，尽管不是很大，但因孤立地建造在一块空地上，所以很醒目，而且它又正好处于几条道路的交会点上。它的基座高13

图113　从南面观察到的交河古城北部的全景

图114　从南面看到的交河古城内的大型佛教寺庙遗址 Yār.II

图115　交河古城北部中心区域内的巨大的建筑废墟

英尺，是直接切割生土建造成的，因此就成为衡量发掘道路和修建地下房屋所需要的大量土方工程的标尺，主要是因为这些遗迹距台地的自然地表都有一定距离，即都低于台地的自然地表很多。这座庙宇的单间殿堂长约44英尺，宽34英尺，其墙壁高达5英尺，用大块生土建造。其上是一层层夯筑的部分，高达7.5英尺。顶部被毁坏的土坯建筑，残高仍有5英尺，用土坯建造而成。以同样方法建造的建筑在该城的其他一些地方也都可以看到。刚才谈到的寺庙的具体建筑特征现已无迹可寻，然而主要道路由此则直直地延伸出了300码长，两侧聚集有许多建筑遗迹，大部分都是与图115、116中所见到的居住遗迹面积相当的房屋。在道路的西边，

图116　交河古城内主要道路东边的建筑遗迹

靠近台地陡峭的一边有几座建筑，其面积和特别的建造方式与前者有所区别（图117）。这些建筑是宫殿或衙署，遗憾的是前面提到的被干涉的原因，我没有机会至少对其中几座房屋进行研究和测量。还有许多建筑遗迹，从其房间或厅堂的面积以及高大的墙壁建造方式上，我们可以推断它们是属于一些重要人物的。大多数情况下，这些建筑只残留用生土切割成的地下室部分，以及其上的夯筑的建筑部分，其夯土非常坚硬，以至于无法将它们与自然土块区别开来。残留的建筑遗迹的墙壁高度仍有20英尺或更高，而且只能在上部看到门或窗户的痕迹，它们往往伴随有食厨壁龛和为建造上层建筑安置木椽的成排的小洞。在吐鲁番这个木材一

图117　交河古城北部区域内主要道路西边的大建筑

直非常珍贵的地方，使用这种原料本身就是一种财富的炫耀。

从墙壁底部的厚度，我们似乎可以下这样的结论，即它们首先是起支撑作用的，主要是为了在上边建造土坯建筑，以适应冬季居住，那时吐鲁番的人们都渴望得到阳光的照射以避寒。然而，那些直接用生土切割而成的大量的地下建筑则是为盛夏避暑用的，那里面非常凉爽，而且舒适，如同现代吐鲁番人避暑用的拱形坎买尔一样。这一类建筑必须有一定的面积，其次是不通风。实际上，交河古城的建筑有多少是建造在低于台地的自然地表之上的，可以通过图118反映的背景中观察到，它展现的是延伸到城南部的镇当洞室的遗迹。

图118　交河古城南部区域内的镇当及其他一些废墟

虽然不是全部，但大多数地下室内都已充满土堆，主要是因这些房屋被废弃后，其上的上层建筑物倒塌所致。但那些掘土者或挖肥料的农民，在这里长期而勤奋地劳作，使得古城主要部分的多数遗迹的自然土壤都被侵扰过，而且，现在又因风吹作用，地表上又覆盖了一层很薄的沙子。至于这些地下房屋内土堆积原先有多厚，又有多少有趣的具有考古价值的遗物因运输而遗失，目前我们已无法确知了。我们将这些无法解答的疑问，都归结到他们那些辛勤的挖掘上，尽管他们是低级的和非科学的发掘者，这一点完全可以从城里发现的井中找到答案。在一处遗址中，其所处的自然位置恰好类似堡垒这一特点是很重要的，但它不是唯一重要的因素。因为农民挖土做肥料，从而使多数房屋中的井的遗迹得以发现，井一般呈圆形，直径2~2.5英尺。也就是说，古代居民可以从距地表100英尺以下的自然水位打到水喝。这种技术就是吐鲁番的古代文化遗产，现代的坎儿井挖掘者应用的就是这种技术。坎儿井向下挖得很深，而且还将它们连接起来，形成同一平面的水渠，以进行灌溉。

除了前面谈到的中央大道，东边还有两三条与之平行的狭窄的街道。这些纵向和横向的街道，与直接修整生土建造的小巷和通道呈网状相连。这些小巷与印度一座城镇的盖里斯很相似，此外在意大利的许多城市中心，这种小巷也很普遍，但自中世纪后已发生了一些变化。我注意到在这些小巷和主要大道的外墙上很少有敞口，这一特点从地中海到黄海这一范围内的东方城镇中都曾普遍存在。我没有能找到巴扎（集市）的建筑遗存，然而中轴线上的大道足够宽大，可以安置用土坯或篱笆建造的货摊，就像在新疆大多数城镇中常见到的每逢集市时才使用的临时摊位。但或许当地的交易是在郊区实施的。考虑到台地有限的土地，以及有必要具备与都城相连的郊区，我们推测郊区就位于东雅尔的对面，即现在的雅尔和屯村已扩展到的地方。位于孤立台地上的古城从未用作贸易场所，就像现代的吐鲁番或鲁克沁城一样，因为那里连骆驼和马车都无法进入。

在靠近前面谈到的主要大道的终端附近，道路开始略为弯曲，台地的大部分地表与原来的地面几乎在同一平面上，如图113前景中展示的那样，此处建造的房屋散居各处，不是很密集。在道路旁边一块空旷的台地上，我们发现了一个大洞，看起来似乎是作为公共场所使用的，可能是一个市场或观望站。在距此洞东边不远处，在一条横向道路的旁边，有一组奇特的地下房屋，是用生土直接建造的，并且在一个露天院落的两边都有通到地下的口，这个地方被称作镇当，即监狱。这里是否确是用作监狱尚难确定。从这一点上拍摄的景象（图118）展现的是古城遗址的南部区域。就是从这里开始，只有一半被建筑物遮挡住，而且多数房屋之间都是相互隔开的，高度又都不太高。

有一块空地向外延伸了出去，但我在此没有找到通过弯曲的小道通往峭壁表面大门的明显道路。靠近这块空地，矗立着一座土坯建造的小拱顶建筑，通过它的朝向西方的祷告龛，可以清楚地辨认出这是一座清真寺。这表明雅尔和屯或交河古城遗址，到伊斯兰教在该地区兴起时都还未完全被废弃。但因《明史》中把城市土鲁番（即今吐鲁番），当作该地区的首要地方，而距吐鲁番西北4英里的交河古城，竟然到了公元14世纪还保留着重要地位，这一点想必不大可能。从寺庙建筑的数量上判断，高昌也就是喀拉霍加（其位置更接近吐鲁番的中心，而且又很便利），想必在回鹘时期甚至更早，其财富和人口就一定远远超过了交河。我们可以有把握地推断，佛教这一曾与当地有着紧密联系的信仰，在这座奇特的半穴居式的城（即古代车师前王庭）里延续了一个极长的时期。

第五章

在库鲁克塔格中探险

第一节　从吐鲁番到辛格尔

　　1915年2月16日，我终于能够离开我在郊区的住所了（我住在吐鲁番乐于助人的俄国人阿克萨喀勒家中）。我准备穿过库鲁克塔格，到罗布盆地去。这使我十分高兴。如今，当地长官对我十分客气，甚至客气得有点过分了。我从雅尔和屯回来之后，和他协商出了一个合适的外交答复，以回应他从省政府得到的命令。按照我的这个答复，我应该可以在别的地方自由地进行挖掘，运送文物的车队也应该不受阻碍（这些车队如今正在到喀什噶尔的途中）。双方都满意了之后，我们就分别了。

　　我打算首先直接到辛格尔去，那里是整个广大的库鲁克塔格沙漠地区唯一的永久性居民点。在辛格尔，我将让阿布都热依木最小的弟弟给我们做向导。之后我打算到两个地方去，一个是破城子，另一个是兴地（阿布都热依木曾对我说，这两个地方有古代居民点的遗址）。在前往这两个地方的途中，我还要进行平面测量，因为那些地方都是拉尔·辛格1907年和这一次的考察没有覆盖到的。之后我将朝下走，经过咸水泉雅丹布拉克，到库鲁克河附近的两个墓葬遗址去（拉尔·辛格一年前从铁干里克到楼兰的途中，曾注意到那些墓葬），并到达干河库鲁克河的一段河道上（这段河道拉尔·辛格上一次没有考察过）。之后我们就能到达营盘遗址（在营盘附近，库鲁克河从现在的孔雀河河道上岔了出去）。在营盘我们就可以进行挖掘活动了。

辛格尔位于西库鲁克塔格的中段，有三条路把辛格尔和吐鲁番盆地连接了起来。我想要到辛格尔去，只能走三条路中最直接的那条。拉尔·辛格已经把这三条路都走过了，所以我自然选了最短的那条。这条路从吐鲁番朝正南延伸，穿过了吐鲁番盆地中地势最低的部分。前两天走的路不长。但由于这段路穿过了由坎儿井灌溉的绿洲的最低地带，然后又过了盆地终端盐沼的最西端，所以我们得以有机会观察一下盆地最低地段有趣的地形特征。但对这些特征的描述，我只能留在前面说的那篇论文中了。在此我的描述将很有限。托克逊河的尾水流进了那片叫艾丁湖的盐沼中，当时托克逊河形成了几块宽阔的冰面。冰面两侧的地面上布满了鼓起的盐块，还有一块块软肖尔，仿佛这是古代罗布泊上那块硬盐面的形成过程中的一个阶段似的。我们的营地位于毕占吐拉。从那里我们朝盐沼的最西端快速地勘察了一下，发现那里的地面和我们10个月前朝敦煌东北的长城线走时穿过的盐沼很接近。毕占吐拉是座由夯土和土坯筑成的塔，朽坏得很严重，那里有一口咸水井。由于从托克逊河的尾水支流上带回来了冰，我们就不必使用这口井里的水了。

2月18日那一天我们走了很长的路。我们先是顺着缓坡往上走，开始时缓坡坡度极小，后来就变得明显起来。然后，我们穿过了库鲁克塔格最北部的那条山脉。在这个方向上，这条山脉是吐鲁番盆地的边缘。我们在一个被恰当地叫作库木达坂的鞍部（海拔约1 000英尺），先越过了这条山脉的一个外围，外围山上几乎都布满了成堆的小碎石和沙子。然后，我们过了一个小内流盆地，来到盆地那边矗立的另一个鞍部（比第一个鞍部高400英尺）。过了这个鞍部后，我们进入了一条宽谷，并一直往上走到宽谷的头部，一路都没有遇到植被。在海拔约2 700英尺的地方，我们不得不穿过一条又陡又窄的山坳，之后迅速下降到一条弯弯曲曲的谷地中，在天黑的时候来到了一块冰面上。那就是咸水泉阿其克布拉克。我们全天总共走了28英里，这一天的行程可以算作是进入荒凉的库鲁克塔格的序幕。冰面上散布着倒毙在从塔里木到吐鲁番去的路上的羊的枯骨。这说明，在这段没有水的行程中，即便在冬天可以利用咸水泉中的冰，但走起来也是十分艰难的。夏天的时候，这条最直接的道路则基本上无法通行。

冰面周围有不少灌木，我们得以比较舒适地休息。第二天早晨我们发现，冰面一直延伸到一条局促而曲折的谷中，谷两侧的陡山由于侵蚀作用而沟壑纵横。这条谷再往下走有些地方很窄，牲畜过不去。否则，顺着它就可以直接到吐鲁番盆地去。这一天，我们顺着一块宽阔的寸草不生的准平原往上走（准平原是由一系列几乎完全坍毁的小石山构成的），然后就来到了库鲁克塔格的第二条山脉上。当天，我们在海拔4 300英尺的一个叫阿特奥勒干达坂的鞍部穿过了这条山脉。过了鞍部后，太阳晒不到的地方有一片片积雪，这使我们不必到协格勒布拉克的泉水去，因为那些泉水已经干涸了。库鲁克塔格的这条山脉北坡很平缓，看起来很不起眼，但它从山体形态学上看是库鲁克塔格西部的一个重要部分。从地图上可以看出，它在西北方连上了天山的一条外围山脉。那条山脉一直伸展到托克逊西南，从吐鲁番到焉耆去的路是在桑树园子附近穿过它的。库鲁克塔格的这条山脉是北边的吐鲁番盆地和南边一个巨大的内流盆地的分水岭。这个内流盆地位于西库鲁克塔格地区的中心，最深的地方是一片已经干涸的广阔盐沼。从地图上看得出，盐沼从西北朝东南延伸了至少30英里。很可能东侧的高原偶尔降下来的水都流进了这片盐沼。格卢姆·格里什迈罗曾追踪过而且阿弗拉兹·古尔曾考察过的那条道，就在夏勒德朗布拉克和巴克里昌奇之间翻越了东边那座高原。

在这个巨大的中心盆地里，只有沿着干涸盐沼走，才有可能找到一点植被和水。我们顺着一条峡谷穿过这条山脉的一条外围分支，峡谷中含石英的岩层裸露在砂岩和页岩之间。出了峡谷后，我们在离阿其克布拉克38英里远的地方，来到了干涸盐沼所在的洼地。干涸盐沼的北岸是一条黄土带，上面生长着芦苇丛和红柳灌木。在这里，阿尔皮什莫、奥尔卡什、乌尊布拉克几眼泉水排成一线。从毕占吐拉和迪坎尔来的道路就是在这些泉水附近会合的。毕占吐拉和迪坎尔到这些泉水之间，都是找不到饮用水的。因此，除非是在阿其克布拉克和迪坎尔道上那处名称和阿其克布拉克差不多的咸水泉（指的是阿其克布拉克，英文也是 Achchik-bulak，与"阿其克布拉克"相同——译者）能找到冰，否则这两条道在任何时候都是极为难走的。因此，现在从塔里木盆地的罗布地区到吐鲁番盆地去的人，一般都是从辛格尔沿焉耆道往西北的桑树园子走，这样才能到达吐鲁番盆地的托克逊。这条道虽然迂回，却可以在好几个地方找到饮用水，如破城子、干草湖、肖尔布拉克，因此中国官方就把它当作了交通线。中国收复新疆后，这条路沿线的驿站维持了很多年，但如今驿站已成为废墟。出于同样的原因，在古代将楼兰和高昌连接起来的在辛格尔北边延伸的道路，很可能走的人极少。

2月21日，我们从阿尔皮什莫布拉克出发，穿过结着盐壳的干涸沼泽。一路上我观察到一些有趣的特征，它们和我在一年前沿着楼兰古道穿越干涸的罗布泊湖床时看到的很多现象都十分接近。开始时，路穿过的是柔软的含泥的肖尔。再往前，肖尔就变成了硬盐块。这条难走的地带足有1英里宽，自古以来交通就不多。交通在盐壳上磨出了一条5~6英尺宽的曲曲折折的道路。道上的大硬盐块被踩踏得已经不那么崎岖不平了，所以要好走些。

奇怪的是，在这条盐沼带内，我还看到了结着盐壳的10~15英尺高的土脊，从类型上来看极像古罗布泊岸边的白龙堆，当然，白龙堆比这些土脊要大得多。过了这之后，崎岖的盐块变成了浸着盐的土块，土块之间是很典型的含土的软肖尔。我记得，我们在库木库都克以北穿过干涸罗布泊的大水湾时，走的就是这样的地面。在盐沼对岸窄而长的地面上，有依旧"活"着的红柳沙堆和芦苇丛。再往南则是零星的红柳沙堆，那里只有已死去多年的干枯的红柳根。

再向南走，就是光秃秃的逐渐上升的萨依了。开始时，萨依上当然是沙子，后来就是砾石了。沿萨依就可以到内流盆地南边的库鲁克塔格的第三条山脉上去。在这块萨依上，我们没有遇到活着的植被的迹象。但在两条浅水道附近，我注意到已完全枯死的红柳的残迹，表明从前水道中是常有水的。我们登到了山脉一条侧分支的顶上，侧分支上的红色砂岩从厚厚的碎石层里现出来。在山顶一块宽阔的准平原展现在我们眼前，平原上是低矮的石岭。一条南北走向的宽谷中再次出现了活着的红柳丛。沿宽谷往上走的时候，我们路过了一处咸水泉。拉尔·辛格曾在那里停留过，他还把这处咸水泉标在了他的平面图上。由于这处咸水泉位于道路西边的低矮石山之中，我们没有看到它。

由于太阳晒不到的地方有积雪，我们得以在离那座叫亚伽其依来达坂的鞍部5英里远的地方过夜。第二天早晨，我们在海拔约4 600英尺的地方，沿这个鞍部越过了第三条山脉那难以觉察到的分水岭。从鞍部望出去，眼前的景象极为壮阔，南边那块宽阔的盆地尽收眼底。由于盆地底部的红土和发红的沙子，这块盆地被恰当地叫作克孜勒萨依。我们还可以望见辛格尔西边的克孜勒塔格的嶙峋山脉。我们的考察证明，克孜勒塔格及其朝东边和西边延伸的部分，是库鲁克塔格西部真正的脊梁，包含着库鲁克塔格最高峻的部分。在辛格尔的几户人家和田地所在的小高原北边，东西延伸的克孜勒塔格变成了一块宽阔的准平原，表面分布着一系列起伏的小山岭，山岭之间是浅沟，浅沟中和遭受侵蚀的山岭上长满了灌木。这表明，这条中央山脉的水分比库鲁克塔格的其余部分要多。后来我在西边的考察证实了这个结论。这条山脉在山体形态学上的重要意义在于，拉尔·辛格的三角测量显示，在俯瞰着辛格尔的准平原上山脉虽然只有约4 500英尺高，但它是一条清晰的分水岭。山脉北坡的水最终都流向阿尔皮什莫—肖尔布拉克洼地。但在山南坡，水道中偶尔有水流进了库鲁克河和罗布盆地，有的流进了南占布拉克西南那条独立的内流沟里。

由于地面支离破碎，我们直到离辛格尔很近的时候，才看到它所在的那条平底的小谷地（谷地东西延伸了约3英里长）。但在老远我们就看到了矗立在谷地西边的那座高峻的圆锥形山，它成了一个醒目的路标。辛格尔大概就是由这座山得名的[1]。辛格尔是

---

1 "辛格尔"可能出自波斯语中的"桑加尔"(sangar)，意思是"石堆、胸墙"。在吐鲁番地区，"桑加尔"一般用来命名醒目的石山。

整个库鲁克塔格山区唯一的一个永久性居民点。2月23日，我们在这里休整了一天。我利用这一天的时间找到了一个聪明的向导。他叫穆罕默德·巴奇尔，是阿布都热依木最小的弟弟。我还获取了关于这个坐落在荒山和高原中的孤单的小居民点的有用信息。辛格尔有一眼泉水（图119），所以原来住在吐鲁番盆地的迪坎尔

图119　结了冰的辛格尔泉水（背景中是克孜勒塔格）

的一家人搬到了这里。泉水是在那几间土坯房子（更确切说应该是棚户）西边约400码的地方冒出地面的，是一处永久性的淡水水源。在我去的时候，它的水流量不足0.75立方英尺／秒。早春时节，水量还会稍有增加。这眼泉水已足以灌溉民居附近的那个小果园，以及东边一块种着小麦和燕麦的农田，多余的水就卖给商人和经过的路人。但对这个小居民点来说，更有经济价值的是野骆驼肉和其他野味，他们可以把这些东西高价卖给过路的人。

辛格尔成为居民点，还只是1825—1850年之间的事。可以肯定的是，直接联系着吐鲁番和罗布地区之间的所有道路都经过这里，这是它成为居民点的主要原因。据穆罕默德·巴奇尔说，他祖父是一个追捕野骆驼的猎手，而且是一个有雄心抱负的人。在我来之前约70年，他第一个在辛格尔定居下来，并开始种地。当时，罗布地区在行政上同吐鲁番盆地是有联系的，两地之间的直接来往因而受到鼓励，这大概和他祖父的这个壮举有关。那位最早的拓荒者年纪轻轻就去世了。但他的儿子玉素甫萨尔奇发展了辛格尔，并使它成为了一个永久性居民点。玉素甫萨尔奇是在约16岁的时候来到辛格尔的，他是一个精力十分旺盛的人（这在吐鲁番人中是不多见的）。他还是一个杰出的猎手，并教育四个儿子说，库鲁克塔格的荒山就是他们的领地。他们在狩猎活动中彻底地熟悉了当地地形，科兹洛夫上校和后来到这个地区来的几个探险者都受益于他们的这种知识。但由于辛格尔的资源不足以养活人口越来越多的四个家庭，于是，在那位老家长死后，他的两个儿子分别把家迁到了铁干里克和迪坎尔。迁到铁干里克的是阿布都热依木，他是赫定博士到楼兰时的第一个向导，也是拉尔·辛格的得力助手。迁到迪坎尔的是阿布都拉马里克，此时他作为阿弗拉兹·古尔的伙伴正在罗布沙漠考察。最小的儿子穆罕默德·巴奇尔留在辛格尔，照看全家的共同财产。而长子阿布都热合曼正在兴地谷地的头部开垦新的农田，想要拓展辛格尔。后来我在那里遇到了他，并通过他与拉尔·辛格保持联系（当时拉尔·辛格正在西北的库鲁克塔格山区进行三角测量）。这样一来，在一段不长的时间里，玉素甫萨尔奇的四个儿子都参与了和我们的考察有关的活动。

有一些现象证明，辛格尔及其西边的中央山脉（根据这条山脉是唯一的永久居民点，我们大概可以把它方便地命名为辛格尔山脉）比库鲁克塔格的其他地段水分更多。据穆罕默德·巴奇尔说，辛格尔夏天一般会下四五场雨，而且经常有多云天气，所以这里的夏天不是很热。由于这样的气候状况，能在这里成熟的水果只有杏和沙枣（沙枣又名吉格代，或称伊里格那斯）。秋天转凉比较早，所以这里种不了玉米。据说，西边的高山中夏天的雨量明显增多。我和拉尔·辛格在那些山上都发现了树木，完全证实了这种说法。但雨水顺着深陷的谷地很快就流下去，被谷口布满碎石的冲积扇吸收了。所以，由于缺乏地表水，夏天几个月里在这些山上是没法放牧牛羊的。放牧仅限于冬天，因为冬天有雪可以利用。据说，辛格尔和西库鲁克塔格的雨云一般是从西北方向

（即天山的方向）来的，而春天不太常见的沙暴则来自东北。显然，沙暴是春天罗布地区的温暖空气对流的结果。

从这里的自然条件中我们看得出，辛格尔以东和以西的库鲁克塔格山，其水分状况是明显不同的。过了南占布拉克及其附近地区，再往东就没有树木了（辛格尔和它南边谷地中的水都流到了那里）。但辛格尔西边中央山脉南坡的很多谷地中都生长着胡杨树，有些地方还有榆树（喀拉亚伽其）。在我看来，同一条山系上气候却如此不同，很可能是因为西北方不远的天山主脉产生的影响，因为天山北坡的雨雪是很充足的。焉耆大谷地从被雪峰环绕、植被茂密的尤勒都斯高原，朝下一直延伸到库鲁克塔格西段，这个事实也支持了这个结论。而且，由焉耆谷地的河水补给的大淡水湖博斯腾湖的存在，也对库鲁克塔格西段产生了影响。而库鲁克塔格东段却不能从其临近地区获得水分，因为我们已经知道，它所临近的北山、蒙古最南部以及罗布盆地的东段，本身就是极为干旱的。

库鲁克塔格西段现在的气候状况，是和它历史上的人类活动密切相关的。下面我就说一下我在早期的中国文献中发现的提到这个地区的文字。在《西域考古图记》中我曾指出，《汉书》中所说的山国，与库鲁克塔格西段有关。那一段中记载的山国相对于附近地区的方向和距离，使我们得出这样的结论："西至尉犁二百四十里，西北至焉耆百六十里，西至危须二百六十里，东南与鄯善、且末接。"

　　大家都知道，焉耆就是喀拉协尔的古代汉文名称。我想我已证明过，危须就是现在的库尔勒，而尉犁就是从库尔勒下游到铁干里克的孔雀河沿岸地区。说鄯善国（即现在的罗布地区）在东南边是正确的，但遥远的且末（即车尔臣）的方向就没那么正确了，且末实际上在南—南西方向。根据与焉耆、库尔勒和孔雀河地区的相对方向，我们能看出"山国"位于库鲁克塔格西段。同时，根据书中所记载的距离（和《汉书》中的类似文字一样，这些距离指的是各国主要地点之间的距离），我们只能在辛格尔大西边的某个地方去寻找"山国"。

　　要确定"山国"的位置，《汉书》关于这个王国的文字的结尾部分值得我们注意。它是这样说的："山出铁，民山居，寄田籴谷于焉耆、危须。"产铁的地方就是库鲁克塔格西段，因为今天，在西大山的高峻部分南北都有小队的人在矿坑中挖掘铅和铜等其他金属。下文将说到，我们还发现了炼炉，表明古代这里确实有采矿活动。

　　同样值得注意的是，《汉书》中称山国的居民（450户，5 000人）在食物上依赖于焉耆和危须。这段记载一方面说明自古以来库鲁克塔格地区能从事农业的地方就极少。另一方面告诉我们，山国的居民过着游牧生活，就像现在那些在冬天从焉耆方向来，到库鲁克塔格最西北的谷地中放牧牛羊的蒙古人一样。1907年，拉尔·辛格在博斯腾湖东南的塞尔扎克郭勒和阿勒吞郭勒的山中就遇到了这样的蒙古包。众所周知，在当地发生最后一次叛乱之前，到那些谷地以及西大山附近的谷地来的蒙古人数量要多得多。

我认为，汉代的山国就在接近博斯腾湖和库尔勒的库鲁克塔格西段。遗憾的是，我无法亲自到那个地区看一看。尽管那不是一个十分重要的地点，但在《后汉书》中又提到了山国。《后汉书》说，公元94年，班超惩罚了焉耆、危须、尉犁以及山国。《魏略》中也提及了山国，说它是依附于焉耆的。郦道元《水经注》中也提到了这个地区，但称之为墨山。《水经注》的那段文字说，墨山城是国的都城，尉犁位于墨山城西240里。北河（即塔里木河）之水在到达注宾城之前，经过了墨山城南。如果我们把这段记载同地图中塔里木河以及营盘（注宾位于营盘）的相对位置比较一下，就看得出，郦道元《水经注》中所说的墨山指的也是库鲁克塔格的最西段。

第二节　到破城子和兴地去

2月24日，我离开辛格尔到破城子去。破城子本是到托克逊去的道路上的一站，它的名称本身就表明那里有古代遗址，关于这些遗址我已有耳闻。这一天我们总共走了约27英里，几乎都是走在辛格尔以西的主山脉的砾石缓坡上。一路上我们明显地看出，由于南边山区的气候越来越湿润，植被发生了显著变化。尽管我们的道路离南边那条叫克孜勒塔格的崎岖山脉越来越远，但萨依上几乎都是灌木和红柳。在涉过一条小溪的深陷溪床之前，我们还遇到了零星的胡杨树丛。这条小溪是从塔特里克布拉克（意为淡水泉）流来的。我们的路位置较高，从路上很容易看出来，这条较茂密的植被带一直延伸到了北边那条平顶小山脉脚下。穆罕默德·巴奇尔说那条山脉叫哈乌尔伽塔格。它西北有个豁口，从主脉上流来的水是在通古孜鲁克泉水附近经豁口穿过了那条山脉的。在走了约19英里的时候，我们经过了一棵孤立的高大榆树，它像一个醒目的路标一样耸立着。再往前走了7英里，我们来到了一条结着冰的小河的河床上。这条河是从南边隐约可见的西大山上穿过茂密的红柳丛流下来的。中国驿站破城子就在河边。驿站多年前就被弃了，如今一个吐鲁番人暂住在这里，他带着他的三个儿子在西大山脚下的一个铅矿中开采。

　　有证据表明，此地从前也曾有冶炼活动。我们第二天沿荒弃农田的西边朝人们说的那个遗址走时，经过了几堆矿渣和一些简陋的熔炉。遗址位于一座小石山顶上（石山比河西岸约高50英尺），在废驿站北边约0.5英里远的地方。遗址是一圈多边形的围墙，围住的地方东西长约80码、南北宽约40码。围墙用粗糙的土块筑成，西面和西南面保存得最好，东面则已完全消失。墙的几个角上有粗糙筑成的方塔的残迹，北墙上的一条豁口附近也有方塔，那条豁口大概是大门的位置。在小高原的东部边缘，我们发现了一些铅矿沙和冶炼后的垃圾，表明在这个遗址有人住的时候，南边山中的铅矿就已经被开采了。我们没有发现能提供年代线索的遗物。

但从残墙的整体状况来看，这个遗址似乎相当古老。

除了雨水泛滥的时候，破城子河只能流到破城子下游2~3英里远的地方。尽管如此，在高原上，一直到前面说的通古孜鲁克附近的那条豁口，都可以清晰地分辨出它深陷的河床。向南我们可以看到，河水从中流出的那条沟（艾肯），是从一条谷口下来的。谷的名称叫琼艾格孜，位于西大山一侧，谷地边上有一条很宽的植被带，植被带中有几眼泉水，它们就是小河的水源。在废弃的驿站下游，我来的时候河水流量为2.5立方英尺／秒。这条河能灌溉的农田应该比辛格尔的农田大得多。但破城子的荒弃农田大约只有3英亩，其余的是由另外一眼比河高很多的泉水灌溉的。穆罕默德·巴奇尔解释说，他父亲在当地发生叛乱之前开始在这里开垦田地，但由于来自焉耆方面的游荡的东干人的劫掠，他被迫放弃了这个工作。当时，西边和西南的山中仍有不少放牧的蒙古人，叛乱给那些蒙古人也带来了灾难。他从未听见他父亲抱怨水源变少或水太咸（他父亲活到了80余岁），但他知道，在河下游的地面上要开垦农田，是很难对付河水泛滥的。而最主要的困难还是缺乏劳动力。

2月26日，我们往兴地去的路途很有趣，一路上经过的地面状况与前面明显不同。我们先是顺着一块长满灌木和芦苇的冲积扇朝上走了约6英里，起初冲积扇抬升得极为和缓。在冲积扇的头部，大榆树聚成了大树林，而在底下的浅水道分支边上，榆树只是零星出现的。之后，我们猛然发现自己置身在一条谷地中。

从谷口开始，谷地两侧就是陡峭的被侵蚀的山。西大山北坡的所有水都是经由这条谷地流出的。谷底宽60~80码，蜿蜒在光秃秃的石山之间。看起来，在山高处的积雪融化的时候或是偶尔下大雨的时候，谷底会完全被水淹没。但在谷两侧，榆树见缝插针地生长起来，有的树已经生长了很多年。有一棵大树在离地面3英尺处的树围有12英尺，这样粗的树在这里并不少见。凡是拐弯处没有被水淹到的地方，都生着茂密的灌木和粗草。再往谷地上方走，我发现陡峭的石坡脚下也有类似的植被，但比底下的植被稀疏得多。从这个地方的整体状况看，它似乎本应是牧人的天堂，但直到离破城子11英里远的地方我们才碰到了牧人。那些炼铅的熔炉已经注意到木头是一种有用的东西。沿谷地往上几英里的车道上，都能看出堆积干木头的地方。在谷口的一块较高的地面上，我发现了一个熔炉。在2英里远的谷地上方有一个地方，拉尔·辛格1907年就是从那里转入西边的一条侧谷到阿拉吞郭勒去的。穆罕默德·巴奇尔说那里叫三组炉。这是一个汉文名称，他说是"三个熔炉"的意思。如果真是这样，大概是因为那附近有一些进行冶炼的地方，可能正确的叫法应该是"三草炉"。

谷底有一块块地方覆盖着轻而薄的雪。所以，尽管经过琼布拉克和克其克塔特里克布拉克（蒙古人把它也称作包尔加斯图）后，几口井和"喀克"里都没有水，对我们却没有什么影响。但逐渐变窄的谷底一直有植被。整条谷地都有一个很恰当的名称，即琼艾格孜（意为大谷）。谷地两侧的岩石似乎都是东西走向的结晶板岩，朝南的倾角是80°。在总共走了约14英里后，主谷地似乎折向了东南。在这里我们望到了西大山崎岖怪异的锯齿状中部高峰，这给人留下的印象十分深刻。它们陡峭的石壁似乎比宽阔的谷头部高出3 000英尺，谷地一直延伸到山峰脚下。这些石壁以及石壁顶上的尖峰，与琼艾格孜穿过的那条被严重侵蚀的外围山脉形成了极为鲜明的对照，使我们想起了乌什西南的喀拉特克山脉上的喀卡亚德。由于我们的路朝西南延伸，经过了西大山主峰的一条侧分支的崎岖悬崖，所以我们无法看清西大山最高的几座山峰，不能用测角仪获取精确的高度数据。但根据我当时的估计，这些山峰应该有10 000英尺多高。由于南面的汗果勒山和莫胡尔山遮住了这些山峰（经三角测量，莫胡尔山的高度是8 412英尺），所以拉尔·辛格在三角测量中没有测到它们。但我相信，将来的考察会证明，它们不仅是库鲁克塔格中央山脉上最高的，而且也是库鲁克塔格的最高峰。穆罕默德·巴奇尔说它们叫"西大山"，但也可能是"雪大山"[1]，因为我在北坡较高的谷地中看到的雪大概几个月都不会融化的。

　　过了上面说的那一点之后约1英里，我们来到了一块辽阔的

　　1　在这里我应该指出，辛格尔西边的许多醒目的山峰用的是汉文名称，如"莫胡尔山""西大山""东大山""照壁山"。按照辛格尔人的说法，这是因为曾有中国测量人员到过库鲁克塔格的这一段，以便确定从吐鲁番到罗布地区去的最佳路线。西边则多是蒙古名称，之所以如此，是因为有蒙古人在那里放牧，以前的蒙古人数量还要多。

准平原边上，准平原是朝西南缓缓抬升的。我们顺着一条流进琼艾格孜的水道往准平原的上方走，看到它东边是西大山一条高大的侧分支，西南则是没有那么高的塞尔扎克山。前者叫汗果勒，因此它的牧场就叫作汗果勒亚伊拉克，以前蒙古人常到那里来。我们在这块牧场海拔约5 100英尺的地方扎了营。据穆罕默德·巴奇尔回忆，他父亲曾说过，以前有40多户蒙古人全年都在这里以及西大山周围的其他地方放牧，但后来由于当地发生叛乱，他们被迫到天山上去寻找更安全的牧场。我们安营的地方就有很多粗草和榆树，在水道中大概不用挖太深就可以获得水。但如今在这里和附近的塞尔扎克亚伊拉克，只偶尔有两三个蒙古包。看得出，这些牧场被放弃不是干旱化的缘故。

　　这天晚上很冷，刮着凛冽的北风，最低气温不到华氏冰点以下24°。第二天早晨，我们沿逐渐变窄的准平原朝西南走，以便到一个山口去，骆驼可以经过那个山口走到兴地河的源头。走了约6英里后，我们到了这个山口。途中我们越过了两座虽然不高却很陡的石山，它们是与汗果勒的高峰平行的，可以望到与塞尔扎克谷之间的那条很不明显的分水岭。塞尔扎克郭勒流进了西北的博斯腾湖。过了山口后，我们在拜什喀拉乔喀达坂越过了汗果勒山的一个窄鞍部。过了这个鞍部后就是兴地河的源头，这条河流进了库鲁克河河床的头部，最终流进了罗布盆地。所以，西大山西侧的琼艾格孜的末端是山岳形态学上的一个重要地点，库鲁克塔格的三条主要分支就是在那里会合的。

拜什喀拉乔卡山口海拔约5 800英尺，我们顺着朽坏的页岩山坡登上了从北面俯瞰着山口的山顶。那里的视野十分开阔，我们望到南边的哈尔扎克谷地，以及从西大山朝东南伸下来的另一条叫汗果勒乔卡的崎岖分支（图120）。山这一面的被分解和侵蚀的情况似乎比北坡要明显，当我们朝东南往下走时，看到谷地中的植被显然比北坡稀疏。我们顺着走的那条曲折的石质河床有些地方很难走。在离山口2英里的地方，河床变得特别窄，骆驼差点就过不去。此后，谷地变宽了，我们可以在如今已干涸的哈尔扎克河上方的开阔石高地上走，以避开深陷的河床。一直走到了离山口约6英里远的地方，我们才在从西大山直着下来的一个谷口处遇到了第一块稀疏的牧草。那附近有个叫卡乌达巴什乌格勒的放牧点，放牧点是从卡乌达谷地得名的。在这里，卡乌达谷地急转向西南，并大大地扩展了。越过它宽阔的谷底，我们可以望到西边一组崎岖的孤立山峰，都像岛屿一样耸立在辽阔的碎石坡之上。它们的形状很奇怪，峰顶像针一样尖。这说明，它们曾受过极多的水蚀作用。而在我们走的这个谷地中，如今已无法找到水了。走到天快黑的时候，谷底变窄，成了一条峡谷，峡谷两侧是极陡极高的石壁。显然，从西大山流下来的水在这里穿透了一条比较低的山脉，这条山脉再往东则升高成为莫胡尔山和东大山。第二天早晨，从西边刮来凛冽的风，这样的风向在此地是很少见的。我们继续沿谷地往下走。走了约2英里后，谷地变宽，连到了一块宽阔的砾石萨依上。这块冲积扇上生长着不少灌木。再往

图120　在库鲁克塔格上的拜什喀拉乔卡山口朝南望到的景象

下，冲积扇与来自东北方的一块同样宽的冲积扇会合在一起。在这里，我们看到了从辛格尔到兴地去的那条很清晰的路。我们顺着走的这条水道在一条东西走向的低矮山脉上切出了一条很宽的豁口。出了豁口，我们就看到了下游约3英里的地方的那片叫兴地的小绿洲。它南边矗立着宽宽的兴地塔格山。从地图上可以看出，兴地坐落在从卡乌达谷地流出来的水道与另一条水道汇合的地方。西北方拉尔·辛格标着艾里森达坂那个方向的很多山谷中的水，都是从后一条水道流下来的。那条水道中如今有一条活泼的小河，河是由会合点上游两三英里之间的泉水补给的。在会合点东南的胡杨树林中又有一眼泉水，增加了河的水量。此后，河进入了南边的一条峡谷，穿过峡谷后流到了营盘遗址。在两条水道的会合点下游2英里的地方，河水流量逾14立方英尺/秒。

以前蒙古人似乎间断性地利用这个灌溉水源从事过农业（游牧部落的农耕活动总是间断性的）。据说蒙古人把这个地方叫作胡拉斯图[1]。但他们开垦出来的土地很早以前就长满了灌木和树丛。在我来此之前四年，辛格尔四兄弟中最年长的阿布都热合曼开始重新开垦会合点附近的可以灌溉的田地。我们在这里遇到了他。据他估计，实际种了庄稼的农田约有20亩，而兴地谷地里面以及上方可供开垦的土地至少是实际田地的8倍，水源是足够灌溉它们的。阿布都热合曼说，他的开垦活动之所以进展缓慢，是由于缺乏劳动力。他从铁干里克找来的几个佃农都不是固定的。他是一个猎手，也不太喜欢在兴地这样一个与世隔绝的地方定居下来。一年前他才把家搬到了兴地，在这里盖了房子。房子的一部分墙

1　阿布都热合曼告诉我，这是"峡谷"的意思。同样，他认为"兴地"这个地名来自汉文的"深地"。对于峡谷中的农田来说，"深地"的确是个合适的名称。

像罗布人的做法一样，是用草筑成的。

　　我到达之后，就抓紧时间在阿布都热合曼的引导下，去拜访我听说的那个遗址。遗址中有两个小建筑的一点遗存，坐落在一座陡山顶上。陡山矗立在水道汇合点东边附近，比河面约高120英尺，山脚下长80码。山顶南端的一座小丘上原来有一座塔，大概是用土筑成的。稍微低些的山顶北端则有一块平台，长约24英尺、宽10英尺，用约6英寸或8英寸厚的夯土层和灌木层交替筑成，灌木层上还有一薄层芦苇。这种建筑方式使我想起了楼兰遗址的塔、佛塔底座和围墙的建筑样式。整个遗址看起来十分古老，似乎是个哨卡或是一个小居民点的集合地。

　　我还曾听说过一块石刻。为了到那里去，我顺着峡谷往下走。在1英里的距离内，我们发现河右岸的地面粗略耕耘过，以便种庄稼。此后1英里内，河两岸的地面都可以开垦，但长满了茂密的灌木，灌木中夹杂着大量榆树、柳树和胡杨树。再往下，谷地变得更窄了，两侧是突出的陡峭石山，但有几个地方仍有丰茂的牧草。在其中一个叫英库尔奥塔克的地方，河左岸陡然耸立起一座约几百英尺高的几乎垂直的悬崖。悬崖脚下约20码长的距离内都是各种粗糙的浅石刻，刻着马、骆驼、山羊、鹿等，有几个地方还出现了人的形象。在这些形象中夹杂着法轮、三叉戟、卍字形，以及一朵八瓣莲花，还有一些东西大概是神秘图形。天色已晚，我没法拍照。但我可以看出，高处的岩刻看起来饱经风霜，比较古老，底下的似乎很新。有个蒙古人在此地附近插了些旗子，说明当地人仍以某种方式崇拜着这个地点。兴地塔格两侧的谷地看起来特别崎岖，特别窄，使我想起了罕萨或奇特拉尔那些可怕的峡谷。据说，兴地河穿出的峡谷在下游骆驼是无法通行的。这些峡谷两侧都是陡崖，而且没有碎石。从这些引人注目的证据看来，水蚀作用在西库鲁克塔格的最外围山脉上也是有很大威力的。

我派人给拉尔·辛格送去新的指示（他这时正在困难的条件下，继续在西北的支离破碎的山区中进行三角测量）。第二天，即3月1日早晨我离开了兴地，以便到楼兰遗址和营盘遗址之间的库鲁克河的河道去。为了确保途中用水，我只得先走到辛格尔—营盘那条道上去（我将在阿孜干布拉克附近到那条道上），然后顺着它一直走到托格拉克布拉克。往阿孜干布拉克去的行程漫长而单调，但我可以在途中清楚地看出库鲁克塔格中部的这些横向谷地（更准确地说应该是准平原）的典型特征。我一路都顺着在东边俯瞰着兴地的那条小山脉的脚下走。在接近阿孜干布拉克附近的阿拉塔格时，这些平顶的山相对高度逐渐下降。起初，地面上铺着细细的冲积物，干涸水道旁边生长着灌木和几棵榆树。但在接近那条不太明显的分水岭时（分水岭外就是南占布拉克流域），地面变成了石萨依。在离分水岭还有几英里的时候，我们左侧的宽谷的中轴线上耸立起了一座座支离破碎的低山，一直延伸到了阿孜干布拉克。它们是一条已经完全分解的山脉的最后残余，这条山脉夹在北边的阿拉塔格和南边的莫胡尔山之间，并且与它们平行。一路都刮着西风，扬起了尘沙。在尘沙中，可以看到莫胡尔山的一座高达8 400多英尺的醒目高峰，这使我们眼前的沙漠景观显得不那么单调了。到阿孜干布拉克之前是找不到泉水或井水的。但在东边，在从莫胡尔山下来的干沟穿过这条破碎的中间山脉的地方，生长着红柳和一些榆树。总共走了27英里后，我们在茫茫夜色中来到了一座小石丘，它就是阿孜干布拉克的位置。石丘和那条破碎的山脉是在一条线上的。在石丘附近，我们找到了一眼结冰的小泉水（水是从一条窄水道中冒出来的），就在那里安了营。第二天早晨我们发现，那个废弃的路边驿站就在东边不远处的一条小溪边。小溪是一眼较大的泉水补给的，但也很快消失在一块结着盐壳并生长着灌木的地面上。根据空盒气压表的读数，这里的海拔约4 400英尺。

我们接下来走的路是中国在重新收复新疆维持了7年后修建，沿路设置了驿站，以便连接吐鲁番盆地和罗布地区的总部（当时设在塔里木河边的多拉尔）。我们先是沿阿拉塔格西侧走。阿拉塔格不高，却很嶙峋，似乎是由红砂岩构成的，"阿拉塔格"就是由此得名的。然后我们穿过一块宽阔的准平原，准平原上有很多宽而浅的水道"流"向南占布拉克洼地。这里辽阔的碎石地面上也有成行的支离破碎的低山。在接近兴地塔格东南端的那座醒目高峰时，路陡然升到了一座石山的顶上。由于附近有个天然水库（当时是干涸的），这座石山被称作科克苏达坂。这样，我们就来到了一座高原上。高原上布满了迷宫般的小山，山岩特别坚硬，含有石英矿脉。路在一条布满大石头的干沟中曲折延伸。我注意到一条车道的痕迹。在上一次当地发生叛乱时，一个中国军官想要以此来改善到罗布和若羌去的交通线。这座高原是一条分解得很厉害的山脉的一部分，曾经被三角测量过的科克塔格和雅丹布拉克塔格就是这条山脉的延续。它是南占洼地的南部边缘，也是与罗布盆地的分水岭，科克苏达坂以远的所有水道都流进库鲁克河。此后，我们又在一块光秃秃的石萨依上沉闷地走了约10英里，来到了一个地方，从兴地塔格东端下来的那些水道在这里变窄了，水道两侧是支离破碎的石头。这里的泉水形成了一条小溪（图121），在一层冰面的保护下，小溪延伸了约0.5英里长，经过了托格拉克布拉克那个废弃的驿站。我们在托格拉克布拉克安了营。附近的一丛芦苇中矗立着几棵胡杨树，托格拉克布拉克就是由此得名的。空盒气压表显示，这里的海拔约3 600英尺。

3月3日，我们折向东南，朝雅丹布拉克的方向走。路途很长却毫无意趣，大多数时候我们是走在从科克塔格上下来的宽阔的石缓坡上。在约4英里的距离内，地面上都有分解的低山。之后，我们在一片洼地中突然遇到了茂密的芦苇丛，一处叫吉格代布拉克的淡水泉为它们提供了水源。我们发现，这块可供放牧的极好地方，低处面积比较大，长约1英里，宽约0.25英里。在这里，我们第一次望到了俯瞰库鲁克河的恰尔恰克山。此后，我们走在石萨依上，在过了吉格代布拉克之后3英里的距离内，萨依上都生长着零星的奇坎达。先前我在阿勒提米什布拉克等地就注意到，似乎只有这种植物在最干旱的地面上仍能吸取到养分。风蚀作用

图121　库鲁克塔格上的托格拉克布拉克泉水的冰面

在每一丛奇坎达周围都形成了规则的高2~4英尺的沙堆，塔里木
盆地及更远的沙漠中的红柳沙堆已使我对风蚀作用的这种形式十
分熟悉。这些沙堆以及自从离开兴地后就伴随着我们的尘沙表明，
在造就库鲁克塔格地区荒凉的地面状况的过程中，除了分解作用
和水蚀作用，风蚀作用也是一种力量（尽管是一种不大的力量）。

再往前，只有在我们穿过的一条条浅水道中才有奇坎达灌木。除此之外，石萨依上寸草不生。那些浅水道都与一片大洼地相连，洼地绕在恰尔恰克山脚下，洼地中如果有水，水就会流向雅丹布拉克。由于夜幕降临，我们只得在其中一条水道中过了夜。

在靠近这一点之前，我们一直能看到一小队人不久前留下的踪迹。穆罕默德·巴奇尔说，那是些从铁干里克来的猎人，他们似乎于12月末在恰尔恰克塔格最东南端附近打死了一只野骆驼。在到达营地之前我们注意到，有一行野骆驼的踪迹顺着猎人的踪迹延伸了很远，而且野骆驼的踪迹似乎是在最近才留下的。我们的向导说出了一件有考古学价值的事情。他说，在狩猎生涯中他注意到，在库鲁克塔格有野骆驼出没的地方，野骆驼在从一处咸水泉到下一处咸水泉的时候，常喜欢贴近猎人的脚印。野骆驼是很善于记住地点的，嗅觉也很灵敏，它们这样做是不想依靠人类做向导。对此，穆罕默德·巴奇尔也说不出个所以然来。但无论原因何在，他都肯定地说，根据他的个人经验判断，如果人类的踪迹是几天前留下的，野骆驼就不怕这些踪迹。我顺着楼兰古道在库木库都克西北的古代罗布泊湖滨走时，就注意到古道旁边有一条野骆驼经常走的"道"。穆罕默德·巴奇尔提供的这条有趣的信息和我当时想到的恰好一样。而且，穆罕默德·巴奇尔说，他父亲告诉他，在他年轻的时候，西边一直到卡乌达谷地都常有野骆驼出没。而现在，恰尔恰克塔格和雅丹布拉克是库鲁克塔格地区的野骆驼出没的最西界限了。

3月4日早晨，我们在荒凉的地面上只走了6英里，穿过两条水道之间的一条低岭，就陡然下降到一片洼地中。那里芦苇丛的水分是从咸水泉雅丹布拉克得来的，辛格尔的人也把它称作多浪阿其克芦苇丛，南北长约500码，中部宽约150码。咸水泉是在离芦苇丛最北端300码远地方冒出地面的，它结成的冰面在我们扎营的下游那一端就终止了。我从穆罕默德·巴奇尔以及赫定博士那里得知（赫定博士在1900年第一次去楼兰时经过了雅丹布拉克），这里的牧草比库鲁克河河床附近的另一处咸水泉亚喀雅丹布拉克的牧草要好。于是我就让急需休息的人畜在这里进行休整，然后再出发去考察拉尔·辛格在1914年2月沿库鲁克河勘测时发现的墓地。当骆驼和马吃着粗糙的牧草时，我们都有不少事情要干。我手下的人忙于很多修理工作，我则要写东西，并在地图上做标记。还有一些令人忧心忡忡的事占据着我的脑海。我知道，拉尔·辛格在西库鲁克塔格进行三角测量时，一直不散的尘沙严重妨碍他的工作。同时，我还为阿弗拉兹·古尔担心。如果他已经克服罗布泊西岸和罗布沙漠中的困难，这个时候他就应该到雅丹布拉克来与我会合了。在休整期间，穆罕默德·巴奇尔急着想试试他打猎的运气如何。我通过他做下安排，让人在亚喀雅丹布拉克的一个圆锥形石堆底下给我这位年轻的测量员留下了指示。但我仍不知道他什么时候能到那里，也不知道他能否找到那些指示。

第三节　到库鲁克河边的墓地去

晚上从东北方向刮来一阵大风，我们几乎没得到什么休息。3月6日早晨，我们出发前往库鲁克河。为了不让骆驼负担太重，我把所有多余的行李都留了下来，只带了不多的冰，因为我们指望能在亚喀雅丹布拉克找到冰。前2英里中，我们顺着雅丹布拉克南边的石水道往下走。然后，我们折向南—南东方向，因为从赫定博士的地图看，亚喀雅丹布拉克在那个方向。我希望在赫定博士地图的引导下并依照拉尔·辛格提供的线索，不用穆罕默德·巴奇尔的帮助就能走到那个咸水泉去（穆罕默德·巴奇尔还没有和我们会合）。我们正走在一块极为荒凉的砾石萨依上时，从东南刮来一阵大风，风吹来的尘沙使我们看不到远方的所有事物。在这样恶劣的条件下，在离营地约6英里的时候，我们沿被侵蚀过的陡峭的土岸，下到了一片布满台地的水湾状的洼地中。我们附近的台地都有30~35英尺高，立即使我想起了在古代罗布泊周围那些记忆犹新的情景。后来经勘察发现，这块台地朝东还伸展了约4英里。绕过这个奇怪的地区后，我们来到了一个水道密布的宽阔的地方。显然，我们自离开吉格代布拉克之后经过的所有水道，最终都集中到了这条大水道中。

在这里我们发现了活的红柳沙堆，不久还遇到了第一丛芦苇。

我们沿浅水道朝东南走，由于凛冽的大风带来的尘沙遮住了远方的景物，地面状况就更显得扑朔迷离了。在离台地约3英里的时候，我们来到了一处结着盐壳的地面。拉尔·辛格的平面图表明，他曾在这一地面的东北边缘安营。于是我折而向东，在总共走了12英里之后，在一片茂密的芦苇丛边扎了营。我看出，这大概就是拉尔·辛格曾宿营过的地方，于是我让行李都停下，自己和夏姆苏丁出发，去寻找平面图上标的那两眼泉水中北边的那一眼。但由于大风造成能见度很低，再加上穆罕默德·巴奇尔不在这里，我们的这次行动没有成功（穆罕默德·巴奇尔那天早晨打死了一只野骆驼，从那里回到雅丹布拉克时，他没能在我们穿过萨依时碰上我们）。我们在西北的确找到了一条窄沟，是从一条小谷中下来的（谷两侧都是陡峭的土崖），沟里覆盖着肖尔的土壤是湿的。我们沿着沟往上走了约1英里，在不到1英尺深的地下就挖出了水。但水特别咸，连骆驼都不能喝。然后，我们在结着盐壳的低矮小山中寻找标在东边的那眼泉水（这些小山就像小型的"白龙堆"一样绕在砾石缓坡脚下），但仍然一无所获。这样一来，为了确保在库鲁克河上进行长期考察时有足够的冰，我们只好在安营的地方待一天，并派骆驼回到雅丹布拉克去把余下的冰也取来。

　　傍晚时分，穆罕默德·巴奇尔押运着驮着冰的骆驼与我们会合了。第二天早晨，在这位经验丰富的向导的引导下，我们朝东—南东方向在结着薄肖尔的地面上走了3英里后，来到了水道从台地带中"流"出的地方。在那里，我们找到了那眼靠东的泉水。我们曾徒劳无益地寻找过它。泉水在一条窄沟中结成了只有20码长的冰面，冰面附近的植被不多。大概就是这个缘故，阿布都热依木在给拉尔·辛格做向导时，才让他安营在离这里那么远的地方。在这里，我让穆罕默德·巴奇尔回到雅丹布拉克去，照看我们留在那里的马匹和行李，余下的人则朝东南方向沿着陡峭土崖的脚下走。土崖北边是库鲁克塔格外围的缓坡，南边则是朝楼兰延伸过去的河边平原。拉尔·辛格的平面图明确表明，只要顺着缓坡底下走，我们就一定会遇上干河的河床（那里的河床朝北拐了一个大弯）。之后我们就能依次遇到他看到的那些墓地中的头两座墓地。

我们走在砾石或石萨依上。开始的时候萨依不足1英里宽，越往前萨依就越窄。萨依上面走起来很容易。而且，如今尘沙正在散去，南边那个毫无生气的河边地带尽收眼底。我们左边就是缓坡的边缘。如果远看，缓坡边缘就像是一条连续的100~150英尺高的悬崖。实际上，缓坡边缘大部分地方都是一组虽然不连续却排成一线的台地。水曾切割了土缓坡的边缘，水蚀作用无疑是这些台地的主要成因。库鲁克河边的缓坡边缘到处都像是海岸线，使我清晰地回忆起从库木库都克下方朝拜什托格拉克延伸过去的结着盐壳的罗布泊大水湾北边的湖岸线。在我们右边是红柳沙堆。在亚喀雅丹布拉克的营地，"活"着的红柳沙堆朝下伸展了很宽。但在离亚喀雅丹布拉克约3英里处，"活"红柳沙堆变成了一带已"死"的红柳沙堆。

过了那之后不远，红柳沙堆之间光秃秃的土地上出现了低而窄的雅丹。我在整个楼兰地区，直到我们现在走的这条海岸线般的砾石带，都见惯了这样的雅丹。但这里的雅丹大致是南北走向，或北—北东到南—南西走向。在这一段库鲁克河河道的其他地方，雅丹也是这种走向。这和我们先前考察过的楼兰地区雅丹的走向（东—北东到西—南西）明显不同。这使我想到，在这条河边地段，从附近的库鲁克塔格山区和高原吹到罗布盆地中的风，是风蚀作用过程中的主角。而再往东，在对流作用下从天山以及安西—敦煌那一侧吹来的风则是风蚀作用的主导因素。风蚀作用在塑造那行海岸线般的台地时，也起了一定作用。

在总共走了11英里后，我们来到了干河（库鲁克河）的河床。那里的河床朝北拐了一个大弯，与砾石"海岸线"靠得很近，河床宽150多码。像楼兰地区的库鲁克河的所有分支一样，河床两侧是成行的死胡杨树，很多胡杨树还直立着。空气中飞着尘沙。目之所及是一片真正的风蚀沙漠，地面的硬土被切割成低矮的雅丹。有些地方有高大的"死"红柳沙堆，稍微打破了雅丹的单调景象。过了河床的这个拐弯处后，我们穿过的地方看起来像是河滨的一片水湾，一两条水道从北边注入水湾中。然后，我们遇到了拉尔·辛格一年前留下来的脚印，脚印依旧清晰，朝他平面图上标作"1号墓地"的那个地方延伸过去。天色已经太晚了，我们无法考察这个墓地，于是我们顺着拉尔·辛格的脚印走到了较低的地面上，并遇到了从南边来的一条清晰的水道。我们在那里扎了营（ccliii 号营地）。营地附近带刺的灌木叫作喀木伽克，它们虽然很稀疏，对骆驼来说却是很好的食物。周围的雅丹高8~12英尺，很多雅丹的底部都被风切削过。水道再往前变得稍微宽了一些，形成了一片长约1英里、宽0.5英里的潟湖般的洼地。洼地中蜿蜒着两条窄水道，水道底部是开裂的土壤。这说明在河水偶尔泛滥的时候，仍然有一点水分到达这里。就是这个原因，才会有喀木伽克这种最耐旱的灌木生长在这里。

第二天我带上小队伍中没有其他事情的所有人，到前一天傍晚经过的墓地 L.S 去。它位于砾石"涨滩"南边的一块小高地上。那里的涨滩很陡，比河边的风蚀平地高约30英尺。墓地北边0.5英里远的地方，就是前面说过的那条支离破碎的台地带，台地形成了高处的缓坡的边。在墓地中，成行密集的小木桩支在地面上（图122）。我们发现墓葬分成两组，彼此相隔约20码远。沿小高地南边有一道用灌木层和砾石层筑成的残墙，延伸了约25英尺长。几根孤立的胡杨树木桩表明，这道围墙大概还继续朝东延伸。在风携带的沙子和砾石的磨蚀下，那些标志着单个坟墓的胡杨树木桩看起来磨损得特别严重。木桩顶只高出地面几英寸，木桩朝北和朝东的地方一律被风刮削过并劈裂了。而朝西和朝南的侧面则仍保留着原来浑圆的轮廓线。这样一来，每根木桩顶部都是奇怪的半月形。我们不知道木桩原来比地面高出多少。但这些木桩的样子顿时使我想起了楼兰要塞 L.F 的墓葬的木栅栏。这些木桩大概和那些木栅栏一样，原来比现在要高得多。

　　南边那组墓葬有六七座坟墓。其中，最中间那座坟墓特别引人注目。它有七重栅栏，栅栏中的木桩整齐地插在地面上，形成了一个椭圆形。外层木桩直径3~4英寸，越往里层木桩的直径越小，最后几乎变得像小帐篷钉一样。从南面和东面还有排成直线的类似的木桩，朝中间的椭圆形会合。挖掘了这个地方（L.S.1）后，

图122　库鲁克河边的 L.S. 号墓地（成行的被风蚀过的小木桩标志着坟墓的位置）

我们发现了很奇怪的东西。在离地表约1英尺的地方，疏松的沙子中掺杂着被焚过的骨头碎片。最里面那圈木桩有1~1.5英尺高，也看得出被灼烧过的痕迹。它们底下的地面被烧红了，掺杂着骨头碎片。在最中间的那根虽短却很结实的木柱下挖了2.5英尺后，我们发现了一个窄墓穴。墓穴四周是结实的木板，纵向紧密地放在一起，木板厚约3英寸。我们在 L.F 的某些坟墓中发现的墓穴也正是这样的。墓穴东西长5.5英尺，宽1英尺2英寸。所有的木板顶部都烧过，变得像木炭一样，剩下的部分长约2英尺。在墓穴里只发现了几块焚过的人骨和一根青铜小管子残件。在墓穴外，我们发现了一块粗糙的毛织品，一截用毛和草搓成的绳子。还发现了一块粗糙打磨过的石头，带有一个钝尖。我们看不出这个坟墓的埋葬方式究竟是怎样的，其他墓葬也没能对此提供什么线索。可能尸体是在木板围成的墓穴上方或里面焚化的，然后把整个墓穴用土埋上，在外面插上木栅栏，以表示这里是死者的住所。

在 L.S.1 东边约18英尺远的地方，有三座小坟墓排成一排。它们的埋葬方法和 L.F 一样，所以它们和 L.F 大概是同一时期，同一缘起。尸体都放在挖空的树干中，树干上放着横档般的厚木头。坟墓 L.S.2 和 L.S.4 用木板围过，木板触到了粗略的棺材边缘的顶部。木板约4英尺长，目前只高出地面几英寸。在 L.S.2 中躺着一具已经严重腐烂的成年人的尸体，似乎是个男子。我们把尸体上的头骨取下来以便进行研究。在尸体旁边发现的东西有：木勺子（图123）；制作精良的篮子状滤器（图124），滤器放在一只木

图123　木勺

图124　篮子状滤器

图125　木碗

图126　尸体遮脸布

图127　草篮子

碗（图125）中；一枚骨针；山羊毛纺织品。

　　L.S.3是一座女性的坟，与L.F墓葬更相近。其棺材顶上的木片上放着又大又浅的篮子状碟子，碟子底下是山羊皮，有助于防潮。所以，这个墓中的东西腐烂得没有其他坟墓那么严重。尸体头上紧裹着一顶毡帽，脸上还有一块遮脸布（图126）。这块布是很结实的毛织品，边上打了穗子。在尸体头左侧，放着一个形状像瓜状的草篮子（图127），很像在L.F和L.C发现的篮子。尸体身上裹着一块粗糙的毛裹尸布。在L.S.4中，尸体已完全腐烂，只剩下了骨头。

　　L.S.5位于北边那个墓葬群的东南角，有5根排成一排的桩子。它也用木板围起来5.5英尺长的空间，空间较窄的那一端朝西（L.S.1也是如此）。这里没有发现棺材，也没有烧过的迹象，只发现了一些较大的尸骨埋在木板围起来的地方。在靠近地面处，我们发现了一个腐烂得很厉害木质人像，制作粗糙，用一个球来表示头部，用疙瘩状的末端来表示脚。它很像阿弗拉兹·古尔在楼兰的一块墓地（L.Q）中发现的木制女子像。

　　我们在L.S.6中发现的一件文物完全证实了我的上述结论。L.S.6是这一组墓葬西部的一座小墓，也是我们在这里挖掘的最后一座墓葬。棺材是用挖空的树干做成的，离地表只有3英尺深。棺材上围木板，棺材顶部放着厚木片，木片外又盖着羊皮。尽管采取了这些保护措施，尸体仍腐烂得很严重，裹尸布已经完全烂掉了。但在尸体的头部左侧，我们发现了一个奇怪的女子石像，造型比较粗略，没有表现出四肢，但刻得很好。这座墓以及出土了大得多的木人像和 L.T.01 的那些坟墓是楼兰当地人的墓葬。

这些放在一样地方的类似人像的确切含义，还有待于将来的研究。我们在尸体胸前发现了一个小包裹，包裹皮是用厚毛织品做成的，缠在一根用秸秆和山羊毛做成的绳子上。包裹中放着一些树枝。根据大英博物馆植物部负责人兰德勒博士的鉴定，它们属于麻黄草（麻黄属植物，可提取麻黄素——译者），就是信奉祆教的帕西人（公元 8 世纪为逃避迫害而自波斯移居印度的祆教徒的后裔——译者）当作神圣的肉珊瑚（一种被古代祆教徒和波斯人当作神物的藤本植物——译者）的那种灌木。

这些墓葬中的遗物都腐烂得很厉害，与 L.F 和 L.H 中遗物的状况形成鲜明对比。墓葬尽管位于光秃秃的萨依上，比河高出不少，但从北边的山中顺着浅水道偶尔流下的水，可能会从地下稍微渗透到这里。但我们有足够证据表明，L.S 这块小墓地中的尸体也是居住在楼兰地区的土著人。楼兰土著人数量不多，以放牧和狩猎为生。一年前，在荒凉的台地 L.F 我们就发现了他们的遗体。那里墓葬的所有埋葬方法都和这里一样。

在这里发现的遗物再一次表明，这些过着半游牧生活的楼兰人的文明，和常顺着如今这条干河河床边的大道来往的中国人的文明是何等不同。将来在许多世纪之后，某位考古学家也会发现现在统治着塔里木盆地的中国人的房屋中的遗物，和最后一代罗布人的遗物是多么不同（罗布人在生活方式上是楼兰人的真正继承者，但从人种上讲不是他们的后裔）。在文明还比较简单的地方，各种风俗都是特别持久的。所以，除非有足够的资料，否则很难在遗物上看出变化来，因而也无法断定它们的年代顺序。由于我目前正缺乏这样的资料，所以还不能判断 L.S 墓葬的相对年代。但有一件事我们必须牢记在心：当楼兰遗址（L.A）周围已经无法居住的时候，库鲁克河上游河道中大概在某些季节中还是偶尔有水泛滥过来的。所以，河两岸的放牧活动很可能比古代三角洲延续得更久。类似的例子是，如今克里雅河的尾闾河道仍可以放牧，而克里雅河干河的三角洲已经无法放牧了。因此，L.S 墓葬以及附近的 L.T 墓葬有可能比 L.F 墓葬年代要晚些。

L.S 余下的六七座坟墓有的位置稍微低些。再考察它们也不会增添多少新证据，所以我第二天就把我的小挖掘队带到了拉尔·辛格的平面图标为2号墓地的地方。我们在 L.S 东边足足5英里远的地方才发现它。那里构成"海岸线"的台地带有很大的豁口，北边的缓坡直接连到了砾石"涨滩"上。墓地坐落在"涨滩"上一座砾石覆盖的小山顶部。墓地总共有22座墓葬，南北占地约20码，东西宽16码。和 L.S 一样，露出地面的窄木板的顶部标志着单个坟墓的位置，木板像小栅栏一样围住一座坟墓。在 L.S 的某些坟墓外还有几圈木桩，在这里却没有这种木桩。"栅栏"围住的地方一般长5.5英尺，宽约1.5英尺。较窄的一端（"脚"）也是指向西方。

我们挖掘后才知道，这里的土是松软的黄土，表面是一层渗透着肖尔的特别坚硬的砾石。大概是由于土质的关系，我们考察的6座坟墓中只有骨骸，有的骨骸甚至是不完整的。坟墓中都没有棺材。从中央的一座墓葬中，我取走了一个成年死者的头骨。在这座墓葬中还发现了一块已经腐烂的木头，形状像纽扣一般，长6英寸，直径4英寸，大概本是粗略刻成的木人。这些古墓，和附近的L.S一样，都属同一个时期(L.F中的文物揭示了这一时期)。古墓中的尸骨是楼兰当地人的。没有发现棺材，大概表明这里埋葬的是比较贫寒的牧人，他们曾居住在这片如今变得死气沉沉的河边地带。

在我们考察的L.T的所有古墓中，尸体都已经完全腐烂了。这使我认为没有必要再打开其余的古墓。用这一天里剩下的时间，我考察了一下东南方的河边地带。我们从砾石萨依上朝那里走的时候，先是穿过了一条平坦的裸露泥地，土已经被风蚀成了小雅丹。然后我们越过了一片洼地，那里的土地面是龟裂的，说明偶尔有水泛滥到那里，大概是从萨依上流下来的雨水。之后，我们来到古代河床上，河床两岸有两行浓密的死胡杨树，标出了河床的走向。河岸比河床底部高25英尺，河床宽93码。最深的河床底部覆盖着一层龟裂的硬泥壳，显然是最近才形成的。在这里朝下只挖了4英尺深，就挖到了水。水特别咸，这一点也不奇怪。但它证明，即便现在，有时候（只是在北边山中下大雨的时候）水也能到达这段河床。

河岸沙土上的死胡杨林，比两侧光秃秃的平地高10~12英尺。挖掘一会后，可以把厚厚的落叶弄开。从落叶的厚度判断，这块胡杨林生长的时间不会离现在太远。很多树干很小，似乎它们还没来得及长大，就再没有偶尔的雨水了（它们就是靠偶尔的雨水生长的）。我们来到了河右岸的风蚀地面上，那里有一些低矮的红柳沙堆。然后我们朝南拐了一个大弯，又到了河岸边。有一些高高的台地，被大片的死胡杨林保护着。从台地顶上朝南能望得很远，但远处的高沙堆前面，看不到任何河床的迹象。之后我们又回到了河左岸，顺着曲折的河道走了5英里远，回到了营地附近。尽管我们密切注意，但没有发现陶器、木头碎片等古人留下的遗物。根据一段与库鲁克河有关的文字，这里几十英里之内都曾是繁荣的村庄。但我们在此后两天的行程中，没有发现任何比较大的塔提。

3月11日，我决定从L.S和L.T之间的营地出发朝西走，以便到达库鲁克河的一小段河道，那段河道赫定博士和拉尔·辛格都不曾考察过。拉尔·辛格紧贴着古河床左岸往东走了两天多，一路都是顺着砾石萨依的边上走，然后才折向阿勒提米什布拉克。途中他在砾石萨依边上只发现了一块墓地（他称为3号墓地），那里离我们现在的位置足足有20英里远。而且，根据拉尔·辛格对它的描述，它和我们前面考察过的那两块墓地完全是一个类型。到那里去要花去我们三天的时间，天气已经越来越热，骆驼会体力不支的。我之所以不想把我们的考察继续朝东扩展，还有一个原因，那就是我对阿弗拉兹·古尔那个小分队的担心。我们本来约好在营盘会合的，现在约定的日期已经过去好几天了。我告诉他沿雅丹布拉克塔格的脚下走。如果我们继续朝东去，就有可能在他沿山脚下走时与他错过。为了引起他的注意，我们在 ccxliii 号营地附近的一个高高的红柳沙堆上日夜燃着一堆火，但我并没有因此而宽心。实际上，在沙漠地区如果天气比较晴朗，白天的烟和晚上的火在很远都是能看到的。好在这几天的天气一直在帮我们的忙。

于是，3月11日我们朝西南走，以便看一看河南岸的状况。我们起初穿过的地面，在风蚀作用下被切割成了很多低矮的岭和沟，岭和沟都是南北走向。然后我们就到了河床上，并在河床很多较小的弯曲部分之一过"河"。在离营地约3英里的地方，我们发现比河岸低15英尺的河床底部的沙子是湿润的，长着很多活着的带刺灌木。但河岸上的芦苇丛和其他植被都已经死了。当我们走进一个迷宫般的布满小雅丹的地区时，连死植被也消失了。小雅丹高4~8英尺，被切割成了小窄条和小丘（图128）。我们在这个奇怪的网状地面上曲折前行。越往前走，凹陷处的流沙变得越多。在这样的地面上走了3英里后，我们来到了一个布满沙丘的区域边上。沙丘高20~30英尺，形成了小达坂或沙丘链，就像我1906年从楼兰遗址往塔里木河走时，见到的那些规模大得多的沙丘链似的。沙丘之间的地方偶尔有死树，但都已经因为年代太久而发白了，而且变得奇形怪状的。显然，河边地带延伸到这个地方的南边，那已经是很久很久以前的事了。从沙丘链顶上看不到其他的"死"河道。但拉尔·辛格和我在横穿楼兰遗址西边和西南

图128　雅丹布拉克南边库鲁克河附近迷宫一般的短雅丹

的布满沙丘的沙漠时，都注意到了一些古代河床。它们的走向表明，南边按理说应该是有古代河道的。

要想带着骆驼穿过这些排列紧密的沙丘是很难的，所以我们又折向西北。我们遇到了一块小凹地，凹地底部的土壤是湿润的。在凹地附近，我们捡到了两小块粗糙的陶器碎片和一小团铜矿沙。

图129　雅丹布拉克南边库鲁克河床上的红柳沙堆和枯死的树木

如果不算墓葬，它们是我们自从离开雅丹布拉克后第一次发现的古人留下的遗物。然后，我们不得不又在一个迷宫般的小雅丹地带中前进，最终又来到了河南岸。这里的岸边都是高大的红柳沙堆，大多数红柳沙堆已经"死亡"（图129）。河床朝西北拐了一个弯，在那里的河床中我们发现了一行存活的胡杨树，这表明在离地表不远的地方有水分。于是我们在那休整。此前，我们在很难走的地面上一共走了12英里。我们在河床中一个凹陷的地方挖掘，只挖了5英尺深就找到了水。这里的水是不能饮用的，但没有 L.T 东南的井水那么咸。

第二天我们沿着河道往上游走，又一次遇到了湿润的土壤和薄薄的肖尔。在河南岸我们又捡到了一块粗糙的陶器碎片。在拉尔·辛格的平面图上，发现陶器碎片的那一点附近标了一处小塔提。这里的河床平均宽约250码，大多数地方的陡岸高25~30英尺。我们走的地面上有很多雅丹，但在河北岸走了3英里后，地面变成了光秃秃的土平原。我想，地面状况之所以会发生这样的变化，大概是北边雅丹布拉克谷口的肖尔和灌木区的缘故。肖尔和灌木会把粗沙挡住，这样一来，这里盛行的北风的磨蚀能力就大打折扣了。共走了6英里后，小沙堆上活着的红柳越来越多，表明我们来到了那条植被带的南部边缘，恰尔恰克山以东的水都在那里终结。又走了3英里后，我们折向西北，顺着砾石萨依边上走（萨依是从恰尔恰克山的最外围下来的）。最后，我们到达了上面说的那个尾闾盆地末端边上的一行稀疏的红柳沙堆。在这里，我们来到了 ccxlii 号营地以西我们自己的旧道上，并于当天走回了雅丹布拉克。我们这次走的是比较靠西的路，顺着一片大洼地朝上走（恰尔恰克山以东的所有水最终都进了这片洼地）。洼地很宽，有的地方的陡岸底部被水流冲得凹了进去。这些都表明，以前在偶尔下大雨的时候，从这流进库鲁克河的水量是多么大。大概就是因为这片洼地的存在，我们才会在库鲁克河的河床中一些地方发现了地下水。

在这里，我要说一下库鲁克河（辛格尔的猎人也把它叫作库木河）这一地段的总体自然特征。我们的考察表明，一直到阿弗拉兹·古尔的营地，库鲁克河都只有一条河床。河床朝北弯的时候，一般离缓坡脚下（那里分布着"海岸线"般的台地）不到2英里。根据已死的树和灌木判断，河边地带都不足5英里宽。可以肯定，在历史上这里是不会有大规模的牧场的，更无法从事大规模的农业。这片地面的坡度极为和缓，而且能灌溉的土地极有限，所以在这里维持水渠是很困难的。如今在塔里木河下游情况也是这样。我们穿越的光秃秃的地面面积很大，但我们只在两个地方发现了不起眼的陶器碎片，甚至不如一般牧人住处的陶器碎片多。看来，在这里不曾有过任何比较大的农业居民点。

这条河边地带的重要性只在于，将敦煌和塔里木盆地北部绿洲连接起来的中国古道的西段，在这里找到了一条特别直接的可行路线。从这个方面来说，可以拿它同和田河的河边地带相比，那条地带为联系着和田、阿克苏、库车的商道提供了很多便利。在楼兰道被废弃之前，这条河边地带一定设有路边驿站。要想寻找这样的古代驿站，必须进行长期的极为仔细的考察才行。面对缺水的问题，这样的工作只能在深冬进行，那时在雅丹布拉克可以找到冰。那些驿站很可能靠近河岸，以便取水方便。它们有可能是用篱笆和木头构成的，也可能全是草墙。在偶尔有水泛滥的地方，它们必定会很快腐烂，或者被主河床两岸的淤泥和流沙埋住。在曾经一度进行过灌溉，但后来被废弃的地面上，是很有利于保存房屋遗址的（即便房屋是孤立的），但这里缺乏这样的有利条件。和田河边的类似遗址也在迅速消失。在阿古柏统治时期以及其后一段时间，和田河边有桑加尔（石堆、胸墙）。尽管我的向导们仍清楚地记得它们的位置，但除了一两处地方，它们已经踪迹全无了。

第四节　阿弗拉兹·古尔的补充考察

3月13日，我在雅丹布拉克停留了一天，以便让经历了沙漠之苦的骆驼能休息一下，并饱餐一顿，之后再朝西到营盘遗址去。虽然我忙于写作和绘图工作，但我的脑海里尽是为阿弗拉兹·古尔的小分队担心的念头，现在他们已经超过约定的日期整整一个星期了。午后，我似乎听到了远处隐约的驼铃声。但由于此前的一次令人难忘的经历，我手下的人有点信不过我的听觉了。但不到半个小时后，哈桑阿洪就像一个凯旋的英雄似的从东南方的砾石岭后面出现了，把我们最好的强悍的骆驼都安全地带了回来（尽管骆驼看起来有点瘦弱）。之后，我就极为高兴地迎到了带着平面图的阿弗拉兹·古尔。由于经历了劳累和物资匮乏之苦，他看起来的确有点旅途劳顿的样子，但身体仍然很好，还像以前那样敏锐。他和我一样，都对这次成功的会合感到十分高兴。他按照我给他的指示，从塔里木河尾闾潟湖恰依奴特库勒出发，经过了 L.M 遗址，穿过西北的大达坂，在 L.T 以东约 12 英里的地方来到了库鲁克河上（库鲁克河就是在那附近第一次分汊的）。他们在 L.T 上方的砾石缓坡上第一次遇上了我们的踪迹，但直到眼尖的猎人阿布都拉马里克又看到了我追捕狐狸的小猎犬"飞奔 3 号"的脚印，他们这才意识到那些踪迹的真正意义。在亚喀雅丹布拉克我们堆的那个圆锥形石堆那里，他果真找到了我留给他的信。但从信的日期来看，他是没有指望在到营盘之前与我们会合了。所以如今我们会合后，他也像我一样长舒了一口气。我们在泉水那里又停留了一天，以便让阿弗拉兹·古尔的骆驼能从一个星期的食物匮乏和艰难跋涉中恢复一点体力。同时经验丰富的哈桑阿洪也有时间给那些骆驼以及我们的骆驼包扎各种伤口。而且，晚上的时候从东北刮来了猛烈的大风，次日一整天都刮得我们十分不舒服，这样我们也无法动身。根据阿弗拉兹·古尔对我的第一次口头报告，我得知面对着极为严峻的困难和不小的风险，他圆满地完成了我在吐鲁番给他定下的任务。他的那些平面图一如既往地仔细记录下了细节，路线报告也是如此。由此我可以看出，他很好地领会了我的意图，就是为了实现这些意图，他才受了这么多劳累和匮乏之苦。我在给他设计路线的时候，特别注意一些地理学和考古学上的问题，并希望他在沿罗布泊古湖床走，之后又穿越西边的罗布沙漠进行补充考察时，能提供关于那些问题的线索。他仔细地记录下了可能和那些问题有关的一切现象，这使他的考察具有了很大价值。我如果只介绍一下他行进的路线将是很不够的。因此，我认为有必要在这里用简洁的文字摘录一下阿弗拉兹·古尔的路线报告。如果有必要，我还会加上一些评论，来说说某些现象和前几章讨论的考古学或地理学问题有什么关系。

这位测量员离开哈喇和卓的大本营后，于2月6日经吐峪沟来到了鲁克沁。第二天，他继续往小绿洲迪坎尔走，那里是吐鲁番盆地中的农田的最东南角。他在鲁克沁以南约3.5英里远的地方，越过了从连木沁来到的那条宽河床，在那里测得的水流量约为17立方英尺／秒。从那里到迪坎尔的途中，只在有坎儿井灌溉的地方才有小块农田。过了迪坎尔的一块叫萨依坎儿的偏远农田后，植被就完全消失了。1英里后他越过了一条河床。那条河床是从却勒塔格方向流入吐鲁番盆地的最东边的水道，河床中已经很长时间都没有水了。阿弗拉兹·古尔的那一小队人在阿布都拉马里克（阿布都热依木的弟弟）的引导下，朝阿勒提米什布拉克去。他们先是在一块寸草不生的砾石萨依上走，一直走到从南边来的一条宽谷的谷口。离开迪坎尔后，他们有两天半的时间都顺着这条开口的大谷往上走。谷两侧是孤立的小山，山上大多数地方覆盖着砾石或碎石。除了在一个叫古亚玉尔滚的地方有一小丛矮红柳，谷地中没有任何活的或死的植被，也没有水。

在离开迪坎尔第三天的时候，他们沿一条均匀倾斜的缓坡，来到了海拔2 260英尺高的科克达坂，越过了一条几乎水平的分水岭。那里是库鲁克塔格最北边的那条山脉朝东延伸的部分。从吐鲁番盆地出发的更靠西的路在较高的鞍部阿特奥勒干达坂和依伽尔达坂穿过了这条山脉。在科克达坂以南，他们的路经过了一个独立的内流区的尾闾盆地，盆地中是结着盐壳的土。在盆地最北端和最南端，分别是咸水泉喀塔尔玉尔滚和夏勒德朗布拉克，两眼泉水四周有很多小红柳沙堆和为数不多的灌木。

过了夏勒德朗布拉克后，路折向南—南西方向，穿过了一系列极为荒凉的高原，高原之间是干涸的水道。在伊勒塔尔古其达坂，高原升高到了约3 400英尺。又走了两天后，他们来到了伊勒塔尔古其布拉克，途中没有遇到任何植被。伊勒塔尔古其布拉克旁边有芦苇丛和红柳沙堆，这些植被生长在一条很宽的水道中，水道还朝西北延伸了很远。这条水道大概和那片结着盐壳的大洼地连在了一起，从吐鲁番到辛格尔的路是在阿尔皮什莫布拉克穿过那片洼地的。

第二天的途中也遇到了不少灌木。他们在逐渐抬升的砾石萨依上朝东南走，来到了一条结着盐的宽水道，水道两侧都是红柳沙堆。过了水道后，他们到了一个叫巴克里昌奇的地方。那里的泉水似乎几年前就干涸了。2月14日，他们从这一点往南走，在一条很不明显的分水岭越过了从辛格尔方向来的库鲁克塔格的主脉。此后，他们沿一条宽水道往下走（水道两侧生长着灌木），这个水道就是经过阿勒提米什布拉克的那条水道的源头。他们在一处叫库鲁克托格拉克布拉克的泉水旁过了一夜，泉水边有一棵已枯死的胡杨树，泉水就是由此得名的。那里的芦苇和其他灌木给骆驼提供了很好的食物。然后，他们顺着水道往下走，经过了一条峡谷，水道就是从这条峡谷穿过俯瞰着阿勒提米什布拉克的那条最外围山脉的。2月15日，他们来到了阿勒特米什布拉克这片沙漠小绿洲。

从这位测量员的描述中我们可以看出，尽管他走的那条道是吐鲁番和古楼兰之间最直接的道，但在历史上它不曾是这两个地区之间的重要交通线。人们之所以更愿意走经过辛格尔的那条道，是因为那条道上的水和牧草都比较多。

在阿勒提米什布拉克，骆驼被留下来由哈桑阿洪照看，以便继续进行休息。2月16日早晨，阿弗拉兹·古尔带着剩下的两个人去完成我交给他的第一个任务，即考察一下古堡 L.E 北—北东方向的遗址，前一年路过时，我们没能对那里进行考察。这三个人肩上扛着够四天用的食物和冰、平面图、坎土曼（掘土工具——译者）以及其他不可缺少的装备。他们走的路，就是我们在1914年2月25—26日走的那条道。2月17日早晨，这一小队人来到了小墓地 L.Q 所在的那块台地。墓地是阿弗拉兹·古尔去年在勘察时发现的。

那块台地约有45英尺高，脚下有300码长，表面是结着盐壳的土。它顶上有一些墓葬，其标志是排列紧密的木片，像我们先前在墓地 L.F 看到的那样。大多数情况下，尸体和棺材都已严重腐烂。但从几个保存较好的墓葬中的遗物，以及其他墓葬中遗物的性质来看，那里的埋葬方法和楼兰土著人的墓地 L.F 一样。在 ii 号墓葬中，尸体已经严重腐烂，但在尸体脚附近发现了一个很有趣的木雕女子像。在 iii 号墓葬中，他们发现粗糙的棺材上盖着窄木板，木板上面盖着羊皮。尸体裹在一块很厚的毛裹尸布中，从头部看死者是一名老年男子，唇上方长着红色胡子，下巴则没有胡须。其他与 L.F 的文物相似的东西有草编的篮子、毡头巾、木针等。

墓地延伸了约 40 码长，其中有几座是儿童墓葬。在这个区域东北方约 20 码远的地方，他们在地面上发现了一把青铜匕首（或矛头）残件、青铜圆盘、小青铜马残件。一把青铜闩是此前在 L.Q 北边约 4 英里远的风蚀地面上捡到的。

2 月 18 日，阿弗拉兹·古尔在猛烈的沙暴中结束了对 L.Q 的考察。一年前几乎在同一天，我们在 L.E 就遇上了这样的沙暴。然后，他探访了正南方约 0.5 英里远的那块台地。一年前，他看到这个台地上似乎有座古塔。他发现这座古塔有 15 英尺高，但他没有记下塔的建筑细节。塔周围都是芦苇秸秆和牲畜的粪便，上面有烧过的痕迹。清理了这些垃圾后，他们没有发现什么文物。考虑到那里离堡垒 L.E 很近，古人大概在那个高台地顶上建了一座偏远的烽燧。

第二天，阿弗拉兹·古尔回到了阿勒提米什布拉克。他这次走的道比前面走的那条道稍微靠西。途中他没有发现建筑遗存，但走了 3 英里后，他们捡到了一枚青铜带扣，又过了 2 英里后还捡到了一枚汉朝的中国铜钱。铜钱附近的小堆矿砂似乎表明那是个进行熔炼的地方。他记录下来的地面状况和我在前一条道上看到的极为接近。

他在阿勒提米什布拉克休整了一天，弄到了两只骆驼能驮的冰和一只骆驼能驮的燃料，然后就出发去完成我交给他的第二个艰巨任务。他应当走到罗布泊的干涸大湖床西滨附近的那块台地，我们1914年2月28日在那里发现了汉代钱币和其他文物，说明那里是中国古道上的一个休息地。从那里他应该考察湖滨，以便看看能否找到什么线索，说明古道是沿什么路线穿过结着盐壳的湖床的。之后，他将朝罗布沼泽的方向去，考察一下罗布泊朝西南延伸的地方。他第一天多数时间是走在石萨依或砾石萨依上，萨依是库鲁克塔格最外围的缓坡，上面有很多浅水道。这一天他们走了很长的路程。在接近天黑的时候，他们经过了那个广大的台地区（即郦道元所说的龙城）的外围。在 ccxxxvii.a 号营地的南边和北边似乎有一片宽阔的洼地，洼地中是白龙堆那种类型的结着盐壳的雅丹。

第二天早晨，他们穿过了一条干河床，河床宽约50码，深20英尺。河床呈西南到东北走向，大概和我们一年前在 L.J 附近注意到的河床有联系。此后的15英里他们都是朝东去，穿过的地面很好走，地面上还有大量分解的石膏，偶尔还有几块台地。再往前结着盐壳的雅丹之间出现了一块软肖尔，说明他们可能已经接近那块台地了（我们曾在那块台地发现了钱币、匕首等遗物，这次要将它当作考察的起点）。阿弗拉兹·古尔没有认出那块台地来，或者没有找到我们前一年留下的迹象。他于是折向东—南东方向，扎下了他的 ccxxxviii.a 号营地。那是一块软肖尔，俯瞰着结着硬盐壳的罗布泊。当天傍晚，阿弗拉兹·古尔又回到西北方，走了约 3 英里后就找到了那块台地。这样一来，他就可以参照着我们前一年的路线确定他自己的位置。

2 月 23 日早晨，阿弗拉兹·古尔离开了营地，我们跟着阿布都拉马里克朝北—北东方向走。走了约 2.5 英里后，遇到了我们 1914 年的踪迹。我们原来是朝东走的，在那一点改成了北—北东。从那里他们折向正东，以便再次到湖滨去。在覆盖着肖尔的地面上朝东走了 1 英里后，他们捡到了几块已经氧化的铁片。这些铁片是某种已经完全腐烂的铁器的残件。

2 月 24 日，他们又动身了。他们将穿越还没有人考察过的地面到恰依奴特库勒去，那是东南方有指望找到饮用水的最近的一点。考虑到骆驼只能饿着肚子走到那里，所以他们在地面条件允许的情况下，尽可能地走直线。尽管有这个局限，阿弗拉兹·古尔的考察却使我们能够知道古湖床最西段和荒凉的西滨的状况。他在平面图中记录的地形情况十分详细，所以下面我只需摘录他的路线报告的主要部分。在离营地 0.25 英里处，他们遇到了一条结着硬盐壳的地带，显系湖床的一片小水湾。盐壳上都是起伏的盐块，很难走。在盐壳上走了 2.5 英里后，他们来到了土地面上，土地上覆盖着石膏片，两侧是 20~25 英尺高的台地，台地的走向是常见的北—北东到南—南西。他们这一天总共走了25英里，多是土地和结着硬盐壳交替出现的路，这表明湖床这一侧的湖岸线有很多缺口。有10英里的距离内，路旁边没有遇到雅丹或台地。再往前遇到的一个有趣的地方是一条宽而曲折的洼地，洼地上结着硬盐壳。阿弗拉兹·古尔认为，那是一条河床的三角洲部分。

第二天，他们前9英里是走在结着硬盐壳的土地上。接着有接近10英里的距离都是难走的硬盐壳，盐壳上的大盐块像冰块一样堆叠在一起，高3~4英尺，有的地方甚至更高。在这块荒凉的地面上，他们发现了枯死的胡杨树干，那显然是洪水顺着河床冲下来的。他们不时穿过这样的河床，河床的轮廓也越来越清晰。这些河床是库鲁克河死三角洲的尾闾部分。在其中一条河床附近，土岸上还有死芦苇。在 ccxl.a 号营地，这样的一条河床的岸是风蚀的小小土台地，覆盖着死芦苇，河床里则有很多死胡杨树。

这些令人鼓舞的迹象表明，他们接近的地面历史上是有河水的。尽管如此，2月26日的行程对人畜来说仍是个严峻的考验。走了约10英里后，有死芦苇和胡杨树的土地变成了硬盐壳，盐壳上是高达2~3英尺的起伏的小丘。过了这片地方约7英里后，他们来到了一条干河床，越过了干河床后的风蚀沙土上有很多小红柳沙堆。于是，在到了 ccxli.a 号营地时，这次罗布探险的最困难的部分已经被克服了。

第二天，他们走在风蚀沙地上。从营地开始，很长一段距离内都能望到一条古河床，成行的死胡杨树（有的仍然直立着）清楚地表示出河床曲折的路线。河床的走向表明，它和 L.K 堡垒附近及其西边的那条河床有关联。在离营地1.5英里的地方，他们在河床附近捡到了粗糙的陶器碎片和铁片。沿途的红柳沙堆越来越多，开始时是死的，后来就是活的了。他们经过了一些小湖床，湖床边上的肖尔是不久前积下来的。这使阿弗拉兹·古尔断定，塔里木河末端的洪水，仍是可以泛滥到这块地面上来的。可见，他离目的地已经不远了。有一只骆驼已经筋疲力尽了，这使他不能走太远。但下面的地面我们在1906年和1913年曾考察过，绘过地图。最后，他终于在3月1日把他的小分队安全地带到了恰依奴特库勒的北缘。

　　由于在前面的跋涉中长期缺乏食物，骆驼都特别劳累，这迫使阿弗拉兹·古尔在恰依奴特库勒休整了四天。我们1914年2月3日的营地附近有个小水坑。他发现水坑中的冰几乎全都融化了。1914年时水坑南边大湖盆完全是干涸的，但现在湖盆中已经迅速储满了塔里木河的春汛刚刚带来的淡水。3月3—4日，他仔细勘察了恰依奴特库勒的实际湖岸。水经过纵横的水网注入湖中，水网是无法穿过的。但在主水道中，他测得水流量不低于700立方英尺／秒。第二天，他朝东南顺着那些水道往上游走。他证实，水是先填满大潟湖亚齐孜玛克库勒后才往下流的。而我们在1914年2月穿过这个大潟湖时，它完全是干涸的。

　　3月6日，阿弗拉兹·古尔动身朝恰依奴特库勒东北走，以便到那条沙漠道去，他将由此到我们在雅丹布拉克的会合点。1914

年2月我们经过了很多干涸的洼地，如今泛滥的河水迅速填满了洼地中的小沟。按照我给他的指示，他沿我们去年走的道来到了xc号营地，然后朝正南方 L.M 的方向走（我们去年考察过那个遗址），途中他不得不越过高达100英尺的大沙丘链。在 L.L 和 L.M 之间，他捡到了一些遗物，其中包括石制品、陶器和青铜器等。

在述及 L.M 遗址时我曾说到，当时阿弗拉兹·古尔曾在3月8日朝东边和东北进行了大范围的考察，但没有发现别的遗址。而这次当他按指定方向朝西北前进时，过了2英里后就发现了三座独立的房屋。它们坐落在几块风蚀台地的顶上，和 L.M 一样，房屋也是由胡杨木和篱笆条筑成的。标作 i 的那块台地有12英尺高，它顶上只有木头碎片（占地的直径有15英尺）保留了下来，在那里没有发现什么遗物。在这块台地东北100码远又有一块约6英尺高的台地，台地顶上保留着另一座房子（ii）的残墙。东边那间屋子里面有不少沙子，西北连着的一间较小的屋子里也塞满了沙子。第三座房子（iii）在第二块台地东北约200码远的地方，坐落在一座类似的风蚀土丘上。这里也堆了很高的沙子（西边的沙子高达10英尺），所以阿弗拉兹·古尔和他那几个伙伴没法进行真正的清理。考虑到前面是艰难的沙漠行程，他们能抽出的时间是很少很少的。清理了 ii 外的一个垃圾堆后，他们没有发现什么遗物。但他们在风蚀坡上捡到了一些青铜质、铁质、石质和玻璃质的小物件。它们足以证明，这些房屋和南边的 L.K、L.M 遗址属于同一时期。

3月9日，他们继续朝西北方向走。这一天，他们走过的地面上布满了高沙丘。最初他们在有些地方还遇到了风蚀的沟，但没有遇到什么雅丹。沙丘之间的洼地中常可以看到已死的红柳沙堆和胡杨树。从地图上可以看出，他们还遇到过70英尺高的大致南北走向的达坂。3月10日，他们走过的沙漠也像前一天一样艰难。在至少三个地方他们都看到沙漠中立着成行的死胡杨树，似乎表明以前从库鲁克河那个方向有水道到这里来。

在ccxlix.a号营地附近，阿弗拉兹·古尔看到有成行的死胡杨树，说明那里有一条从西边来的古河床。他还看到了大量的死芦苇和红柳，表明在离现在不是太遥远的时候，那里是有水的。再往前走，沙丘之间出现了越来越多的雅丹，这个显著变化表明，他们已经接近库鲁克河边的风蚀地带了。在离营地3~4英里之间，他们相继捡到了一枚破碎的中国钱币、各种小石器和陶器碎片，接着又穿过了一座大达坂，这才来到了布满雅丹而没有沙丘的地面。这块地面沿库鲁克河延伸，库鲁克河绕在库鲁克塔格的砾石缓坡脚下。和楼兰附近一样，这块地面对骆驼来说也很难走。考虑到骆驼已经筋疲力尽，阿弗拉兹·古尔被迫一到库鲁克河的主河道就进行了休整。

之后，阿弗拉兹·古尔又走上了他2月12日早晨走的路。走了3.5英里后，他遇上了拉尔·辛格前一年留下的踪迹。他过到了河床北边，因为那里更好走些。在墓地L.T北面的台地带中，他遇到了我这队人的脚印，然后到了我们从亚喀雅丹布拉克来时走的路。前面我已经描述了第二天我们胜利会合的情景。我希望这里简单记录的阿弗拉兹·古尔的考察，能解释我为什么对他在完成任务时的令人敬佩的技巧、恒心和勇气特别赞赏。